U0446370

來知德全集（輯校）

第一冊

來瞿唐先生日錄·內篇（校注）

〔明〕來知德 撰　郭東斌 主編

劉重來　薛新力　學術審稿

圖書在版編目(CIP)數據

來瞿唐先生日録.內篇:校注/(明)來知德撰;郭東斌主編.
—重慶:重慶出版社,2021.6
(來知德全集:輯校)
ISBN 978-7-229-15305-2

Ⅰ.①來… Ⅱ.①來… ②郭… Ⅲ.①來知德(1525—1604)—文集 Ⅳ.①B248.99-53

中國版本圖書館CIP數據核字(2020)第189893號

來瞿唐先生日録·內篇(校注)
LAI QUTANG XIANSHENG RI LU·NEI PIAN(JIAOZHU)
〔明〕來知德 撰 郭東斌 主編

總策劃:郭 宜 鄭文武
責任編輯:鄭文武 王 娟 陳大衛
責任校對:何建雲
裝幀設計:王芳甜

重慶出版集團
重慶出版社 出版

重慶市南岸區南濱路162號1幢 郵編:400061 http://www.cqph.com
重慶出版社藝術設計有限公司製版
重慶市聖立印刷有限公司印刷
重慶出版集團圖書發行有限公司發行
E-MAIL:fxchu@cqph.com 郵購電話:023-61520646
全國新華書店經銷

開本:787mm×1092mm 1/16 印張:13.75 字數:210千
2021年6月第1版 2021年6月第1次印刷
ISBN 978-7-229-15305-2
定價:170.00元

如有印裝質量問題,請向本集團圖書發行有限公司調换:023-61520678

版權所有 侵權必究

《巴渝文庫》編纂委員會

(以姓氏筆畫爲序)

主　　任	張　鳴
副 主 任	鄭向東

成　　員　　任　競　　米加德　　李　鵬　　吳玉榮　　祝輕舟
　　　　　　陳昌明　　陳興蕪　　張發鈞　　程武彥　　詹成志
　　　　　　劉　旗　　劉文海　　潘　勇　　饒幫華　　龔建海

《巴渝文庫》專家委員會

(以姓氏筆畫爲序)

學術牽頭人　黎小龍　　藍錫麟

成　　員　　王志昆　　王增恂　　白九江　　李禹階　　李彭元　　吳玉榮
　　　　　　何　兵　　周　勇　　周安平　　周曉風　　胡道修　　段　渝
　　　　　　馬　强　　唐潤明　　曹文富　　常雲平　　張　文　　張　瑾
　　　　　　張守廣　　張鳳琦　　張榮祥　　程地宇　　傅德岷　　舒大剛
　　　　　　鄒後曦　　曾代偉　　溫相勇　　楊恩芳　　楊清明　　熊　篤
　　　　　　熊憲光　　滕新才　　劉明華　　劉重來　　劉興亮　　潘　洵
　　　　　　薛新力　　藍　勇　　韓雲波　　龔義龍

《巴渝文庫》辦公室成員

（以姓氏筆畫爲序）

王志昆　艾智科　杜芝明　李遠毅　別必亮　周安平　郎吉才
袁佳紅　陳曉陽　黃　璜　曹　璐　張　進　張　瑜　張永洋
張榮祥　温相勇　劉向東

《来瞿唐先生日録·内篇(校注)》編纂委員會

學術顧問　唐明邦　徐芹庭
主　　編　郭東斌
副 主 編　欒保群　陳禕舒　陳益峰
編　　委　向時明　金生楊　郭東斌　陳果立　陳益峰　陳禕舒
　　　　　熊少華　嚴曉星　欒保群　（以姓氏筆畫爲序）
校　　注　欒保群　陳禕舒　郭東斌

總序

藍錫麟

　　兩百多萬字的《巴渝文獻總目》編成出版發行，一部七册，相當厚實。它標志着，歷經七年多的精準設計、切實論証和辛勤推進，業已納入《重慶市國民經濟和社會發展第十三個五年規劃綱要》的《巴渝文庫》編纂工程，取得了第一個碩重的成果。它也預示着，依託這部重慶歷史上前所未有的大書所摸清和呈顯的巴渝文獻的可靠家底，對巴渝文化的挖掘、闡釋、傳承和弘揚，都有可能進入一個嶄新的階段。

　　《巴渝文庫》是一套以發掘梳理、編纂出版爲主軸，對巴渝歷史、巴渝人文、巴渝風物等進行廣泛匯通、深入探究和當代解讀，以供今人和後人充分了解巴渝文化、準確認知巴渝文化，有利於存史、傳箴、資治、揚德、勵志、育才的大型叢書。整套叢書都將遵循整理、研究、求實、適用的編纂方針，運用系統、發展、開放、創新的文化理念，力求能如宋人張載所倡導的"爲天地立心，爲生民立命，爲往聖繼絶學，爲萬世開太平"那樣，對厘清巴渝文化文脉，光大巴渝文化精華，作出當代文化視野所能達致的應有貢獻。

　　這其間有三個關鍵詞，亦即"巴渝""文化"和"巴渝文化"。

　　"巴渝"稱謂由來甚早。西漢司馬相如的《上林賦》中，即有"巴俞（渝）宋蔡，淮南《於遮》"的表述，桓寬的《鹽鐵論·刺權篇》也有"鳴鼓巴俞（渝），交作於堂下"的説法。西晉郭璞曾爲《上林賦》作注，指認

"巴西閬中有俞（渝）水，僚居其上，皆剛勇好舞。初，高祖募取，以平三秦，後使樂府習之。因名'巴俞（渝）舞'也"。從前後《漢書》到新舊《唐書》等正史，以及《三巴記》《華陽國志》等方志中，都能見到"巴渝樂""巴俞舞"的記載。據之不難判定，"巴渝"是一個得名頗久遠的地域歷史概念，它泛指的是先秦巴國、秦漢巴郡轄境所及，中有渝水貫注的廣大區域。當今重慶市，即爲其間一個至關重要的組成部分，并且堪稱主體部分。

關於"文化"的界說，古今中外逾百種，我們只取在當今中國學界比較通用的一種。馬克思在《1844 年經濟學哲學手稿》裹指出："動物只生產自己本身，而人則再生產整個自然界。"因此，"自然的人化"，亦即人類超越本能的、有意識地作用於自然界和社會的一切創造性活動及其物質、精神產品，就是廣義的文化。在廣義涵蘊上，文化與文明大體上相當。廣義文化的技術體系和價值體系建構兩極，兩極又經由語言和社會結構組成文化統一體。其中的價值體系，即與特定族群的生產方式和生活方式相適應，構成以語言爲符號傳播的價值觀念和行爲準則，通常被稱爲觀念形態，就是狹義的文化。文字作爲語言的主要記載符號，累代相積地記錄、傳播和保存、認證人類文明的各種成果，即形成跨時空的基本文獻。隨着人類文明的進步，文獻的生成形式日益增多，但任何別的形式都取代不了文字的文獻主體地位。以文字爲主體的文獻直屬於狹義文化，具有知識性特徵，同時也是廣義文化的價值結晶。《巴渝文庫》的"文"即專指以文字爲主體的文獻，整部叢書都將依循上述認知從文獻伸及文化。

將"巴渝"和"文化"兩個概念鏈接起來和合爲一，標舉出"巴渝文化"特指概念，乃是二十世紀中後期發生的事。肇其端，在於衛聚賢主編的《説文月刊》，1941 年 10 月在上海，1942 年 8 月在重慶，先後發表了他本人撰寫的《巴蜀文化》一文，并以"巴蜀文化專號"名義合計發表了 25 篇相關專題文章，破天荒揭櫫了巴蜀文化的基本内涵。繼其後，從五十年代到九十年代，以成渝兩地的學者群作爲學術研究主體，也吸引了全國學界一些專家的關注和參與，對巴蜀文化的創新探究逐步深化、豐富和拓展，并由"巴蜀文化"總體維度向"巴蜀文明""巴渝文化"兩個向度切分、提升和衍進。在此基礎上,以1989年11月重慶市博物館編輯、重慶出版社出版第一輯《巴渝文化》首樹旗幟,經1993年秋在渝召開"首屆全國巴渝文化學術研討會"激揚波瀾,到1999年間第四輯《巴渝文化》結集面世,確証了"巴渝文化"這一地域歷史文化概念的提出和形成距今已達近三十年,且已獲得全國學界的廣泛認同。黎小龍所撰《"巴蜀文化""巴渝文化"概念及其基本內涵的形成與嬗變》一文,對其沿革、流變及因果考鏡翔實,梳理通達,足可供而今而後一切關注巴渝文化的人溯源知流,辨僞識真。

從中不難看出,巴蜀文化與巴渝文化不是并列關係,而是種屬關係,彼此間有同有异,可合可分。用系統論的觀點考察種屬,自古及今,巴蜀文化都是與荊楚文化、吳越文化同一層級的長江流域文化的一大組成部分,巴渝文化則是巴蜀文化的一個重要分支。自先秦迄於兩漢,巴渝文化幾近巴文化的同義語,與蜀文化共融而成巴蜀文化。魏晉南北朝以降,跟巴渝相對應的行政區劃迭有變更,僅言巴渝漸次不能遍及巴,但是,在巴渝文化的核心區、主體圈和輻射面以內,巴文化與蜀文化的兼容性和互補性,或者一言以蔽之曰同質性,仍然不可移易地扎根存在,任何時勢下都毋庸置疑。而與之同時,大自然的偉力所造就的巴渝山水地質地貌,又以不依任何人的個人意志爲轉移的超然勢能,對於生息其間的歷代住民的生產方式和生活方式施予重大影響,從而決定了巴人與蜀人的觀念取向和行爲取向不盡一致,各有特色。再加上巴渝地區周邊四向,除西之蜀外,東之楚、南之黔、北之秦以及更廣遠的中原地區,其文化都會與之相互交流、滲透和浸潤,其中楚文化與巴文化的相互作用尤其不可小覷,這就勢所必至地導致了巴渝文化之於巴蜀文化會有某些异質性。既具同質性,又有异質性,共生一體就構成了巴渝文化的特質性。以此爲根基,在尊重巴蜀文化對巴渝文化的統攝地位的前提下,將巴渝文化切分出來重新觀照,切實評價,既合乎邏輯,也大有可爲。

楚文化對於巴渝文化的深遠影響僅次於蜀文化,歷史文獻早有見証。《華陽國志·巴志》指出:"江州以東,濱江山險,其人半楚,姿態敦厚。墊江以西,土地平敞,精敏輕疾。上下殊俗,情性不同。"這正是巴、楚兩

種文化交相作用的生動寫照。就地緣結構和族群淵源而言，恰是長江三峽的自然連接和荊巴先民的人文交織，造成了巴、楚地域歷史文化密不可分。理當毫不含糊地說，巴渝文化地域恰是巴蜀文化圈與荊楚文化圈的邊緣交叉地帶。既邊緣，又交叉，正負兩端效應都有。正面的效應，主要體現在有利於生成巴渝文化的開放、包容、多元、廣譜結構走向上。而負面的效應，則集中反映在距離兩大文化圈的核心地區比較遠，在社會生產力和文化傳播力比較低下的古往年代，無論在廣義層面，還是在狹義層面，巴渝文化的演進發展都難免相對滯後。負面效應貫穿先秦以至魏晉南北朝時期，直至唐宋才有根本的改觀。

　　地域歷史的客觀進程即是構建巴渝文化的學理基石。當第四輯《巴渝文化》出版面世時，全國學界已對巴渝文化概念及其基本內涵取得不少積極的研究成果，認爲巴渝文化是指以今重慶爲中心，輻射川東、鄂西、湘西、黔北這一廣大地區內，從夏商至明清乃至於近現代的物質文化和精神文化的總和，已然成爲趨近共識的地域歷史文化界說。《巴渝文庫》自設計伊始，便認同這一界說，幷將其貫徹編纂全過程。但在時空界線上略有調整，從有文物佐證和文字記載的商周之際開始，直至1949年9月30日爲止，舉凡曾對今重慶市以及周邊相關的歷代巴渝地區的歷史進程產生過影響，留下過印記，具備文獻價值，能够體現巴渝文化的基本內涵的各種信息記錄，尤其是得到自古及今廣泛認同的著作乃至單篇，都在盡可能搜集、錄入和整理、推介之列，當今學人對於巴渝歷史、巴渝人文、巴渝風物等的開掘、傳揚性研究著述也將與之相輔相成。一定意義上，它也可以叫《重慶文庫》，然而不忘文化淵源，不忘文化由來，還是命名《巴渝文庫》順理成章。

　　必須明確指出，《巴渝文庫》矚目的歷代文獻，幷非一概出自巴渝本籍人士的手筆。因爲一切文化得以生成和發展，注定都是在其滋生的熱土上曾經生息過的所有人，包括歷代的本籍人和外籍人，有所發現、有所創造的累積式的共生結果，不應當流於偏執和狹隘。對巴渝文化而言，珍重和恪守這一理念尤關緊要。唐宋時期和抗戰時期，毫無疑義是巴渝文化最輝煌的兩大時段，抗戰時期尤其代表着當時中國的最高成就。在這兩大時段中，非巴渝籍人士確曾有的發現和創造，明顯超過了巴渝本籍人士，排斥他們便會自損巴渝文化。在其他的時段中，無分籍貫的共生共榮也是常態。所以我們對於文獻的收取原則，是不分彼此，一視同仁，尊重歷史，敬畏前賢。只不過，有懲於諸多發抉限制，時下文本還做不到應收盡收，只能做到盡力而爲。拾遺補闕之功，容當俟諸後昆。

還需要強調一點，那就是作爲觀念形態的狹義的文化，在其生成和發展的過程中，必然會受到一定時空的自然條件和社會條件，尤其是後者中的經濟、政治等廣義文化要素的多層性多樣性的制約和支配。無論是共時態還是歷時態，都因之而決定，不同的地域文化會存在不平衡性和可變動性。但文化并不是經濟和政治的單相式僕從，它也有自身的構成品質和運行規律。一方面，文化的發展與經濟、政治的發展并不一定同步，通常呈現出相對滯後性和相對穩定性，而在特定的社會異動中又有可能凸顯超前，引領未來。另一方面，不管處於哪種狀態下，文化都對經濟、政治等等具有能動性的反作用，特別是反映優秀傳統或先進理念的價值觀念和行爲準則，對整個社會多維度的、廣場域的滲透影響十分巨大，不可阻遏。除此而外，任何文化強勢區域的產生和延續，決然都離不開文化賢良和學術精英富於創造性的引領和開拓。這一切，在巴渝文化三千多年的演進流程中都有長足的映現，而《巴渝文庫》所薈萃的歷代文獻正是巴渝文化行進路綫圖的歷史風貌長卷。

從這一長卷可以清晰地指認，巴渝文獻爲形，巴渝文化爲神，歷代先人所創造的巴渝地域歷史文化的確堪稱源遠流長，根深葉茂，絢麗多姿，歷久彌新。如果將殷商卜辭當中關於"巴方"的文字記載當作文獻起點，那麼，巴渝文獻累積進程已經有3200餘年。盡管文獻并不能够代替文物、風俗之類對於文化也具有的載記功能和傳揚作用，但它作爲最重要的傳承形態，載記功能和傳揚作用更是無可比擬的。《巴渝文獻總目》共收入著作文獻7212種，單篇文獻29479條，已經足以彰顯巴渝文化的行進路綫。特別是7212種著作文獻，從商周到六朝將近1800年爲24種，從隋唐至南宋將近700年爲136種，元明清三代600多年增至1347種，民國38年間則猛增到5705種，分明已經展示出了巴渝文化的四個行進階段。即便考慮到不同歷史階段

確有不少文獻生存的不可比因素，這組統計數字也昭示人們，巴渝文化的發展曾經歷了一個怎樣的漫長過程。籠而統之地稱述巴渝文化博大精深未必切當，需要秉持實事求是的學理和心態，對之進行梳理和詮釋。

第一個階段，起自商武丁年間，結於南朝終止。在這將近1800年當中，前大半段恰爲上古巴國、秦漢巴郡的存在時期，因而正是巴渝文化的初始時期；後小半段則爲三國蜀漢以降，多族群的十幾個紛爭政權先後交替分治時期，因而從文化看只是初始時期的遲緩延伸。巴國雖曾強盛過，却如《華陽國志・巴志》所記，在魯哀公十八年（前477）以後，即因"楚主夏盟，秦擅西土，巴國分遠，故於盟會希"，淪落爲一個無足道的僻遠弱國。政治上的邊緣化，加之經濟上的山林漁獵文明、山地農耕文明相交錯，生產力低下，嚴重地桎梏了文化根苗茁壯生長。其間最大的亮點，在於巴、楚交流、共建而成的巫、神、辭、謠相融合的三峽文化，澤被後世，長久不衰。兩漢四百年大致延其續，在史志、詩文等層面上時見踪影，但表現得相當零散，遠不及以成都爲中心的蜀文化在辭賦、史傳等領域都蔚爲大觀。魏晋南北朝三百多年，巴渝地區社會大動蕩，生產大倒退，文化生態極爲惡劣，反倒陷入了裹足不前之狀。較之西向蜀文化和東向楚文化，這一階段的巴渝文化，明顯地處於後發展態勢。

第二個階段，涵蓋了隋唐、五代、兩宋，近七百年。其中的前三百餘年國家統一，驅動了巴渝地區經濟社會恢復性的良動發展，後三百多年雖然重現政治上的分合爭鬥，但文化開拓空前自覺，合起來都給巴渝文化注入了生機和活力。特別是科舉、仕宦、貶謫、游歷諸多因素，促成了包括李白、"三蘇"在內，尤其是杜甫、白居易、劉禹錫、黃庭堅、陸游、范成大等文學巨擘寓迹巴渝，直接催生出兩大輝煌。一是形成了以"夔州詩"爲品牌的詩歌勝境，流譽峽江，彪炳汗青，進入了唐宋兩代中華詩歌頂級殿堂。二是發掘出了巴渝本土始於齊梁的民歌"竹枝詞"，創造性轉化爲文人"竹枝詞"，由唐宋至於明清，不僅傳播到全中國的衆多民族和廣大地區，而且傳播到全世界五大洲，這一曠世奇迹實爲歷代中華民歌之獨一無二。與之相仿佛，宋代理學大師周敦頤、程頤先後流寓巴渝，也將經學、理學以及興學施教之風傳播到巴渝，迄及明清仍見光揚。在這兩大場域內，領受他們的雨露沾溉，漸次有了巴渝本土文人如李遠、馮時行、度正、陽枋等的身影和行迹。儘管這些本土文人并沒有躋身全國一流，但他們在局部範圍的異軍突起，卓爾不群，在巴渝文化史上終究有標志意義。就文化突破價值而言，絲毫不亞於1189年重慶升府得名，進而將原先只有行政、軍事功能的本城建成一座兼具行政、軍事、經濟、文化、交通等多功能的城市。盡有理由説，這個階段顯示出巴渝文化振起突升，重新融入中華文化的大進程，并給自己確立了不可忽視的地位。

第三個階段，貫通元明清，六百多年。在這一時期，中華民族統一國家的族群結構和版圖結構最終底定，四川省内成渝之間的統屬格局趨於穩固，經濟社會發展進入了新的里程，巴渝文化也因之而拓寬領域沉穩地成長。特別是明清兩代大量移民由東、北、南三向進入巴渝地區，晚清重慶開埠，相繼帶來新技術和新思想，對促進經濟發展、社會開放和文化繁榮起了大作用。本地區文化名人應運而生，前驅後繼，文學如鄒智、張佳胤、傅作楫、周煌、李惺、李士棻、王汝璧、鍾雲舫，史學如張森楷，經學如來知德，佛學如破山海明，書畫如龔晴皋，成就和影響都超越了一時一地。特別是鄒容，其《革命軍》宣傳民主主義國民革命思想，更是領異於清末民初，標舉着那個時代先進政治學的制高點。外籍的文化名人，諸如楊慎、曹學佺、王士禎、王爾鑒、李調元、張問陶、趙熙等，亦有多向的不俗建樹。儘管除鄒容一響絕塵之外，缺少了足以與唐宋高標相比并的全國頂尖級的大師與巨擘，但在總體文化實力上確乎已經超越唐宋。這就好比按照地理學分類，巴渝境内的諸多雄峰尚屬中山，却已群聚成爲相對高地那樣，巴渝文化在這個階段也構築起了有體量的相對高地。

第四個階段，本應從1891年重慶開埠算起，延伸至今仍没有終結，但按《巴渝文庫》文獻取舍的既定體例，只截取了從1912年中華民國成立開始，到1949年9月30日爲止的一段，共38年。雖然極短暫，社會歷史的風雲激蕩却是亘古無二的，重慶在抗日戰争時期成爲全中國的戰時首都更是空前絶後的。由辛亥革命到五四運動，重慶的思想、政治精英已經站在全川前

列，家國情懷、革命意識已經在巴渝地區強勢賁張。至抗戰首都期間，數不勝數的、難以列舉的全國一流的文化賢良和學術精英匯聚到了當時重慶和周邊地區，勢所必至地全方位、大縱深地推動文化迅猛突進，從而將重慶打造成了那個時期全中國最大最高的文化高地，其間還聳立着不少全國性的文化高峰。其先其中其後，巴渝本籍的文化先進也競相奮起，各展風騷，如任鴻雋、盧作孚、劉雪庵就在他們所致力的文化領域高揚過旗幟，向楚、楊庶堪、潘大逵、吳芳吉、胡長清、張錫疇、何其芳、李壽民、楊明照等也聲逾夔門，成就不凡。毫無疑問，這是巴渝文化臻至鼎盛、最爲輝煌的一個階段，前無古人，後世也難以企及。包括大量文獻在內，它所留下的極其豐厚的思想、價值和精神遺產，永遠都是巴渝文化最珍貴的富集寶藏。

　　由文獻反觀文化，概略勾勒出巴渝文化的生成、流變、發展、壯大四個階段，當有助於今之巴渝住民和後之巴渝住民如實了解巴渝文化，切實增進對於本土文化的自知之明、自信之氣和自強之力，從而做到不忘本來，吸收外來，面向未來，更加自覺地傳承和弘揚巴渝文化，持續不懈地推動巴渝文化在新的語境中創造性轉化，創新性發展。對於本土以外關注巴渝文化的各界人士，同樣也具有認識意義。最先推出的《巴渝文獻總目》沒有按照這四個階段劃段分卷，而是依從學界通例分成"古代卷"和"民國卷"，與如此分段并不相抵牾。四分着眼於細密，兩分着眼於大觀，各有所長，相得益彰。

　　《巴渝文獻總目》作爲《巴渝文庫》起始發凡的第一部大書，基本的編纂目的在於摸清文獻家底，這一個目的已然達到。但它展現的主要是數量。回溯到文化本體，文獻數量承載的多半還是文化總體的支撐基座的長度和寬度，而并不是足以代表那種文化的品格和力量的厚度和高度。文化的品格和力量蘊含在創造性發現和創新性發展中，浸透着質量，亦即思想、價值、精神的精華，任何文化形態均無所例外。因此，幾乎與編纂《巴渝文獻總目》同時起步，我們業已組織專業團隊，着手披沙揀金，精心遴選優秀文獻，分門別類，鉤玄提要，以期編纂出第二部大書《巴渝文獻要目提要》。兩三年以內，當《巴渝文獻要目提要》也編成出版以後，兩部大書合爲雙璧，就將對傳承和弘揚巴渝文化，歷久不衰地發出別的文化樣式所不可替代的指南工具書作用。即便只編成出版這樣兩部大書，《巴渝文庫》文化工程即建立了歷代前人未建之功，足可以便利當代，嘉惠後世，恒久存傳。

《巴渝文庫》的期成目標，遠非僅編成出版上述兩部大書而已。今後十年內外，還將以哲學宗教、政治法律、軍事、經濟、文化科學教育、語言文學藝術、歷史與地理、地球科學、醫藥衛生、交通運輸、市政與鄉村建設、名人名家文集、方志碑刻與報紙期刊等十三大類的架構形式，分三步走，繼續推進，力爭總體量達到300種左右。規劃明確的項目實施大致上安排啓動、主推、掃尾三個階段，前後貫連，有序推進。2018年至2020年爲啓動階段，着力做好《巴渝文庫》文化工程的實施規劃和項目發布兩項工作，并且形成10種有影響的示範性成果。2021年至2025年爲主推階段，全面展開《巴渝文庫》文化工程十三大類的項目攻關，努力完成200種左右文獻的搜集、整理、編纂和出版任務，基本呈現這一工程的社會影響。2026年至2028年爲掃尾階段，繼續落實《巴渝文庫》文化工程的各項規則，既爲前一階段可能遺留的未盡項目按質結項，又再完成另外90種文獻的搜集、整理、編纂和出版任務，促成這一工程的綜合效應得到充分體現。如果屆時還不能如願掃尾，寧肯延長兩三年，多花些功夫，也要堅持責任至上，質量第一，慎始慎終，善始善終，確保圓滿實現各項既定目標。

應該進一步强調，《巴渝文庫》是重慶有史以來規模最大、歷時最長的綜合性文化工程，涉及先秦至民國幾乎所有的學科。與一般的文獻整理和課題研究不同，它所預計整理、出版的300種左右圖書，每種圖書根據實際文獻數量的多少，將分成單册與多册兼行，多册又將分成幾册、數十册及至上百册不等，終極體量必將達到數千册，從而蔚成洋洋大觀。搜集、整理、編纂和出版如此多的文獻典籍，必須依靠多學科的專家、學者通力合作，接力建功，這其間必定會既出作品，又出人才，其社會效益注定將是難以估量的。

規劃已具輪廓，項目已然啓動，《巴渝文庫》文化工程正在路上。回顧來路差堪欣慰，展望前景倍覺任重。從今往後的十年內外，所有參與者都極

需要切實做到有抱負，有擔當，攻堅克難，精益求精，前赴後繼地爲之不懈進取，不竟全功，决不止息。它也體現着黨委意向和政府行爲，對把重慶建設成爲長江上游的文化高地具有不容低估的深遠意義，因而也需要黨委和政府高屋建瓴，貫穿全程地給予更多關切和支持。它還具備了公益指向，因而盡可能地争取社會各界關注和扶助，同樣不可或缺。事關立心鑄魂，必須不辱使命，前無愧怍於歷代先人，後無愧怍於次第來者。初心長在，同懷勉之！

2016 年 12 月 16 日初稿
2018 年 9 月 27 日改定

凡例

《巴渝文庫》是一套以發掘梳理、編纂出版巴渝文獻爲主軸，對巴渝歷史、巴渝人文、巴渝風物等進行廣泛匯通、深入探究和當代解讀，以供今人和後人充分了解巴渝文化、準確認知巴渝文化，有利於存史、傳箴、資治、揚德、勵志、育才的大型叢書。整套叢書都將遵循整理、研究、求實、適用的編纂方針，運用系統、發展、開放、創新的文化理念，力求能如宋人張載所倡導的"爲天地立心，爲生民立命，爲往聖繼絕學，爲萬世開太平"那樣，對厘清巴渝文化文脉，光大巴渝文化精華，作出當代文化視野所能達致的應有貢獻。

一、收録原則

1. 内容範圍

①凡是與巴渝歷史文化直接相關的著作文獻，無論時代、地域，原則上都全面收録；

②其他著作之中若有完整章（節）内容涉及巴渝的，原則上也收入本《文庫》；全國性地理總志中的巴渝文獻，收入本《文庫》；

③巴渝籍人士（包括在巴渝出生的外籍人士）的著作，收入本《文庫》；

④寓居巴渝的人士所撰寫的其他代表性著作，按情況酌定收録，力求做到博觀約取、去蕪存菁。

2. 地域範圍

古代，以先秦巴國、秦漢巴郡轄境所及，中有渝水貫注的廣大區域爲限；民國，原則上以重慶直轄（1997）後的行政區劃爲基礎，參酌民國時期的行政建制適當張弛。

3. 時間範圍

古代，原則上沿用中國傳統斷代，即上溯有文字記載、有文物佐证的先秦時期，下迄 1911 年 12 月 31 日；民國，收録範圍爲 1912 年 1 月 1 日至 1949 年 9 月 30 日。

4. 代表性與重點性

《巴渝文庫》以"代表性論著"爲主，即能反映巴渝地區歷史發展脉絡、對巴渝地區歷史進程産生過影響、能够體現地域文化基本内涵、得到古今廣泛認同且具有文獻價值的代表性論著。

《巴渝文庫》突出了巴渝地區歷史進程中的"重點"，即重大歷史節點、重大歷史階段、重大歷史事件、重要歷史人物。就古代、民國兩個階段而言，結合巴渝地區歷史進程和歷史文獻實際，突出了民國特别是抗戰時期重慶的歷史地位。

二、收録規模

爲了全面、系統展示巴渝文化，《巴渝文庫》初步收録了哲學宗教、政治法律、軍事、經濟、文化科學教育、語言文學藝術、歷史與地理、地球科學、醫藥衛生、交通運輸、市政與鄉村建設、名人名家文集、方志碑刻報刊等方面論著約 300 餘種。

其中，古代與民國的數量大致相同。根據重要性、内容豐富程度與相關性等，"一種"可能是單獨一個項目，也可能是同"類"的幾個或多個項目，尤以民國體現最爲明顯。

三、整理原則

《巴渝文庫》體現"以人係文""以事係文"的整理原則，以整理、輯録、點校爲主，原則上不影印出版，部分具有重要價值、十分珍貴、古今廣泛認同、流傳少的論著，酌情影印出版。

每一個項目有一個"前言"。"前言"，包括文獻著者生平事跡、文獻主要内容與價值，陳述版本源流，説明底本、主校本、參校本的情况等。文獻内容重行編次的，有説明編排原則及有關情况介紹。

四、出校示例

（一）出校改字例

1. 明燕京再被圍皆能守，獨闖來即破。杜勛、曹化淳①獻城計早定也。

校記：①淳，原作"渟"，據《明史》卷三百五改。下同。

2. 清節平生懍四知，何勞羊酒祀金卮①。夕陽漢口襟題處，暮雨西山簾卷時。

校記：①卮，原作"危"，誤，據文義、音律改。

（二）出校不改字例

1. 喉舌穿成珠一串，肌膚①借得雪三分。

校記：①肌膚，文聽閣本作"容光"。

2. 靴底霜寒光弼刀，壺中唾化萇宏①血。

校記：①宏，當作"弘"，避清高宗弘曆名諱。以下不再出校。

3. 無依鳥①已愁三匝，不厭書還讀百回。

校記：①鳥，疑爲"烏"之誤。

五、注釋示例

（一）名物制度類

1. 清時川省田賦，只地丁一項爲正供，然科則①極輕。

注釋：①科則：征收田賦按田地類別、等級而定的賦率。

2. 有其人已死，子孫已析産，然僅分執田契管業，未將廠册①上糧名改爲各繼承人之名，以致此一户之糧，須由數家朋納者。

注釋：①廠册：又名魚鱗册，是舊時爲地籍管理和征收賦税而編制的土地登記簿册。

3. 警察總局，設皇華館内，爲岑雲階制府任内所創辦①。

注釋：①光緒二十九年（1903）四月初一，成都的警察總局正式挂牌理事。

（二）生僻字、異體字類

1. 川省毗連藏衛，又西南之越西、寧遠，西北之懋功、松潘，悉屬夷巢，種族紛繁，指不勝僂①。

注釋：①僂：此處指彎曲。

2. 公之聲威，雖遠近讋①伏，然臨下接人，仍藹然如書生。

注釋：①讋：zhé，懼怕、忌。

3. 先太守對以宦京八年，措資摒擋①，非咄嗟②可辦。公曰：是固恒情，然或亦規避新疆耶？先太守見其神明，始實謂：寒畯③若遠宦萬里，則骨肉恐無聚日。公曰：諒哉！此等事只可繩受恩深重之大臣。

注釋：①摒擋：收拾料理。

②咄嗟：duō jiē，霎時。

③寒畯：窮苦的讀書人。

（三）用典類

1. 每歲十二月二十日前後，大小各官署皆行封印禮。次年正月二十日前後，皆行開印禮。其日期悉由欽天監諏定奏明，由部通行遵照。在封印期間內，每日仍照常啓用，惟於印外加蓋"預用空白"四字戳記。上行公文，則曰："遵印空白"蓋封印、開印，久成虛文，其禮式直如告朔餼羊①而已。

注釋：①告朔餼羊：古代的一種制度，原指魯國自文公起不親到祖廟告祭，只殺一只羊應付一下。後比喻照例應付，敷衍了事。

2. 又嘗見公從徑尺許之窗孔內聳身而出，復聳身而入，無絲毫牽挂及聲響，真可謂"熏籠上立，屏風上行"①矣。

注釋：①據《太平廣記》記載，李泌少時，能屏風上立，熏籠上行。因李泌一生愛好神仙佛道，猶如神仙中人。

前言

　　來知德（1525—1604），字矣鮮，號瞿唐，又號十二峰道人，四川梁山（今重慶市梁平區）人。明代著名的易學家、理學家，尤以象數易學爲後世所推崇。來知德終生未仕，潛心學術，曾於萬縣（今重慶萬州區）求溪山中注《易》。"始於隆慶四年庚午（1570），終於萬曆二十六年戊戌（1598），二十九年而后成书"的《周易集注》，成爲明代象數易學的代表性著作。萬曆三十年（1602），四川總督王象乾、貴州巡撫郭子章聯名上《薦來知德疏》，朝廷遂敕封其爲"翰林院待詔"，來知德力辭不就，有司仍以原授翰林院待詔職致仕，月給米三石，以示尊崇。萬曆三十二年（1604），來知德以八十歲高齡於釜山家中辭世。

　　來氏易學以象數著稱，實際則是融匯易學"兩派六宗"之指歸，兼各家之長，且有所發明。在以象解《易》的前提下，最終落實於義理的闡釋，同時參證以史事。由他所創的"梁山來知德圓圖"以及在此基礎上衍生而出的諸圖，在圖書易學史上也產生了一定的影響。此外，來知德的理學思想則表現在他對於"太極""理""氣"等理學範疇的獨到見解以及"格物欲之物"的修養功夫論，也值得學界進一步研究。來知德的兩部主要著作——《周易集注》和《來瞿唐先生日錄》，《四庫全書總目》皆有著錄與提要，《周易集注》更是被《四庫全書》所收錄。

　　來知德的相關著作，除了《周易集注》與《來瞿唐先生日錄》之外，還有某些單篇文章散見於世，如清人王鱗飛修、冉崇文纂同治《增修酉陽直隸州總志》與《忠孝譜·酉陽土家族冉土司家譜》中收録的《冉氏家譜序》。另外，有關來知德的生平經歷，則有由來知德門人戴詡、古之賢等初編，清代歷經重編的《太史來瞿唐先生年譜》，清代官方撰修的《明史·儒林傳》，黄宗羲的《明儒學案》，以及清代不同時期刊刻的幾部《梁山縣志》中，均有來知德的相關傳記、行狀，這些文獻爲我們認識來知德其人其學提供了幫助。

此次整理出版的《來知德全集》包括來知德的著作《來瞿唐先生日録》《周易集注》。此外，整理者還將來知德散見於世的著作《冉氏家譜序》，以及《太史來瞿唐先生年譜》附録於後。下面就相關版本信息進行介紹：

一、《來瞿唐先生日録》

《來瞿唐先生日録》分爲内篇與外篇兩部分，内篇收録了來知德的理學著述，外篇則收録了來知德一生當中創作的共五百餘首詩、歌、賦，相當於是來知德的詩文匯編。《日録》問世以後，曾被多次重刻，目前具有代表性的版本有：中國國家圖書館藏明代張惟任刻本、中國社會科學院考古研究所藏明萬曆刻本[①]、四川省圖書館藏清道光辛卯刻本[②]、中國國家圖書館藏清咸豐盧有徽刻本、北師大圖書館藏清集善堂保元瑶函本[③]。

筆者持中國國家圖書館藏明萬曆三十九年（1611）張惟任刻本與中國社會科學院考古研究所藏明萬曆刻本對校，可以確定兩個版本實爲同一版本，二者的差異僅在於中國社會科學院考古研究所藏萬曆本對諸篇序文進行了删減。此本版式爲半頁九行，行二十字，白口，單魚尾，四周單邊。書名作《重刻來瞿唐先生日録》。其中分爲内篇七卷，每卷具體内容爲：卷一《弄圓篇》《河圖洛書論》，卷二《格物諸圖》，卷三《大學古本》，卷四《入聖功夫字義》，卷五《省覺録》《孔子謹言功夫》，卷六《省事録》《九喜楊記》《四箴》《論俗俚語》《革喪葬夷俗》，卷七《理學辯疑》《心學晦明解》《讀易悟言》（缺）。外篇五卷，每卷具體内容爲：卷一《釜山稿》，卷二《悟山稿》，卷三《游峨眉稿》

[①] 上海古籍出版社 2003 年出版《續修四庫全書》所選用的影印版本。
[②] 齊魯書社 1995 年出版《四庫全書存目叢書》所選用的影印版本。
[③] 另有重慶四方書院藏清贊育堂保元瑶函本。

《快活庵稿》《八關稿》《游吴稿》，卷四《重游白帝稿》《求溪稿》《買月亭稿》《鐵鳳稿》，卷五《游華山稿》《游太和山稿》《續求溪稿》。此本外篇未收録來知德晚年寫就的《優哉閣稿》。道光本根據牌記可知其刊印於道光辛卯年，即道光十一年（1831）。版式爲半頁九行，行二十字，白口，單魚尾，四周雙邊。共計十三卷，分爲内篇六卷，外篇七卷，其中原内篇的《大學古本》調整爲外篇卷七，外篇卷六爲新增的《優哉閣稿》。道光本除了在順序調整、内容增益之外，還對其中的部分字詞進行了避諱處理。

此次對《來瞿唐先生日録》的整理工作涉及文字整理，標點，校勘以及相關注釋。本書在文字上以上海古籍出版社 2003 年出版《續修四庫全書》所選用的萬曆本《日録》爲底本。本書參校本包括：萬曆張惟任虎林刻本，道光刻本，同治贊育堂保元瑶函刻本以及咸豐盧有徽刻本。考慮到此次影印本所選用的是内容更加完整的道光本，而爲了便於讀者區別道光本與作爲底本的萬曆本在文字内容上的具體差異，整理者將這類差異以校記的形式全部加以呈現。本書在編排次序上，以内容編次更爲合理的道光本爲準。道光本與萬曆本相較有很大不同。道光本内篇把《大學古本》移出，置於外篇卷七。外篇多《優哉閣稿》一卷。萬曆本《石鼓歌》位於外篇卷三末尾處，道光本則位於外篇卷四《古詩》與《買月亭稿》之間。爲了使讀者更加直觀地瞭解《來瞿唐先生日録》古籍善本的原貌與全貌，此次將重慶四方書院藏道光刻本全文原色影印出版。影印部分附在整體校注内容之後。

二、《周易集注》

《周易集注》最初於萬曆二十七年己亥（1599），由時任梁山縣令的徐博卿、來知德門人戴諮等捐資刻板，萬曆二十九年（1601），時任貴州巡撫的郭子章來梁，并爲《周易集注》作序，這便是《周易集注》最早的版本——郭子章叙刻本，但此本今已不存。學者吴偉的《〈周易集注〉的早期版本》一文，則根據《周易集注》的版本源流與關係梳理出三大刻本系統，分別是張惟任刻本系統，史念冲刻本系統，以及經劉之勃（字安侯，高奣映刊刻此本時誤作"安劉"）删芟、凌夫惇圈點的高奣映刻本系統。總的來説，吴氏之版本系統分類較爲合理，但通過筆者持諸本校對，發現如康熙三十六年（1697）由高暄修訂刊刻的高暄刻本無法歸入以上三大系統之中，故在此三大系統之外，或許還存在其他的版本系統流傳。

張惟任刻本系統源自萬曆三十八年（1610）張惟任於杭州虎林刊刻本，其后傳衍較廣，主要有康熙二十七年（1688）崔華寶廉堂本，康熙六十一年（1722）俞卿刪改本，以及在寶廉堂本基礎上鈔錄而成的《四庫全書》本。另外，後世對寶廉堂本也多有翻刻。張惟任虎林刻本現藏於北京師範大學圖書館，此本版式爲半頁九行，行二十字，白口，單魚尾，四周單邊。卷首有徐博卿、郭子章、來知德、張惟任、黃汝亨五序；"重刻來瞿唐先生易經集注訂校姓氏"；"易注雜說諸圖"（此部分最前刻有"易注雜說諸圖總目"），"易學六十四卦啓蒙"。正文凡十六卷。卷末有戴誥跋。其中卷十六內容爲"考訂周易繫辭上下傳"與"補訂周易說卦傳"。虎林本脫漏《旅》卦九四爻象辭及注文內容，導致這一系統諸版本此處皆脫漏。這一刊刻失誤也成爲虎林本系統版本判定的一個重要依據。崔華寶廉堂刻本曾於1988年由上海書店影印出版（該本缺來知德序，以四庫本來序補之），發行量較大，目前流傳較廣。此本在版式上基本沿用了張惟任虎林本的特點，增加了崔華、謝開寵、王方岐三序。同時，此本校正了虎林本中存在的大量刊刻錯誤，可以說是目前《周易集注》版本中校勘最精，內容最全之善本。但由於受到時代的影響，崔華本對其中的部分字詞進行了避諱處理。

高奣映刻本系統最爲複雜，後世在此基礎上的重刻、翻刻本也最多，當前高奣映刻本系統中具有代表性的版本有康熙十六年（1677）高奣映朝爽堂初刻本（整理者暫時未能目驗此本，但在此本基礎上的翻刻本極多）、雍正七年（1729）周大璋刻本、嘉慶十四年（1809）符永培寧遠堂刻本、同治十年（1871）劉建德刻本，以及民國八年（1919）上海江東書局石印本。此外，還有大量翻刻本與遞修本存於世。從目前存世的朝爽堂翻刻本來看，其版式爲半頁九行，行二十二字，白口，單魚尾，版心下方有"朝爽堂"字樣，四周單邊。有關高奣映初刻本的內容，根據《凡例》，可知高奣映初刻本除了來知德《自序》、凌夫惇《序》、高奣映《序》之外，還應當有郭子章《序》與劉之勃

《序》(諸翻刻本、重刻本皆不存郭、劉二序)。諸序後有高奣映所撰《凡例》與各部分目録。目録後爲來知德"來圖"與"來圖補遺","來圖"與張惟任虎林系統"雜説"中諸圖内容相同,不過其中的"來瞿唐先生圓圖"較之虎林系統的同一圖"梁山來知德原圖",在圖像之中加入了"黑白二路",反映了陰極生陽,陽極生陰的道理,因此更符合來知德的作此圖之原意。至於"來圖補遺",則是對《目録》卷一《弄圓篇》内容的收録(文字部分有删減),值得注意的是"太極圖",高奣映這裏誤將圖下所附文字"其中間一圈乃太極之本體也"一段刻作"非中間一圈乃太極之本體也",雖然"其"與"非"僅爲一字之差,却使得其中的含義大相徑庭,而高本系統的其他刻本也都延續了這一錯誤。諸圖之後爲"易學啓蒙"部分,其中内容依次爲高奣映撰《讀瞿唐來夫子易注要説》《瞿唐來矣鮮先生本傳》,以及來知德所撰"上下經篇義""易經字義""改正分卷圖""發明孔子十翼圖""六十四卦啓蒙説",接著是"易學啓蒙"六十四卦的具體内容,最後附高奣映撰《來瞿唐先生易學啓蒙後跋》。與上述内容對應的目録中,"來瞿唐先生考訂繫辭上下傳"與"來瞿唐先生補訂説卦傳"雖與虎林系統相同,亦有存目,且高奣映在此二條目下皆附有小字,作"劉删"。但其實朝爽堂本之中這兩部分内容并非真的删去,具體的處理方法是將來知德補訂《説卦》内容逐條拆分,分別附於《説卦》相應段落注文之後。至於考訂《繫辭》順序,則在不改動《繫辭》段落順序的前提下,在來知德認爲當作改動的相應段落注文之後加以説明。高本的《易注》正文爲十五卷(其中附凌夫惇圈點内容),不過在十五卷外附末卷"採圖"一卷,這一部分與前面提到的"來圖補遺"也成爲高奣映刻本系統在内容上與其他版本最大的不同。根據《凡例》所云,"分卷悉依來氏次定,而以'圖像''啓蒙'列之卷首,'採圖'附之卷末,所以闡前人啓迪之心,資後學博覽之益"。卷首内容當是來知德所著,而卷末的"採圖"則是由高奣映蒐集整理前人易圖成就所做的資料匯編,并非出自來知德之手。

史念冲本刊刻完成於崇禎五年(1632),後世流傳較少,翻刻本也幾乎未見於世。此本版式爲半頁十行,行二十二字,白口,單魚尾,四周單邊。正文爲十五卷。至於虎林本卷十六的"考訂繫辭上下傳"與"補訂説卦傳"兩部分中來知德改動和新增的内容，史念冲本具體處理如下：考訂《繫辭》部分，以"附來知德考訂第八章""附來知德考訂第五章"爲名，分別附於卷十三《繫辭上傳》、卷十四《繫辭下傳》注末；補訂《説卦》部分，則以"附來知德補訂第十一章"爲名，附於卷十五《説卦傳》注末。此次《來知德全集》的整理，筆者選用了天津市圖書館館藏之善本（僅存正文卷一至卷十五，故以台灣"國立"圖書館館藏史念冲本卷首補之）。

此次對《周易集注》的整理工作涉及文字整理，標點，校勘和相關注釋。本書以康熙二十七年（1688）崔華主持刊刻的寶廉堂刻本爲底本。寶廉堂本雖然不是現存最早的《周易集注》版本，但較之祖本——張惟任虎林本，已經更正了其中存在的不少刊刻錯誤，從校勘的角度而言，堪稱精校精刻本，這樣也省去了以虎林本作爲底本所導致的一些不必要出校的校記。本書的參校本包括：張惟任虎林刻本，史念冲刻本，凌夫惇圈點、高奣映校讎之文選樓藏翻刻朝爽堂刻本，民國時期上海江東書局據高奣映本翻印之石印本（此本後經學者鄭燦校訂，并由中國台灣孔學會出版。1989 年由巴蜀書社將鄭燦校訂本再次影印出版。鄭燦校訂本也成爲此次選用的參校本之一，校記中稱"鄭燦本"），以及高暄刻本。爲了使讀者更加直觀地瞭解《周易集注》古籍善本的原貌，此次將重慶四方書院藏崔華刊刻的寶廉堂刻本全文（此本較上海書店影印之崔華刻本存有來知德自序）和周大璋刻本《易經來注圖解末卷·採圖》原色影印出版。影印部分附在整體校注内容之後。

三、《太史來瞿唐先生年譜》

《太史來瞿唐先生年譜》的編纂與重刊大致經歷了四個階段：第一次是在來知德去世後，由其門人戴誥、古之賢等編訂而成；第二次是由明末進士涂有祜（來知德曾孫輩）於清初在來氏曾孫來象坤處訪得年譜一册，在此基礎上進行了重刻，此本在之後經符永培編輯收録於嘉慶《梁山縣志》之中；第三次則是在道光十一年（1831），時任梁山知縣的區拔熙參考來知德裔孫家藏鈔本與嘉慶《梁山縣志》中所載《年譜》，再次刊印，并附梁山進士刁思卓《跋》，這也是《北京圖書館藏珍本年譜叢刊》第 50 册中所收録的版本；第四次即道光七年（1881）桂香書院刻本。其中由古之賢、戴詁等編纂的初刻本《年譜》，目前可能已經不存於世。至於涂有祐的第二次重刻本《年譜》，可能也已亡佚，但涂《序》收錄於嘉慶《梁山縣志》卷十五《藝文三》中，此處涂氏落款時間爲"辛丑孟秋"。考涂有祐其人：涂有祐，梁山縣人。天啓四年（1624）科舉人，天啓五年丑科（1625）進士，結合涂《序》信息，可知此"辛丑"年當爲清順治十八年辛丑，即1661年，涂有祐本《年譜》也應刊印於此時。該年譜内容則收錄於嘉慶《梁山縣志》卷十七《藝文五》中。道光本與光緒本《年譜》成爲目前可以確定仍存於世的單行本來知德年譜，經筆者目驗，光緒七年（1881）桂香書院刻本爲道光本之翻刻本。

此次對《太史來瞿唐先生年譜》的整理工作涉及文字整理，標點以及校勘。本書以北京圖書館出版社1999年出版《北京圖書館藏珍本年譜叢刊》第五十册所選用的道光本《年譜》爲底本，即由來知德門人戴詁、古之賢等人初編，涂有祐、區拔熙等人再編的《太史來瞿唐先生年譜》。本書的參校本爲嘉慶《梁山縣志》卷十七《藝文五》收錄的來知德《年譜》，以及光緒七年（1881）桂香書院刻本。其中涉及來知德《日錄》的内容，則以萬曆刻本、道光刻本《日錄》進行參校。

此次《來知德全集（輯校）》遵從了《巴渝文庫》的《凡例》要求。但是根據選取版本的具體刊印特點，有以下數種情況須要加以説明：内容中"大""太"二字經常混用，"己""已""巳"三字經常混用，"母"字某些地方刊印作"毋"等等。整理者根據上下文意直接改正，不再一一出校。

總目錄
TABLE OF CONTENTS

第一册　　來瞿唐先生日錄·内篇（校注）

第二册　　來瞿唐先生日錄·外篇（校注）

第三册　　周易集注·卷首至卷之十（校注）

第四册　　周易集注·卷之十一至卷之十六（校注）

第五册　　來瞿唐先生日錄·上（影印）

第六册　　來瞿唐先生日錄·中（影印）

第七册　　來瞿唐先生日錄·下（影印）

第八册　　周易集注·上（影印）

第九册　　周易集注·中（影印）

第十册　　周易集注·下（影印）

目録

總序	藍錫麟	1
凡例		1
前言		1
總目錄		1
來瞿唐先生日錄序	傅時望	1
來瞿唐先生日錄序	郭棐	1

卷一 ……………………………………………………… 1
弄圓篇　河圖洛書論 …………………………………… 1
　弄圓歌 ………………………………………………… 1
　河圖洛書論 …………………………………………… 34

卷二 ……………………………………………………… 39
格物諸圖 …………………………………………………… 39
　格物諸圖引 …………………………………………… 39
　重刻格物諸圖前語 …………………………………… 41
　發念處即遏三大欲五條 ……………………………… 44
　三欲試驗八條 ………………………………………… 45
　三欲所屬三條 ………………………………………… 47
　三欲連環三條 ………………………………………… 48
　三欲爲千欲萬欲之根柢三條 ………………………… 49
　三欲中五性三條 ……………………………………… 49

1

天理人欲同行异情 三條	50
三欲近似 三條	51
五性圖 一條	52
五性爲三欲所迷圖 六條	53
一理圖 四條	54
本來面目 三條	56
三心圖 一條	57
三心圖附動静合一共三十條	59
動静合一	63
三心圖 三條	65
四勿 五條	66
常觀浴沂舞雩氣象 一條	67
過了人欲關就見伊尹氣象 一條	67
一理合于造化	68
樂	68
總論	68

卷三	70
入聖功夫字義	70
入聖功夫字義叙	70
躬行	73
心	75
志	76
太極	80
命	83
性	86
良知	90
義利	91

2

道	92
德附明德	96
理	98
忠附忠信	99
才	101
敬	102
誠	104
中庸	105
老佛	106
格物	107
一附一貫	108
讀書	111

卷四	113
省覺錄	113
省覺錄序	113
省覺錄	114
孔子謹言功夫四十條	135

卷五	137
省事錄	137
九喜榻記	154
四箴	155
論俗俚語	156
革喪葬夷俗約 裂布、作樂、設宴三事	158

卷六	160
理學辨疑	160
理學辨疑序	160

太極 …………………………………………………… 161

天地 …………………………………………………… 163

日月星辰 ……………………………………………… 166

日食 …………………………………………………… 168

雷霆雨露霜雪 ………………………………………… 172

心學晦明解 …………………………………………… 173

來瞿唐先生日錄序

《日錄》者，瞿唐先生日所錄也；曰《來瞿唐先生日錄》者，郭督學夢菊公名之也。先生所著有《四省錄》《釜山稿》《悟山稿》《八關稿》《鐵鳳稿》《快活庵稿》《游吳》《游岳》諸稿，夢菊公總名之曰"來瞿唐先生日錄"云。先生之家，世有碩德。曾大父曾作宜良令，有善政，致仕後以俸金貸人，終身之日，盡焚其券。大父好浮屠，家貲皆捐焉。父諱朝，拾金還主。先生生時，母丁夢人空中駕鶴至庭，鶴欲鳴，其人撫其頂曰"不不不"，故先生別號不不子。至稍長，先生常夢鶴立十二巫峰之巔，故先生又號"十二峰道人"。（以前俱見先生年譜。）嘉靖壬子，中式第五，明倫堂石砌偶生靈芝，五采奪目，識者已知先生不凡矣。先生辭作興百金，大巡喻吳皋公喜此榜得人，以"清節可風"表其門。過京師，見《薛敬軒錄》，遂潛心理學，而人未之知也。尋以父病痺、母病目，焚引侍養。及父母沒，廬墓六年。時夢菊公守夔，謂先生《詩錄》"其文蔚然有陶、韋之風流"，《學錄》"其理淵然，得薛、胡之正脉"。董顧菴公謂先生"由由然與人相偕，春風藹然，得聖人之和，一介不取與，得聖人之清"。范兵憲羅岡公謂先生"楊、馬之文，曾、閔之行"。大巡孫肯堂公旌先生爲"三川高士"。余舊時去成都，得登先生之廬，睹其松竹悠悠，宛然太古無懷氏之民也。先生事伯兄如事父，以田租代姪勢力之不足，族中子弟貧寒者，乃養之教之。名其所居爲快活庵，凡六經百家諸書，無一不讀，樂道甘貧，擁膝長吟。常自比李白，所著詩中更無一愁字。先是，先生戊辰游吳，過京師，古建吾公送先生游山資，不受，余竊疑之。至丁丑，先生游峨眉，余與家兄送至忠州，周東郊公送游山資，先生亦不受。至舟中，余問之曰："何以不受？"先生曰："鴻雁啄人間粟，決不能摩霄。"余私語家兄曰："願庵公長謂先生有伯夷之清，於兹見矣！"然亦止知先生文章道德爲一世之人豪也。及癸未，先生復游鐵鳳，余於笈中見所解《大學古本》，余讀之汗出，始知千載真儒，直接孔氏之絕學者，先生也，雖朱、程復生，亦必屈服，豈知孔氏之學至今日方大明也哉！夫以先生之才、之行、之學，乃祖宗列聖教化養育所間出者，鳳毛麟角，世不常有，蓋非止三川之士而已也，逆知先生必不能遂長往山林之願。但孔子且有"莫我知也"之嘆，余與先生同郡，固先生之鍾子期也。因僭以先生始終大略，明白直書之，引於篇首，諒天下後世必有名筆叙先生之書者。先生諱知德，字矣鮮，瞿唐其別號也，世爲夔州梁山人。其曰自比李白，蓋先生自炙其面，必有所激，因有所託而逃云。

萬曆癸未中秋日，夔州傅時望撰。

來瞿唐先生日録序

　　夔之梁山,蓋有瞿唐來先生云。先生躬曾、閔之至行,秉箕、潁之亮節,抗意雲表,游情物外,誠士林之清修,而明世之高蹈也。始以弱冠歌《鹿鳴》,上春官,後緣太孺人病,焚引侍養,抱終棲雲壑之志。越二十餘祀,有司不一見其面,而鄉里士民薰其德以善良,真有若陽城之居晋鄙者。予壬申春來爲夔守,行部次梁山,躬先生之廬。乃先生復惠顧,秉燭款語,坐逾夜分。先生所談吐,皆根極理要。于時兩院亦廉知先生賢,下有司以玄①纁旌先生爲"三川高士",欲致先生一見而不可得。乃先生每與予語,必驩甚,間出所著《日録》及詩文凡若干卷示予。予受而讀之,知先生獨探理窟,不落言筌,至其詩賦,時出奇崛語,飄飄有凌雲氣,寄興於寥廓,而歸宿於仁義,以游逍遥之虚,即莊周所謂至人者非與?庚辰夏,予以學使將出蜀,避暑龍泉山中。先生不遠數百里相送,贈古風四章。予無以别先生,乃次其集而序之,庶幾誦先生言如見先生云。

　　萬曆庚辰夏五望日,番山人郭棐篤周甫譔。

---

① 玄:道光本作"元",避康熙帝玄燁諱,以下不再出校。

卷一

弄圓篇　河圖洛書論

◎弄圓歌[①]

　　我有一丸，黑白相和。雖是兩分，還是一箇。大之莫載，小之莫破。無始無終，無右無左。八卦九疇，縱橫交錯。今古參前，乾坤在坐。堯舜周孔，約爲一堂。我弄其中，琴瑟鏗鏘。孔曰太極，惟陰惟陽。是定吉凶，大業斯張。形即五行[②]，神即五常。惟其能圓，是以能方。孟曰弄此，有事勿忘。名爲浩然，至大至剛。充塞天地，長揖羲皇。

太極圖

---

① 歌：道光本作"篇"。
② 行：萬曆本作"形"，據道光本改。

白者，陽儀也。黑者，陰儀也。黑白二路者，陽極生陰，陰極生陽，其氣機未嘗息也，即太極也。其中間一圈，乃太極之本體也。①

此圖與周子之圖少異者，非求異於周子也。周子之②圖散開畫，使人易曉，此圖總畫。解周子之圖者，以中間一圈爲太極之本體者，非也。圖説周子已説盡了，故不必贅。

○《易》以道陰陽，其理止此矣。

○世道之治亂，國家之因革，山川之興廢，王伯之誠僞，風俗之厚薄，學術之邪正，理學之晦明，文章之醇漓，士子之貴賤，賢不肖之進退，華夷之强弱，百姓之勞逸，財賦之盈虚，户口之增減，年歲之豐凶，舉辟之詳略，以至一草一木之賤，一飲一食之微，皆不外此圖。程子曰："天地萬物之理，無獨必有對，皆自然而然，非有安排也。"于此圖見之矣。

○程子見賣兔者曰："聖人見《河圖》《洛書》而畫八卦，然何必《圖》《書》，只有此兔亦可畫八卦。"不知程子兔何可以畫八卦，學者也須在此研究。某平生無過人處，只是見古人一句書一件事，就下一個死心窮究。

○朱子説："未有天地之先，畢竟先有此理。"此句説得不是③，有物方有理。程子説"在物爲理"，説得是。

○張子曰："物之初生，氣日至而滋息。物生既盈，氣日反而遊散。至之謂神，以其伸也；反之謂鬼，以其歸也。"此圖即是此道理，所以某以月本有盈虧，非受日光。

○畫此圖時，因讀《易》"七日來復"，見得道理原不斷絶，往來代謝是如此，因推而廣之，作《理學辨疑》。

---

① 保元瑶函本此後有劉鈞贊，云："贊曰：一元遞邅，兩儀迭運。理實氣空，體静用動。天尊地卑，乾坤以定。日往月來，寒暑從令。夬姤剥復，陰陽交并。未消先息，以退爲進。洪爐鼓鑄，一氣包孕。八風代扇，旋相爲用。律吕調陽，循環不盡。時行物生，真宰是鎮。保合太和，各正性命。東作西成，依候布政。子潮午汐，天地至信。燕雁代飛，交相效順。鳶魚分察，同此氣縱。爰超八代，以承四聖。錯綜變化，僚丸一弄。上蟠下際，左迎右送。原始要終，時至物應。成象成形，有條不紊。彌綸揮霍，目難停瞬。富有日新，神化莫罄。聖罔作狂，怠勝以敬。惟精惟一，執中必中。恐懼修省，無悔無吝。損以寡過，益則發奮。參贊化育，天定人勝。進退存亡，曾不失正。虎嘯龍吟，風行雷動。海闊天空，心歌腹詠。十二萬年，綿綿亘亘。天何言哉，于斯爲盛。長郡受業後學劉鈞子陶敬撰。"

② 之：萬曆本缺，據道光本補。

③ 不是：道光本作"少差"。

○"七日來復",諸儒解之者多,然譬喻親切者少。"來復",就譬如扇鐵扯風廂相似,將手推去,又扯轉來,來復者,是扯轉來也,皆一氣也。

○將此圖玩得久,就曉得長生所必無之事,而講空寂者亦不知無不終無,必至於有,有不終有,必至於無也。二氏自不能入我之心矣。

伏羲卦

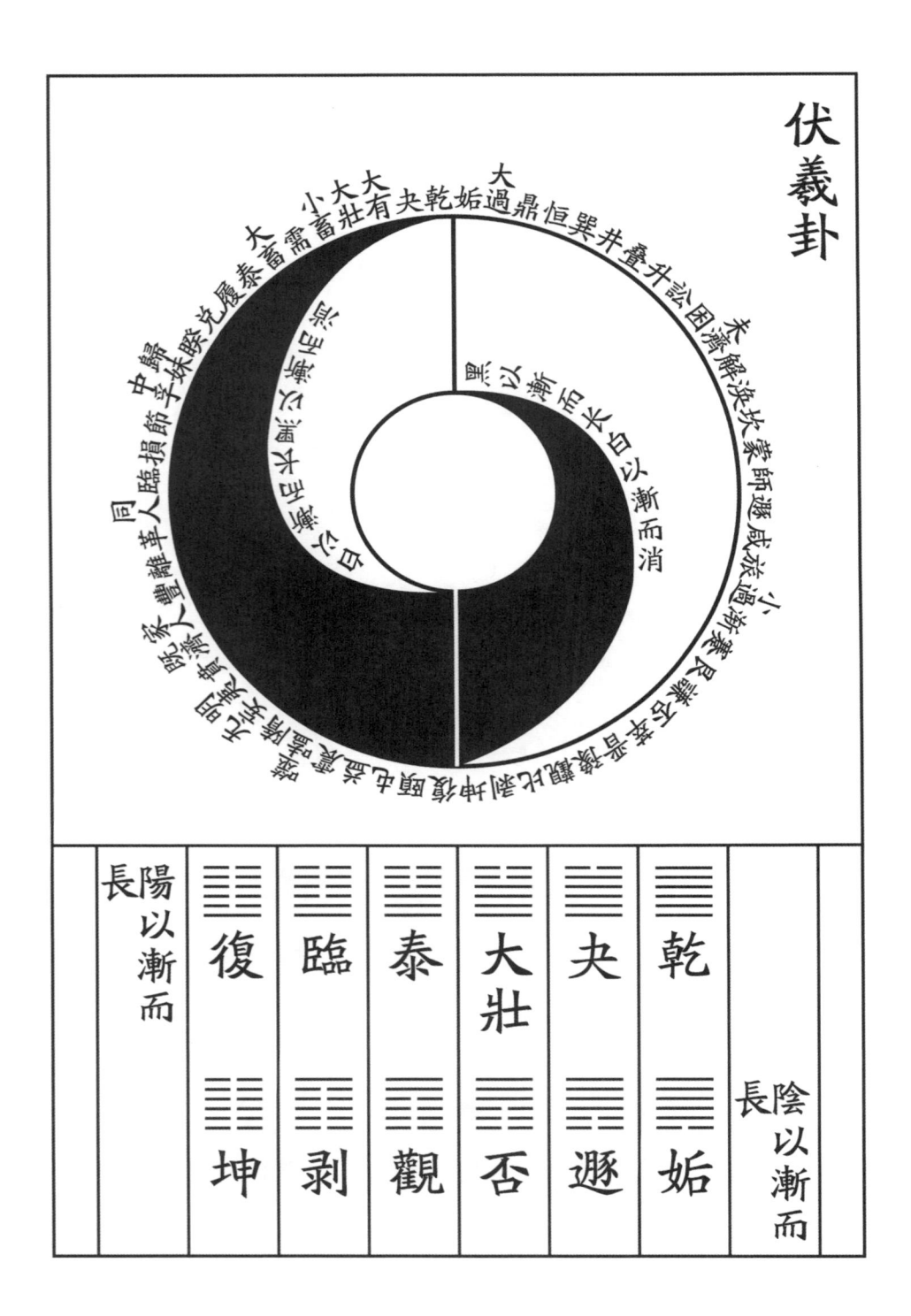

外圈（順時針起自頂部左側）：大過 鼎 恒 巽 井 蠱 升 訟 困 未濟 解 渙 坎 蒙 師 遯 咸 旅 小過 漸 蹇 艮 謙 否 萃 晉 豫 觀 比 剝 坤 復 頤 屯 益 震 噬嗑 隨 无妄 明夷 賁 既濟 家人 豐 離 革 同人 歸妹 睽 兌 履 中孚 節 損 臨 泰 大畜 需 小畜 大壯 大有 夬 乾 姤

圈内文字：
- 陽以漸而長
- 陰以漸而長
- 以漸而消
- 以漸而消

乾	夬	大壯	泰	臨	復
姤	遯	否	觀	剝	坤

4

○白路者，一陽"復"也，自"復"而"臨"、而"泰"、而"壯"、而"夬"，即爲"乾"之純陽。

○黑路者，一陰"姤"也，自"姤"而"遯"、而"否"、而"觀"、而"剝"，即爲"坤"之純陰。

○"復"者，天地之生子也，未幾而成乾健之體，健極則必生女矣，是火中之一點水也。"姤"者，天地之生女也，未幾而成坤順之功，順極則必生男矣，是水中之一點火也。故乾道成男，未必不成女，坤道成女，未必不成男。

○"坤"而"復"焉，一念之醒也，而漸至於"夬"。故君子一簣之土，可以成山。

○"乾"而"姤"焉，一念之差也，而漸至於"剝"。故小人一爓之火，可以燎原。

○學者只將此圖黑白消長玩味，就有長進，然非深於道者，不足以知之。觀此圖者，且莫言知造化性命之學，且將黑白消長，玩安、危、進、退四個字，氣象亦已足矣。了得此手①，便就知進知退，知存知亡，便即"與天地合其德，日月合其明，四時合其序，鬼神合其吉凶"。故修德凝道之君子，以"居上不驕，爲下不倍；國有道，其言足以興；國無道，其默足以容"結之。

○卦乃伏羲所畫也，初畫此圖時也無傳授，只見得天地間止有此陰陽，止有此消息盈虛、生死始終、大小長短之理。畫圖于壁，每日玩之，亦非求合于伏羲之卦也。偶一日見《序卦》，此圖合之，可見造化自然之數，非有所安排也，而伏羲千古之秘，于此圖盡泄矣。

○張橫渠云："爲天地立心，爲生民立命，爲去聖繼絕學，爲萬世開太平。"做儒者必須如此，不要做小小伎倆。

---

① 手：道光本作"義"。

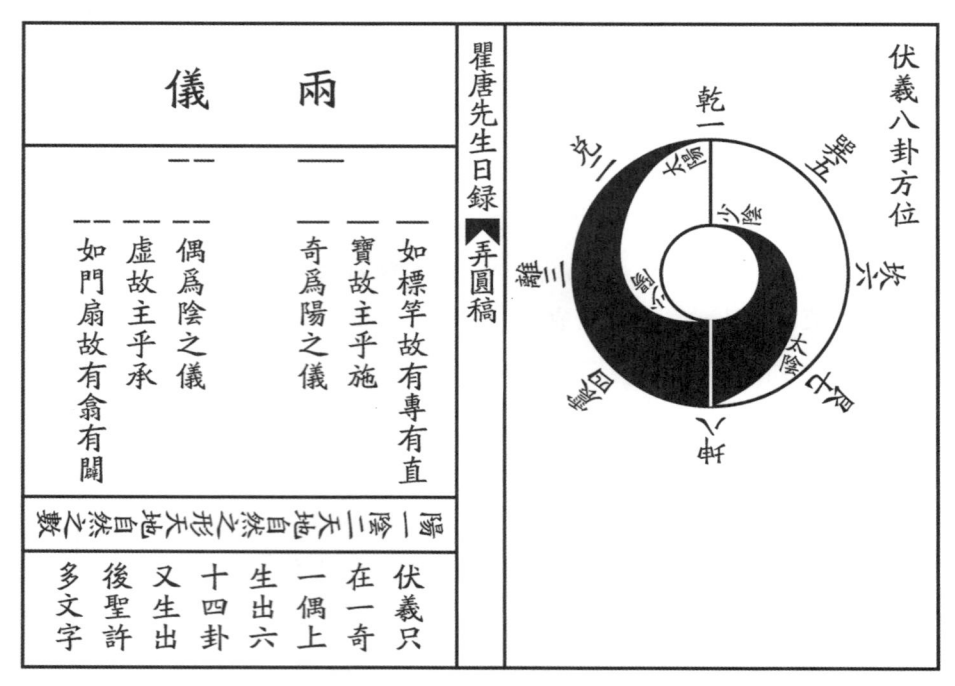

伏羲八卦方位

（圖：伏羲八卦方位太極圖，標示乾一、兑二、離三、震四、巽五、坎六、艮七、坤八，太陽、少陰、少陽、太陰）

瞿唐先生日錄　弄圓稿

兩儀

― 一如標竿故有專有直
― 一奇爲陽之儀
― ― 偶爲陰之儀
― 一實故主乎施
― ― 虛故主乎承
― 一如門扇故有翕有闢

伏羲只一奇一偶，在一上生出六十四卦，又生出天地自然之理，後聖許多文字，皆天地自然之數。

瞿唐先生日錄　弄圓稿

四象

⚌ 一陽上加一陽爲太陽　陽自然老之象
⚍ 一陽上加一陰爲少陰　陰自然少之象
⚎ 一陰上加一陽爲少陽　陽自然少之象
⚏ 一陰上加一陰爲太陰　陰自然老之象

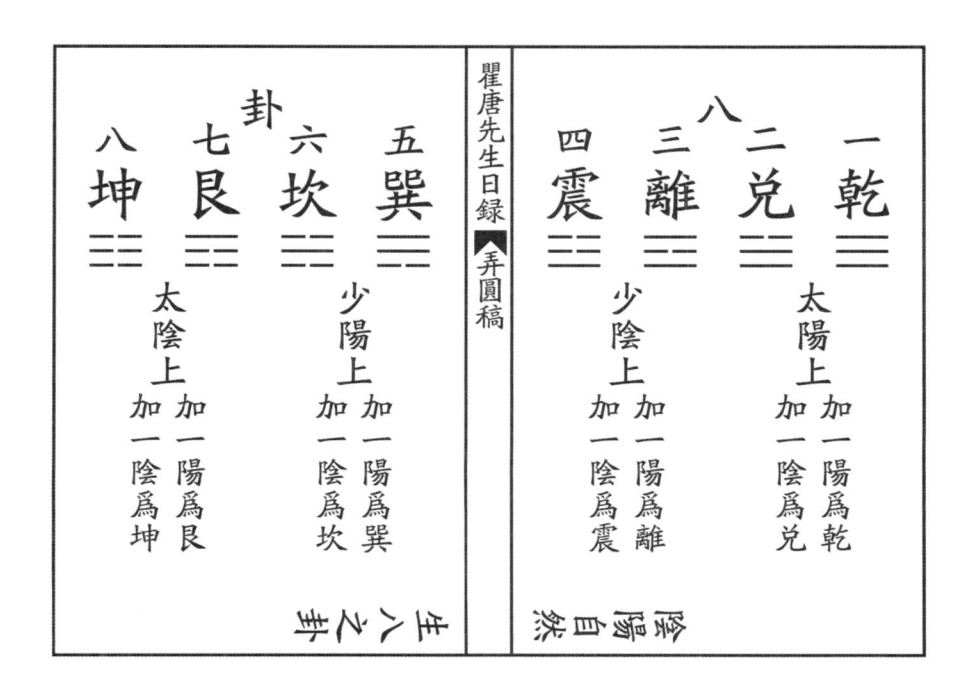

八	七	卦六	五		四	三	二	一
坤	艮	坎	巽	瞿唐先生日錄　弄圓稿	震	離	兌	乾
☷	☶	☵	☴		☳	☲	☱	☰
	太陰上加一陰爲坤	少陽上加一陽爲艮	少陽上加一陰爲坎	少陰上加一陽爲巽		太陽上加一陰爲震	太陽上加一陽爲離	太陽上加一陰爲兌	太陽上加一陽爲乾

○二分四，四分八，自然而然，不假安排，則所謂象者、卦者，皆儀也。故天地間萬事萬物，但有儀形者，即有定數存乎其中。而人之一飲一啄，一窮一通，一夭一壽，皆毫釐不可逃者。故聖人惟教人以貞，以成大業。

○八卦已成之謂往。以卦之已成而言，自一而二、三、四、五、六、七、八，因所加之畫順先後之序而去，故曰"數往者順"。

○八卦未成之謂來。以卦之初生而言，一陽上添一畫爲太陽，太陽上添一畫則爲純陽，必知其爲"乾"矣。八卦皆然。其所加之畫皆自下而行上，謂之逆，故曰"知來者逆"。（與邵子、朱子所説略不同。）

○以一年之卦氣論之，自子而丑、寅、卯、辰、巳、午者，順也。今伏羲之卦將"乾"安於午位，逆行至于子，是"乾""兌""離""震"，其數逆也。

○以卦之次序論之，自"乾"而"兌"、而"離"、而"震"、而"巽""坎""艮""坤"，乃順也。今伏羲之卦乃不以"巽"次於"震"之後，而乃以"巽"次於"乾"之左，漸至於"坤"焉，是"巽""坎""艮""坤"，其數逆也，故曰"'易'逆數也"。(數，色上反。①)

　　○伏羲八卦方位，自然之妙。以橫圖論，"乾"一、"兌"二、"離"三、"震"四、"巽"五、"坎"六、"艮"七、"坤"八，不假安排，皆自然而然，可謂妙矣。伏羲乃顛之、倒之、錯之、縱之，安其方位，疑若涉於安排，然亦自然而然也。今以自然之妙圖畫於後。

　　以相對論：

此三陽對三陰也，故曰"天地定位"。

此一陽對一陰於下，少陽對少陰於上也，故曰"水火不相射"。

此太陽對太陰於下②，一陽對一陰於上也，故曰"山澤通氣"。

此一陽對一陰於下，太陽對太陰於上③也，故曰"雷風相薄"。

以乾坤所居論：

○"乾"位乎上，君也。左則二陽居乎"巽"之上焉，一陽居乎"坎"之中焉，右則二陽居乎"兌"之下焉，一陽居乎"離"之上下焉，宛然三公九卿百官之侍列也。

○"坤"居於下，后也。左則二陰居乎"震"之上焉，一陰居乎"離"之中焉，右則二陰居乎"艮"之下焉，一陰居乎"坎"之上下焉，宛然三妃九嬪百媵之侍列也。

以男女相配論：

---

① 道光本無"數，色上反"。
② 太陽對太陰於下：疑作"太陰對太陽於下"。
③ 太陽對太陰於上：疑作"太陰對太陽於上"。

○"乾"對"坤"者，父配乎母也。

○"震"對"巽"者，長男配長女也。

○"坎"對"離"者，中男配中女也。

○"艮"對"兌"者，少男配少女也。

以乾坤橐籥相交換論：

○"乾"取下一畫換於"坤"，則爲"震"，"坤"取下一畫換於"乾"，則爲"巽"。此長男長女橐籥之氣相交換也，故彼此相薄。

○"乾"取中一畫換於"坤"，則爲"坎"，"坤"取中一畫換於"乾"，則爲"離"。此中男中女橐籥之氣相交換也，故彼此不相射。

○"乾"取上一畫換於"坤"，則爲"艮"，"坤"取上一畫換於"乾"，則爲"兌"。此少男少女橐籥之氣相交換也，故彼此通氣。

程子謂雷乃"天地之怒氣"，某以其所説之非者，其原蓋出於此。觀其澤山之卦曰"二氣感應以相與。止而説，男下女"，"天地感而萬物化生"，又觀孔子釋山澤之卦，乃曰"天地絪緼，男女構精，萬物化生"，可以知其非怒氣矣。

```
八 七 六 五 四 三 二 一
坤 艮 坎 巽 震 離 兌 乾
```

八卦通皆乾坤之數

○天一地八，乃天地自然之數也。"乾"始於一，"坤"終於八。今"兌"二"艮"七，亦一八也，"離"三"坎"六，亦一八也，"震"四"巽"五，亦一八也，八卦皆本於"乾""坤"，於此可見。故曰："乾""坤"，其"易"之門耶？"乾""坤"毀，無以見"易"。一部"易經"，"乾坤"二字盡之矣。

○讀《易》且莫看《爻辭》并《繫辭》，并《程傳》《本義》，且將圖玩，玩之既久，讀《易》自有長進。

○伏羲之卦起於畫，故某前數條，皆以畫論之。若宋儒謂"天位乎上，地位乎下，日生於東，月生於西，山鎮西北，澤注東南，風起西南，雷動東北"，則謂其合天地之造化，不以數論也。

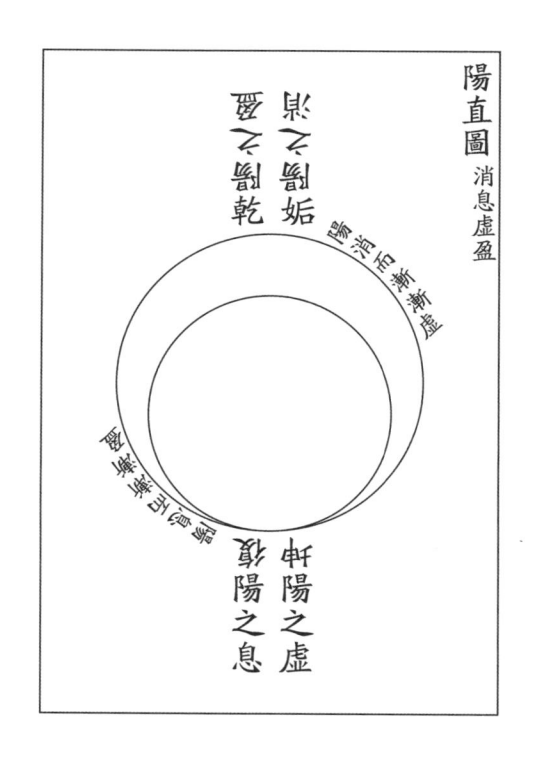

卷一

陽直圖 消息虛盈

乾之息姤
姤之息乾

陽漸正斷漸虛

陰漸虛斷漸盈

軒陽之虛
歇陽之息

陰直圖 消息盈虛

乾之姤息
姤之乾盈

陰彰正斷漸盈

陰漸盈斷漸虛

軒陰之盈
歇陰之消

○"復"者，陽之息也。

"乾"者，陽之盈也。　　　息必盈盈必消，
"姤"者，陽之消也。　陽　　　　　　　　四字循環。
　　　　　　　　　　　　消必虛虛必息。
"坤"者，陽之虛也。

○"姤"者，陰之息也。

"坤"者，陰之盈也。　　　息必盈盈必消，
"復"者，陰之消也。　陰　　　　　　　　四字循環。
　　　　　　　　　　　　消必虛虛必息。
"乾"者，陰之虛也。

○天地陰陽之理，不過消息盈虛而已。故孔子有曰"君子尚消息盈虛"。

○"坤"與"復"之時，陽氣通是一樣微。但"坤"者虛之終而微也，"復"者息之始而微也。"乾"與"姤"之時，陽氣通是一樣盛，但"乾"者盈之終而盛也，"姤"者消之始而盛也。

○"乾"與"姤"之時，陰氣通是一樣微。但"乾"者虛之終而微也，"姤"者息之始而微也。"坤"與"復"之時，陰氣通是一樣盛，但"坤"者盈之終而盛也，"復"者消之始而盛也。

○息者，喘息也，呼吸①之氣也，生長也。故人之子謂之息，以其所生也；因氣微，故謂之息。消者減也，退也。盈者中間充滿也，虛者中間空也。

---

① 呼吸：道光本作"吸呼"。

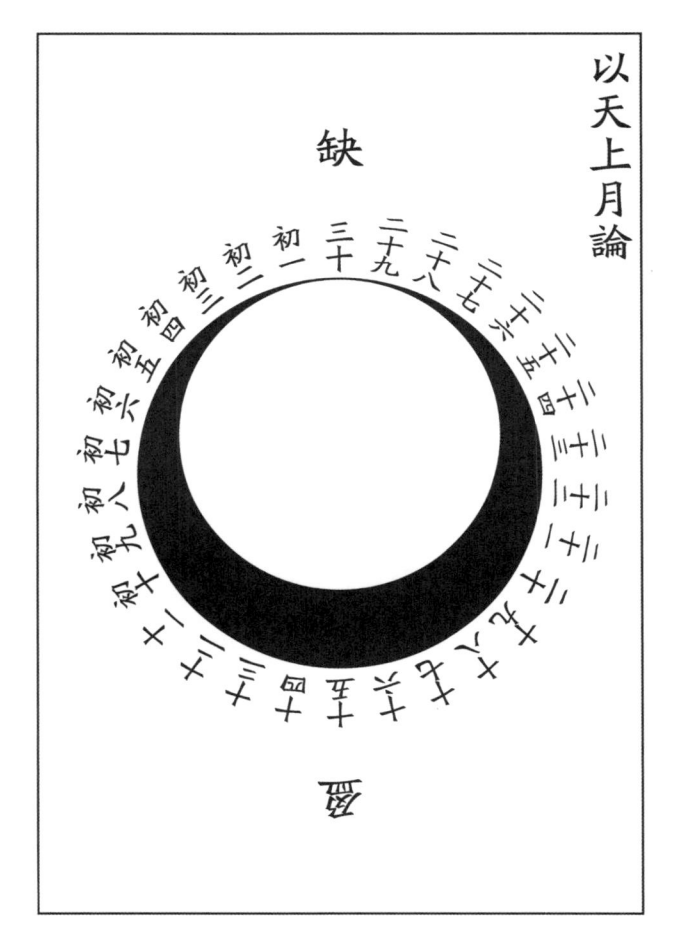

○月缺于三十日半夜止；

盈于十五日半夜止。

○初一日子時息之始，息至十五日而盈；

十六日子時消之始，消至三十日而虛。

○初一日與二十九日，月同是缺，但初一日之缺乃息之始，二十九日之缺乃消之終。

十六日與十四日，月同是盈，但十四日之盈乃息之終，十六日之盈乃消之始。

○初二日與二十八日相同。（初二日息，二十八日消，下仿此。）

初三日與二十七日相同。

初四日與二十六日相同。

初五日與二十五日相同。

初六日與二十四日相同。

初七日與二十三日相同。

初八日與二十二日相同。

初九日與二十一日相同。

初十日與二十日相同。

十一日與十九日相同。

十二日與十八日相同。

十三日與十七日相同。

十四日與十六日相同。

〇月初一日起于卯時之初刻,初二日正卯,初三日卯末辰初,初四日正辰,初五日辰末,初六日巳初,初七日正巳,初八日巳末午初,初九日正午,初十日午末,十一日未初,十二日正未,十三日未末申初,十四日正申,十五日申末。自初一日卯時初刻起,至十五日申末止,乃由息而盈,即經之"三五而盈"也。

〇十六日起于酉之初刻,十七日正酉,十八日酉末戌初,十九日正戌,二十日戌末,二十一日亥初,二十二日正亥,二十三日亥末子初,二十四日正子,二十五日子末,二十六日丑初,二十七日正丑,二十八日丑末寅初,二十九日正寅,三十日寅末。自十六日酉時初刻起,至三十日寅末止,乃由消而虛,即經之所謂"三五而缺"。

〇虛之終,息之始,陰陽通是一般微。以天上月譬之,如二十九日夜之月至三十半夜,是虛之終也,三十半夜至初一日夜,是息之始也,其月通是一般缺。亦猶冬至前十月之日與冬至後十二月之日同一般短也。

〇盈之終消之始,陰陽通是一般盛。以天上月譬之,如十四日夜之月至十五日半夜,是盈之終也,十五日半夜至十六日夜,是消之始也,其月通是一般盈。亦猶夏至前四月之日與夏至後六月之日同一般長也。

〇天地陰陽之氣即如人呼吸之氣,四時通是一樣。但到冬月,寒之極,氣之内就生一點温厚起來，所謂息也。温厚漸漸至四月發散充滿，所謂盈也，盈又消了。到五月，熱之極，氣之内就生一點嚴凝起來，所謂息也。嚴凝漸漸至十月翕聚充滿，所謂盈也，盈又消了。

○陰陽之氣如一個環。動静無端，陰陽無始，未曾斷絶，特有消息盈虚耳。朱子説"陽無驟至之理"，又説"一陽分作三十分"云云。雙峰饒氏[①]説"坤字介乎'剥''復'二卦之間"云云，通説零碎了，似把陰陽之氣作斷絶了又生起來。殊不知陰陽剥復就是月一般，月原不曾斷絶，止有盈缺耳。宋儒邵子與朱子，此處不曾經心理會，看得不分曉，所以説"月本無光，借日以爲光"。

○周公"碩果不食"，譬喻極親切。果長不至碩，則尚有氣；長養至于碩果，氣候已完，將朽爛了，外面氣盡，中間就生起核之仁來，可見氣未曾絶。[②]

[①] 饒魯（1193—1264），饒州余干（今江西萬年）人，南宋理學家，字伯輿，一字仲元，號雙峰。曾師從黄榦，爲朱熹再傳弟子。

[②] 保元瑶函本此下有《洛書論》，不見于萬曆、道光二本中，其文如下："羲圖者，天地對待之体；文圖者，天地流行之用。乾坤之位既定，陰陽之理互根。二氣循環，混沌有象。四時迭運，消息相乘。生物生人，適逢其運。成終成始，自動于機。參伍以變而文自明，錯綜其數而象斯定。既成德以廣業，自彰往而察來。非天下之至神，其孰能與于此。"

○諸儒因邵子解文王之卦，皆依邵子之說，通說穿鑿了。文王之方位本明，而解之者反晦也。殊不知文王之卦孔子已解明矣，"帝出乎'震'"一節是也，又何必別解哉？朱子乃以文王八卦不可曉處甚多，不知何說也。

○蓋文王以伏羲之卦恐人難曉，難以致用，故就一年春夏秋冬方位卦所屬木火土金水相生之序而列之，今以孔子《說卦》解之于後。

○帝者天也，一年之氣始於春，故"出乎'震'"。震，動也，故以"出"言之。"齊乎'巽'"，巽者，入也，時當入乎夏矣，故曰巽。"'巽'，東南也，言萬物之潔齊也"，蓋"震""巽"皆屬木之卦也。"離"者，麗也，故相見乎離。"坤"者，地也，土也，南方之火生，土方能生金，故"坤""艮"之土，界木火於東南，界金水於西北，土居乎中，寄旺於四季，萬物之所以致養也，所以"成終成始"也。"坤"，順也，安得不致役，故言"致役乎坤"。"兌"，說也，萬物於此而成，所以說也。"乾"，健也，剛健之物必多爭戰，故陰陽相薄而戰。"坎"，陷也，凡物升於上者必安逸，陷於下者必勞苦，故"勞乎坎"。

"艮"，止也，一年之氣于焉終止而又交春矣。蓋孔子釋卦多從理上説，役字生於坤順，戰字生於乾剛，勞字生於坎陷。諸儒皆以辭害意，故愈辨而愈穿鑿矣。

八卦所屬：

"坎"：

一者，水之生數也；六者，水之成數也。"坎"居于子，當水生成之數，故屬水。（《月令》：春，其數八；夏，其數七；秋，其數九；冬，其數六。皆以成數言。）

"離"：

二者，火之生數也；七者，火之成數也。"離"居于午，當火生成之數，故離屬火。

"震""巽"：

三者，木之生數也；八者，木之成數也。"震"居東，"巽"居東南之間，當天三地八之數，故"震""巽"屬木。

"兌""乾"：

四者，金之生數也；九者，金之成數也。"兌"居西，"乾"居西北之間，當地四天九之數，故"兌""乾"屬金。

"艮""坤"：

五者，土之生數也；十者，土之成數也。"艮""坤"居東北、西南，四方之間，當天地五十之中數，故"艮""坤"屬土。

○何以天一生水，地二生火，天三生木，地四生金？此皆從卦上來。天、地二字即陰、陽二字，蓋一陽一陰皆生于子午、坎離之中。陽則明，陰則濁。試以照物驗之：陽明居"坎"之中，陰濁在外，故水能照物於內而不能照物於外。陽明在"離"之外，陰濁在內，故火能照物於外而不能照物於內。觀此則陰陽生於"坎""離"端的矣。"坎"卦一陽居其中，即一陽生於子也，故爲天一生水。及水之盛，必生木矣，故天三又生木。"離"卦一陰居其中，即一陰生于午也，故爲地二生火。及火之盛，必生土而生金矣，故地四又生金。從"坎"至"艮"至"震""巽"，乃自北而東，子丑寅卯辰巳也，屬陽，皆天之生。至巳，則天之陽極矣，故至午而生陰。從"離"至"坤"至"兌""乾"，乃自南而西，午未申酉戌亥也，屬陰，皆地之生。至亥，則地之陰極矣，故至子而生陽。艮居東北之間，故屬天生，坤居西南之間，故屬地生。

　　○何以六成、八成、七成、九成、十成也？蓋天地萬物，非土不成，故數至五即成之。五者，土之中數也。如水旺於子而墓於辰，此生一而成六之意也，餘仿此。

○萬古之人事，一年之氣象也。春作，夏長，秋收，冬藏，一年不過如此。自盤古至堯、舜，風俗人事以漸而長，蓋春作夏長也。自堯、舜以後，風俗人事以漸而消，蓋秋斂冬藏也。此之謂大混沌。然其中有小混沌。以人身血氣譬之，盤古至堯、舜，如初生時到四十歲，自堯、舜以後，如四十到百年。

○此已前乃總論也。若以消息論之，大消中其中又有小息，大息中其中又有小消，小息中又有小消，小消中又有小息，故以大小混沌言之。

○何以大消中又有小息？且以生聖人論，堯、舜以後乃大消矣，至周末又生孔子，乃小息也，所以祿位、名壽，通不如堯、舜。

邵子元會運世，只就此一年算。

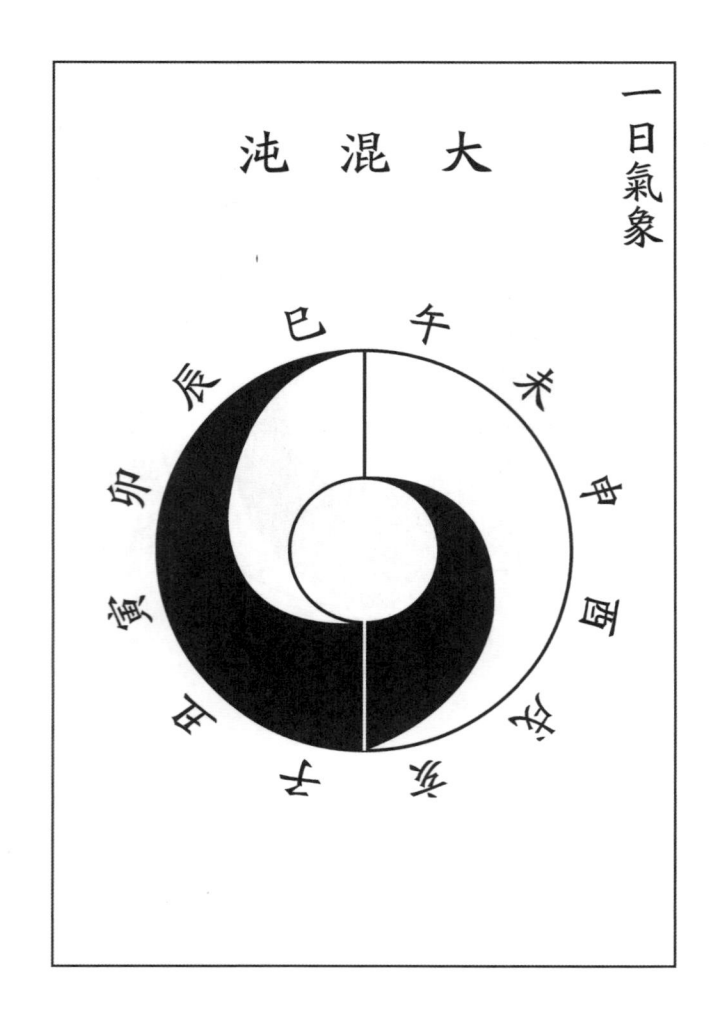

○萬古之始終者，一日之氣象也。一日有晝有夜，有明有暗，萬古天地即如晝夜。

○做大丈夫把萬古看做晝夜，此襟懷就海闊天高。只想做聖賢出世，而功名富貴即以塵視之矣。

天地形象

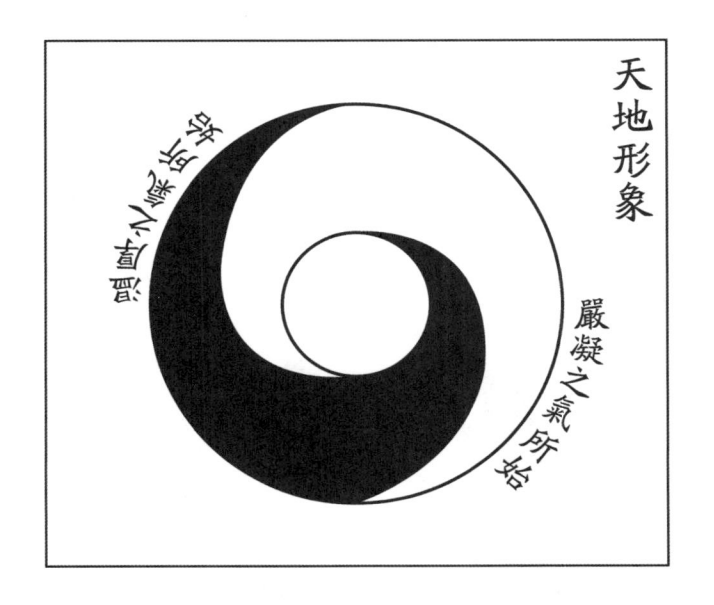

嚴凝之氣所始

溫厚之氣自此始

　　天地形象雖非如此，然西北山高，東南多水，亦有此意。
　　〇天地戌亥之交，其形體未曾敗壞，在此圖看出，以氣機未常息也。
　　〇天地惟西北高，東南低。以風水論，是右邊白虎，太極盛矣。是以歷代帝王長子不傳天下，通是二房子孫傳之。以人材論，聖賢通生在西北一邊，以山高聳，秀出於天外故也。以財賦論，通在東南，以水聚湖海故也。以中原論，泰山在中原獨高，所以生孔子。舊時去游岱岳，一日路上見一山聳秀，問路邊人，答曰："此王府陵也。"次日行到孟廟在其下，始知生孟子者，此山也。
　　〇以炎涼論，天地嚴凝之氣，始于西南而盛於西北，天地溫厚之氣始于東北而盛于東南。嚴凝之氣，其氣涼，故多生聖賢；溫厚之氣，其氣炎，故多生富貴。
　　〇以情性論，西北人多直實、多剛、多蠢、下得死心，所以聖賢多也；東南人多尖秀、多柔、多巧，下不得死心，所以聖賢少也。
　　〇人事與天地炎涼氣候相同。冬寒之極者春生必盛，夏熱之極者秋風必悽，雨之久者必有久晴，晴之久者必有久雨。故有大權者必有大禍，多藏者必有厚亡。知此則就可以居易俟命，不怨天尤人。

帝王圖

大混沌

（圖中文字：王帝之前火已熄　堯公後火之登已堯）

○天地到了堯時純陽了，所以生堯。惟天爲大，惟堯則之。堯已前之聖人，陰浮在上，風氣未開，功業文章未甚顯著。堯以後之聖人，陰沉在下，遭際時艱，所以盡善未盡美。

○所以說"堯、舜性之也，湯、武反之也"，說"順乎天而應乎人"，湯、武以之。湯、武本是聖人，如生在堯、舜之時，揖遜之事決能做得。因他生在亂世，天下生民俱陷於水火之中，他只得出來救民。觀武王《泰誓》，曰"予小子既獲仁人"① 是也。

〇所以做大丈夫，看我生在甚麼時候，要自立。如生在天地氣運衰之時，爲天地氣運所限，祿位名壽決不完全，如孔子之春秋，孟子之戰國，皆自立於天地者也。

〇有伏羲則必有堯、舜，有堯、舜則必有大禹，有大禹則必有湯、武，有湯、武則必有五伯。自然之勢也。

〇以天地大小混沌試驗，天地將到戌亥，必定天下相殺，數百年乃纔昏黑②。

〇時勢不同，所以聖人之性反不同，故在唐、虞則曰"嚚訟可乎"③，在文、武則曰"詒厥孫謀"④。如"無飲我泉，我泉我池"⑤，始終與揖遜隔一關。

---

① "予小子既獲仁人"語出《書·武成》，此做《泰誓》，誤。
② 黑：道光本無。
③ "嚚訟可乎"語出《書·堯典》："吁！嚚訟，可乎？"
④ "詒厥孫謀"語出《詩·大雅·文王有聲》："詒厥孫謀，以燕翼子。"
⑤ "無飲我泉，我泉我池"語出《詩·大雅·皇矣》。

歷代文章

大混沌

湯武周孔文
堯舜以後文章
堯辭
已前文章
科目應時之文
漢文

　　○堯已前風氣未開，七政未齊，庶績未熙，則文章必不同矣，故孔子刪《詩》，《書》斷自《堯典》。

　　○漢文辭勝，其文濃，其味厚。宋文理勝，其文淡，其味薄。漢文如王妃公主之粧，珠寶羅綺，燦爛搖曳；宋文如貧家之女，荊釵布裙，水油盤鏡而已，而姿色則勝於富貴之家也。

　　○漢、唐應制之文猶傳于世，至本朝，應制之文即無一篇可傳，其文可知矣。文既不可傳于世，則所刻程式之文，皆木之災也，終何用哉！蓋政事可見人之德行，文章不可見人之德行。政事者，躬行之事也；文章者，口說之話也。

故當重政事之科。

〇七篇琬琰①，不如一字之廉；五策汪洋，不如一字之儉。廉者不苟取，儉者不苟用。爲官得此，生靈安矣。

---

① 琬琰：道光本爲避嘉慶帝顒琰諱改"珠玉"。

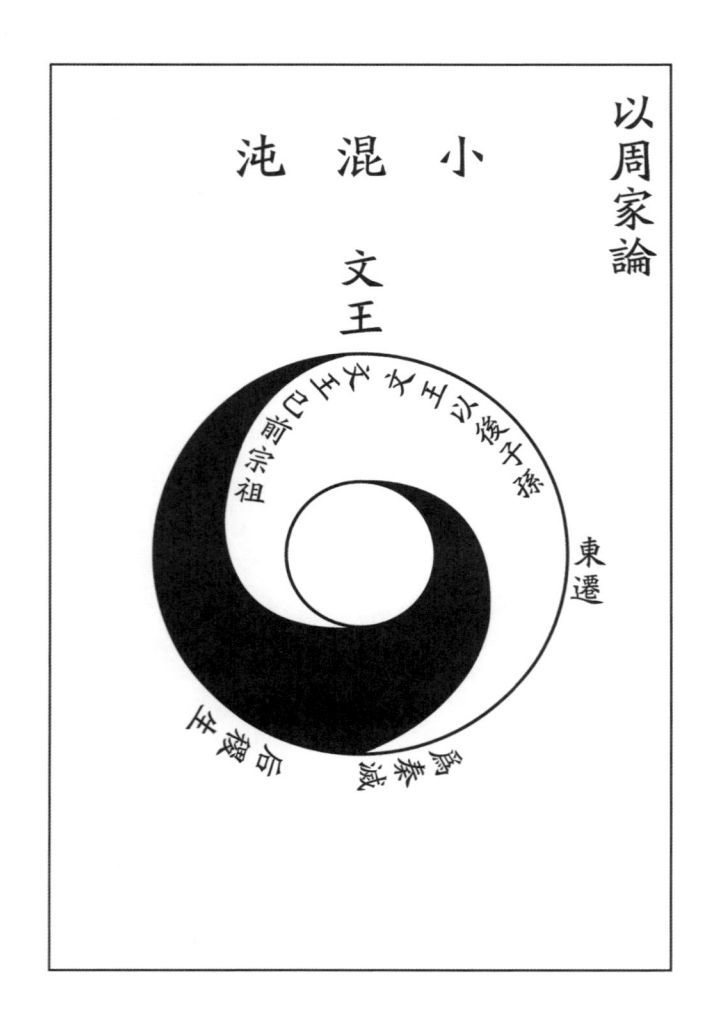

〇以小混沌論，周至六國，乃戌亥矣，所以只是相殺。及《剝》之盡，乃生漢高祖。以皇朝論元，乃宋之戌亥也，純是一團陰，所以夷狄主中國①。

周之后六國。

漢之后三國，以至五胡亂華②。

唐之后五季。

宋之后金元。

---

① 所以夷狄主中國：道光本無。
② 道光本避諱刪"以至五胡亂華"。

歷代人材

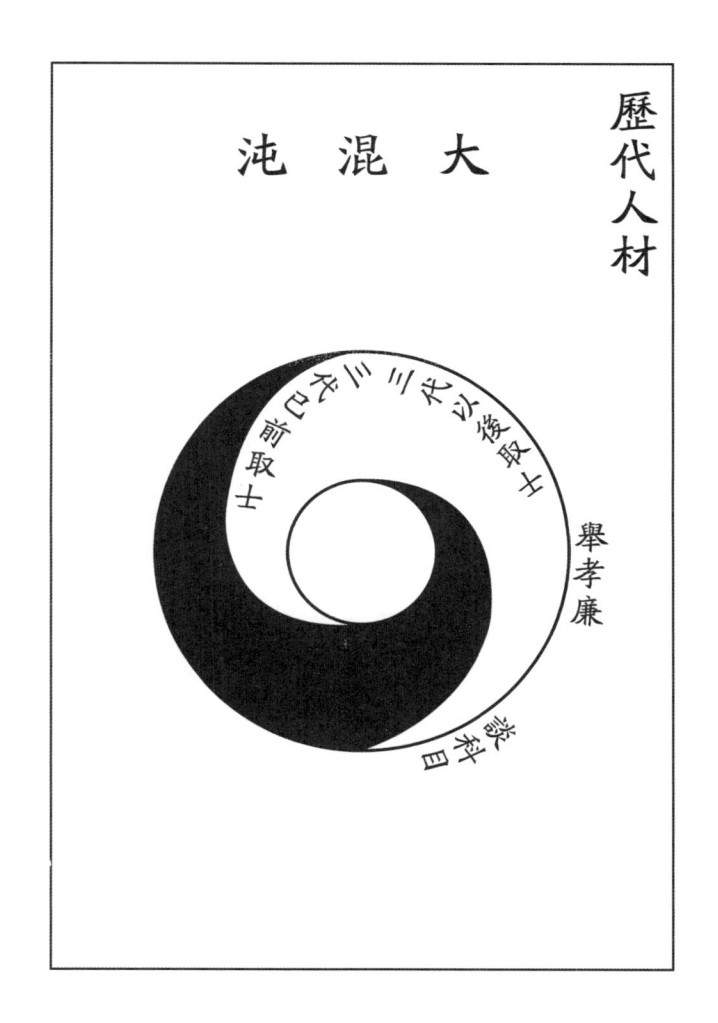

大混沌

三代以前取士
三代以後取士
舉孝廉
設科目

〇昔人有云："周之士也貴，秦之士也賤。"看來今之士也賤，秦之士也貴。秦之士不過曳裾王門而已。今則呼喝搜檢，披髮以見有司①，其去曳裾者遠矣。且做文章反擬論古人，以古人三上相書②，河汾獻策③，而不知己之醜也，使妻妾見其披髮，豈不相笑於中庭乎？

---

① "今則呼喝搜檢，披髮以見有司"：科舉考試中爲防夾帶而采取的搜檢制度，要求考生解髮袒衣，索及耳鼻。
② 三上相書：指韓愈於貞元十一年三上宰相書以自薦。
③ 河汾獻策：指王通於仁壽三年上《太平十二策》。

○爲世道計者，養士、安民二者而已。蕭何告高祖養其民以致賢人；鄧禹告光武延攬英雄，務悦民心。二人皆爲功臣之首，則二者有裨于世道不小也。三代安民之法，在于井田；取士之法，鄉舉里選。安民之法，李斯廢之，儒者罵不絶口。取士之法，楊廣廢之，而儒者更無一人言及，何也？自諱也，以己亦曾披髮也。譬之夜奔之女，彼此相罵，獨不及此事，以我亦曾夜奔也。

○某常疑漢文帝天下富庶，屢減田租之半，後又盡除之。景帝即位，方收民田半租，三十而税一。且匈奴長犯邊，不爲不費，何以如此富庶也？以其不設科也。近日設科，三年間費了幾百萬錢糧，民安得不窮也哉？漢猶近古人，四十方入仕，所以漢多循良。因隋設科，至唐則士皆賤矣，所以《正樂府》十首，内有《賤貢士》一篇。

○漢惟其不設科，所以人無所倚而不敢放肆。如陳壽居喪，使女奴丸藥，積年沈廢；郄詵篤孝，以假葬違常，降品一等。其懲勸如此，人安得不學好？楊廣乃天下極惡之人，居喪不敢公然食肉，猶令人潛以竹筒貯之。漢舉孝廉，其遺風到隋猶凛凛也。

○宋儒每議科目陷士子於不肖，故以少年登科爲不幸也。然宋偏在一隅，天下無學，不能復三代之制。

○或問于余曰："欲士子之貴重，可以復三代取士之法乎？"曰："俄頃之間即復之矣。"或曰："將何以復之？"曰："廢科而存貢，即復之矣。"蓋漢之博士弟子，即三代司徒論選士之秀而升于學者也，即今之歲貢也。科者，爭奪之法也；貢者，揖遜之法也。楊廣原弒父烝母，所以①設此爭奪之法，將士子不置灰土而賤矣。今欲復三代之法，只看三年間進士、舉人、貢士出幾多人，却將天下生員筭看，該幾個人貢一個。如一百個貢一個，則縣人有五百生員者，每一年當貢五人矣。不足一百之數，或兩年一貢，或三年一貢，其府四、州三、縣二額設廪膳，猶如舊數，以錢糧已定故也。止是貢論生員多寡，提學考校亦有定數，必要考三場。一省或提學五員或四員或一員，筭每日可看幾卷。至貢入太學，祭酒考校，有資性才華好者登記册籍，以爲他日選官②之備。及選官

---

① 道光本無"原弒父烝母，所以"七字。
② 官：萬曆本作"館"，據道光本改。

後，惟以政事取人，則天下之人皆知文章不能定終身之富貴，惟政事可以求終身之富貴，則十年之間，不惟可以捐幾萬錢糧而做官，將必有伯夷之清出矣。

○此法一行，有八善焉：不濫費錢糧，一善也；提學考校之精，二善也；監司惟論政事考察，不以青白眼視人，無焚香嗔目之誚，三善也；至貢時人稍長，練達事體，四善也；人皆勉強清、慎、勤，以求遷轉，人人向上學好矣，五善也；不論南、北、中卷，而取士均平，六善也；不披髮見有司，貴重士子，七善也；鄉學升國學，黜楊廣而遵禹、湯、文、武聖人之制，八善也。然非赤心報國者，不議及此。

○或者曰："人必及時效用，若貢則必年長矣，何以能效用哉？"曰："此正欲其年之長也。"玷科名者皆年少也，方當夙出之時，即有民社之寄，豈不玷科名哉？青年不玷科名者，十中止一二耳。蓋鵲雖至老，終與人報喜；梟雖至少，終與人報惡。使其為良吏也，縱白首何害？使其為酷吏也，縱少年何益？且四十強仕，三代之制也。夫以孔子大聖也，四十而後不惑；孟子大賢也，四十而後不動心；蘧伯玉賢大夫也，五十而後知四十九年之非；百里奚賢相也，七十而後之秦。以至馬援矍鑠，武公儆戒，榮公九十，太公八十，轅固九十而指公孫弘①曲學阿世。人苟為善，固不害其老也。

○或者曰："科以待非常之材，貢以待庸下之材，必兼設而後可。"曰："縱有非常之材，不出生員之中；未有非常之材可以登科而反不能補一廩者也。"蓋人必拂逆而後動心忍性，譬之金必銷鎔而後成器，譬之木必繩墨而後成材。鄉學、國學，乃銷鎔繩墨之地也。驕傲者于焉而挫其銳，惰慢者于焉而致其恭。所以三代聖人養士，皆鄉學升之國學，所以古之成材也易。試將人家子弟就看出來了，子弟到八九歲時，在父母之前驕傲、常哭泣，送至館中，先生即有規矩準繩可知矣。漢末行九品中正之法，議者曰："鄉舉里選者，采毀譽於眾人之中；九品中正者，寄雌黃於一人之口。"今以一日而卜終身之富貴，是寄雌黃於一人之口也。若養于鄉學，養于國學，則涵養非一日矣。

○董仲舒對武帝曰："不素養士而欲求賢，是猶不琢玉而求文采也。故養士

---

① 弘：道光本避清乾隆皇帝諱作"宏"。

莫大乎太學。太學者，賢士之所關也，教化之本原也。願置太學、置明師以養天下之士，數考問以盡其材，則英俊宜可得矣！"斯言得之。

○披髮見有司，因設科既久，人率以爲常，不以爲异。若三代之時，有一士子披髮去見有司，豈不爲天下大怪异之事，其妻子不相笑于中庭者鮮矣。楊綰云："國之公卿，以此待士，家之長老，以此訓子。"嫫母自忘其醜，一至於此！

以秦始皇論

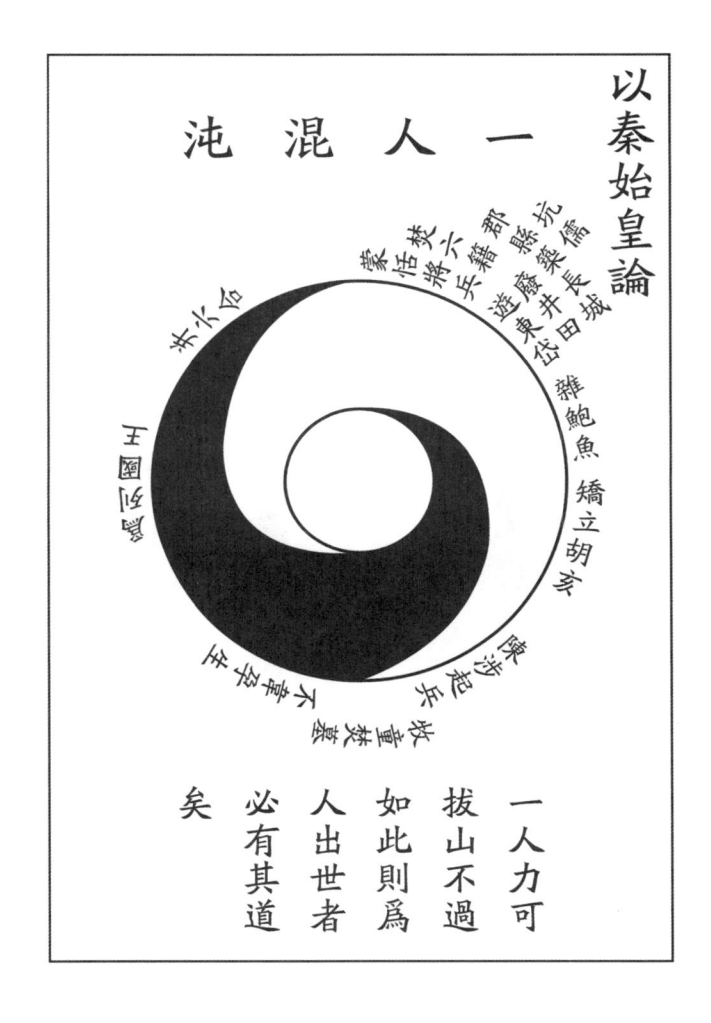

一人混沌
朱氏亡
蒙恬將兵 焚六籍 廢井田 築長城 坑儒
雜鮑魚 矯立胡亥
陳涉起兵 章邯

一人力可
拔山不過
如此則爲
人出世者
必有其道
矣

○文、武之子孫過其歷，祖龍不二世而亡者，仁與不仁而已。始皇并六合，即坑儒生，焚六籍，築長城，廢井田，廢封建，自以爲天下可以力得矣。不知三代之得天下，得其民也；得其民者，得其心也。釋箕子囚，式商容閭，封堯、舜、禹、湯之後，大賚天下者，得民心也。約法三章，亦可近之。

○立國須以禮義。宋至欽、徽北轅之時，金人以張邦昌立爲帝，而宋更無一人從之者，蓋宋人人講學，所以至衰弱之極不廢君臣之義，至國亡之時，猶有文天祥起義兵，陸秀夫、張世傑死節，以其知禮義也。暴秦惟其以法繩之，所以陳涉一呼，天下瓦解，決有由矣。秦何有一人死節并起義兵哉？

日 混 沌

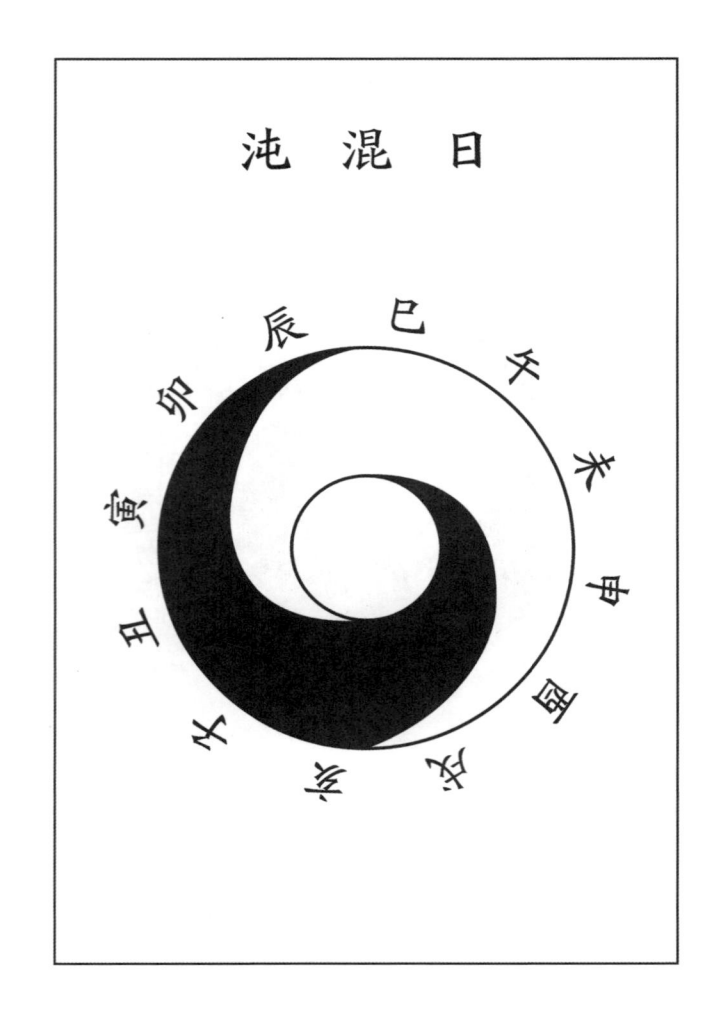

○人生在世，乃浮生也。一日雖有十二時，止有九個時生，有三個時亦如死。如亥、子、丑三時，夢寐之中，雖生猶死，也不知身在何處。雖帝王聖人亦是如此，非如死而何？及雞鳴而起，孳孳爲善者，亦惟日不足也；孳孳爲利者，亦惟日不足也。爲善者，上同乎堯、舜；爲利者，下同於盜跖。同堯、舜者，長生者也，同盜跖者，夭折者也。知一日之混沌，知一人之混沌，則知所以出世矣。

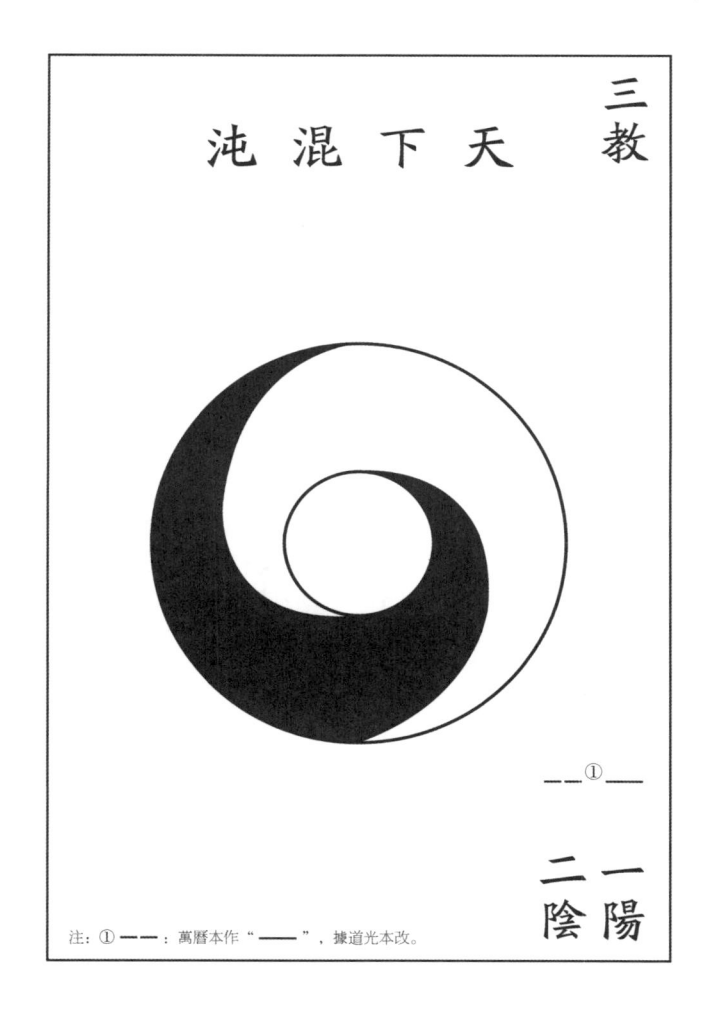

```
         三
 沌混下天  教



         ①
        二一
        陰陽

注：①━━：萬曆本作"━━"，據道光本改。
```

○有一個一陽，就有二個陰對待，所以二氏之教與儒者并行也。

○舊時去閱藏經，全然無半毫理，苾蒭乃尊如神明，飾以縹緗，貯以樓閣；人看之者不敢輕易，必燒香、净口、净手。蓋緣天地有此形氣，即有此邪正，正長不能勝邪，故麒麟鳳凰世不常有，鶯鷗虎豹到處皆多。

○天地有此二氏出者，以有此形氣，故正長不能勝邪也。人尊信之多者，以亦有此形氣，賢者少而愚者多故也。

◎河圖洛書論

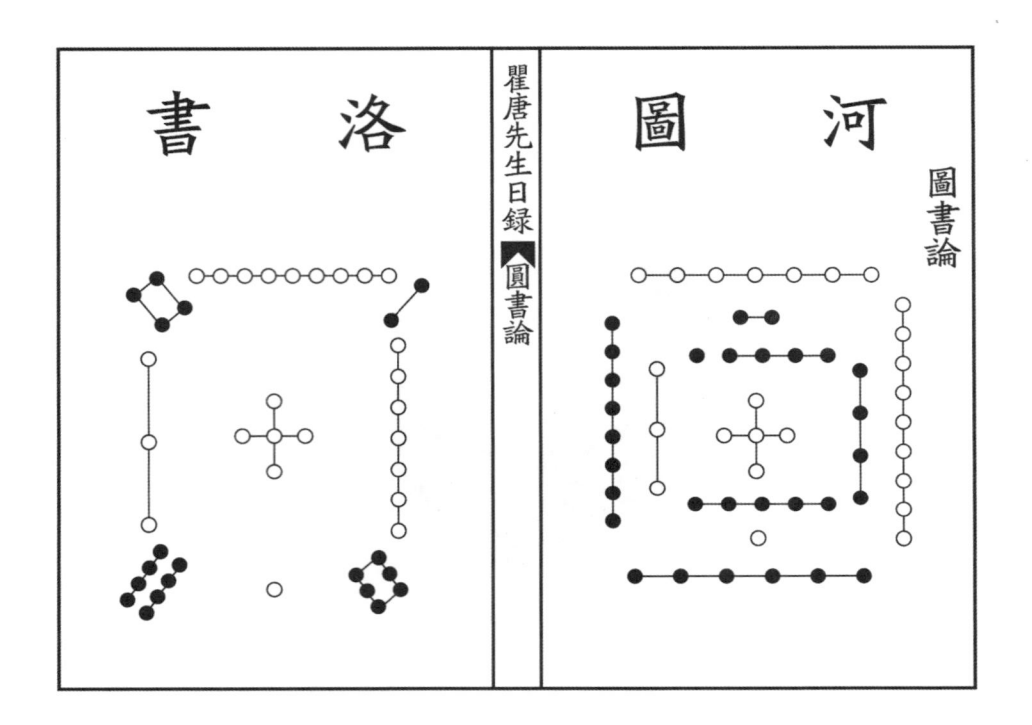

○以《河圖》論之，天地嚴凝之氣始於西南而盛於西北，故陰由二而四，四而六，六而八。天地温厚之氣始於東北而盛於東南，故陽由一而三，三而七，七而九。

○陽息於北，由北而東、而南、而西，故天一至天三、天七、天九，以漸而盈，盈極則消而虛矣。陰息於南，由南而西、而北、而東，故地二、地四、地六、地八，以漸而盈，盈極則消而虛矣。

○以相連論，一而九，十也，三而七，十也，二而八，十也，四而六，十也，故五爲中數。故天地生數，遇五而成，天地成數，遇五而對。若以四旁論，後爲一，前爲二。左三右四中五後六，前七左八右九中十，皆自然而然，不假安排。

○偶者，陰陽之對待，奇者，陰陽之運行。奇者氣行於天，偶者質具於地。孔子《繫辭》"天尊地卑"一條，以對待而言也；"剛柔相摩"至"坤道成女"，以運行而言也。

○天一、天三、天五、天七、天九，一九成十，三七成十，又加以五，故天數二十有五。地二、地四、地六、地八、地十，二八成十，四六成十，又加以十，故地數三十。

○後一六者，水生成之數也，故居北。前二七者，火生成之數也，故居南。左三八者，木生成之數也，故居東。右四九，金生成之數也，故居西。五十者，土生成之數也，故居中央。

○以四象八卦論，"乾""兌"皆居一，太陽之位，然"乾"陽卦，"兌"陰卦。"離""震"皆居二，少陰之位，然"離"陰卦，"震"陽卦。"巽""坎"皆居三，少陽之位，然"巽"陰卦，"坎"陽卦。"艮""坤"皆居四，太陰之位，然"艮"陽卦，"坤"陰卦。以《河圖》數論，太陽居一而數九，是"乾"得九，陽之數，而"兌"得其一之位也，故"乾"一"兌"二，皆屬太陽。少陰居二而數八，是"離"得八，陰之數，而"震"得二陰之位也，故"離"三"震"四，皆屬少陰。少陽居三而數七，是"坎"得七，陽之數，而"巽"得三，陽之位也，故"巽"五"坎"六皆屬少陽。太陰居四而數六，是"坤"得六，陰之數，而"艮"得四，陰之位也，故"艮"七"坤"八皆屬太陰。

○一、六爲友者，一爲老陽之位，六爲老陰之數也，居於北。四、九爲友者，四爲老陰之位，九爲老陽之數也，居於西，秋斂冬藏，有老之義，故居西北。二、七爲友者，二爲少陰之位，七爲少陽之數也，居於南。三、八爲友者，三爲少陽之位，八爲少陰之數也，居於東。春作夏長，有少之義，故居東南。

○以《洛書》論之，陽生於北，長於東，盛于南而消於西。故天一、天三、天九盛之極，至天七則消矣。陰生於南，長於西，盛於北而消於東。故地二、地六、地八盛之極，至地四則消矣。此與《河圖》一樣，中五雖少地十，然四隅①交錯各十，亦天五地十也。

○一、九爲老陽，三、七爲少陽，居乎四正。二、八爲少陰，四、六爲老陰，居乎四隅。五居乎二老二少之中。

○太陽之一，得五而爲太陰，故一與太陰相連。少陰之二，得五而爲少陽，故二與少陽相連。少陽之三，得五而爲少陰，故三與少陰相連。太陰之四，得五而爲太陽，故四與太陽相連。不過此數變化無窮，故天數五，地數五，成變化而行鬼神也。故陽卦一爻變則爲陰卦，陰卦一爻變則爲陽卦，故曰"非天下之至變，其孰能與於此"。

○以二圖總論之，《圖》之東、北與《書》相同，而西、南不同，何也？蓋《圖》之陰陽皆主陽極陰極而言。故一陽由左旋至九而止，一陰由右旋至八而止，《書》之陰陽以盛衰消長而言，故陽盛於南而九，陰盛於北而八，至西則陽衰，故天七，至東則陰衰，故地四，此所以東、北相同而西、南則異也。雖西、南各异，然東、北、西、南皆一奇一偶相配，又何嘗异哉。

○以《伏羲圖》論，"乾""兌"生於老陽之四九，"離""震"生於少陰之三八，"巽""坎"生於少陽之二七，"艮""坤"生於老陰之一六。九有四，七有二者，陽中之陰也。八有三，六有一者，陰中之陽也。伏羲畫卦之時，不求與《洛書》同而自與《洛書》同。以《文王圖》論，一六爲水，"坎"居其北；二七爲火，"離"居其南；三八爲木，"震"居其東；四九爲金，"乾""兌"居西；五十爲土，"坤""艮"夾乎金、火、水、木四位之間，亦中央土也。文王畫卦之時，不求合乎《河圖》而自與《河圖》同，可見只有此數，理一無二，所以俟之不惑、考之不謬也。

○以十數當中折斷論，一與六對，二與七對，三與八對，四與九對，五與十對，本天地自然之數也。《河圖》則一、二、三、四、五在内，六、七、八、九、十在外，而陰陽相間。《洛書》則一、二、三、四、五相連，六、七、八、九、十而陰陽比肩。相間者一倡一隨，比肩者或左或右，其實一而已矣。

○天地間只有此數同一、二、三、四、五、六、七、八、九、十之數。《河

---

① 隅：道光本誤作"偶"。

圖》《洛書》鋪列位次不同，顛之倒之，上之下之，皆成文章。正孔子所謂"參伍以變，錯綜其數"。通其變遂成天地之文，極其數遂定天下之象，於此亦可見矣。

〇以質言五行生成之序，水、火、木、金、土也，以氣言五行運行之氣，木、火、土、金、水也。《圖》則相剋者相對，《書》則相生者相對。《圖》雖相剋，然自東之木生南之火，自南之火生中之土，自中之土生西之金，自西之金生北之水，是剋而又生也。《書》雖相生，然北之水剋西之火，西之火剋南之金，南之金剋東之木，東之木剋中之土，是生而又剋也。縱橫交互，則生成之序、運行之氣皆在其中矣。

〇《圖》《書》中天五五點，下一點天一之水也，上一點地二之火也，左一點天三之木也，右一點地四之金也，中一點天五之土也。此五點若專以五行之土論，前後左右四點，辰戌丑未之土也，中一點中央之土也。五者流行乎前後左右，貫徹乎辰戌丑未，故天地得五方，可以成變化而行鬼神。此所以聖人作《易》參天兩地而倚數，推而至於千千萬萬，無非此五者而已。

〇此天地自然之八卦也，是未畫卦之先而卦已備矣。故曰："河出圖，洛出書，聖人則之。"故有天地之八卦，有伏羲之八卦，有周、孔之八卦，有吾心之八卦。能了此，則八卦不在四聖而在吾心矣。

〇參天兩地，何也？蓋天地之數皆始於一而成於五。一者數之始，五者數之祖也。故金、木、水、火非土不成質，仁、義、禮、智非土不成德。以自然之數論之，天一地二少其五，天三地四多其五，惟天三地二合其五。故聖人參天兩地而倚數，言依此五以起其數也，非有心①以參兩之也。若依朱子圓者徑一圍三，方者徑一圍四之說，是參天四地矣，是有心以參兩之矣。

〇《洪範》九疇，箕子所作。《洪範》者，大法也。當時武王以臣殺君，則彝倫不叙矣。故②武王問箕子："天於冥冥之中，默有以安定其民、保合其居止，何以上下相安，彝倫攸叙？"箕子乃紂之舊臣，難以顯言。紂無道殄死，不可傳以大法。乃以紂比鯀，武王比禹，言："我聞在昔鯀堙洪水，汩陳其五行，

---

① 有心：萬曆本作"用心"，據道光本改。
② 道光本無"武王以臣殺君則彝倫不叙矣。故"。

帝乃震怒，不畀洪範九疇，彝倫攸斁，鯀則殛死。禹乃嗣興，天乃錫禹洪範九疇，彝倫攸叙。"曰"天錫"者，即《中庸》之"天命"，《仲虺》之"天乃錫王勇智"，《魯頌》之"天錫公純嘏"也。漢儒與宋儒不知箕子以禹比武王，真以九疇乃禹之言，殊不知禹聖君也，"關石和鈞，王府則有"，以關石和鈞而且貽之子孫，況一王之大法，禹反秘之不傳，必俟千年之後，至於箕子方傳之乎？其謬也甚矣。且九疇者，即九德、九經之類也。孔安國、劉歆又以禹治洪水，神龜負文，遂成九類①。宋儒復信之，是謬中又生謬矣。《洛書》言數，《洪範》言理，何相干乎？孔子曰："河出圖，洛出書，聖人則之。"是伏羲之時已有《洛書》矣，孔子之言乃其証也。不得不辨于此，見諸儒註疏之差。

---

① 類：道光本誤作"數"。

卷二

格物諸圖

◎格物諸圖引

　　德生蜀中僻地，少時不揣，妄意聖賢，然無傳授且愚劣，雖有此二者，而學聖賢之志未嘗一刻忘也。乃以孔門之學，先於格物，欲窮極事物之理，乃取六經并秦漢文章，日夜誦讀。及過京師，見《薛敬軒①錄》，始知學當求諸心，歸來遂爲《四省錄》：一曰"省覺"，謂心有開明②覺悟處，即錄之也；二曰"省事"，謂自家行事，或見人行事，或行事之當理，或跌蹶，即錄之也；三曰"省言"，謂讀古人之書有悟處，即錄之，如《大學古本》是也；四曰"省藝"，如吟詩，如彈琴，如古人見舞劍而悟草書之類，蓋因粗以悟精也。乃刻一大圖，書寫"願學孔子"四字，以警其心。錄之既久，自反身心無愧無怍，知其良心未破，但作聖功夫無下手泊岸處，乃游吳并五岳，欲會近日講學之士，又每每不相值。思宋儒終日端坐，欲識仁體者有之，以存養爲主人者有之。又近日講致良知，意此學在於靜坐也，乃靜坐絕妄想。如此者數年，茫然渺冥，全無入手處，自覺其爲禪學。既無師指明，又無友審問，終日山林中，委係彌高彌堅，在前在後，無處下手，把捉不住。及先父母相繼見背，制中六年，斷酒肉，辭室家，羈孤無聊，人不堪其憂。制方闋，登太白山，見此心之所以往來者，非

---
① 軒：萬曆本、道光本誤作"齋"。
② 開明：萬曆本作"開發"，據道光本改。

有他也，乃三欲也，蓋孔子之"三戒"，孟子之"三好"也。數夜即輾轉不寐，思孔門講仁，孟軻講義，宋儒講敬説禮，近日講知，千載之下，又安知不有講信者出乎？又思孔門講仁，宜講仁之本體矣，而又"罕言"仁者，何也？又以"克己復禮爲仁"，"能近取譬"爲求仁之方，何也？孟軻講義，亦不言義之本體，而乃曰"乃若其情，則可以爲善矣"，何也？又思《大學》頭上即教人格物，"格物"二字與"五性"合不相下，此又何也？心上之理，與簡册上文字，二處全不相合，思之又思，日積月累，方知五性無聲、無臭、無形而難知，物欲有迹而易見。五性本體上，半毫功夫做不得，惟當於發念上做功夫。遏人欲者，即所以存天理也。人欲既遏，則天理自然呈露，而情之所發，事之所行，皆天理矣。始知"三欲"者，千欲萬欲之根柢，即克己功夫條目也，乃四勿中物欲之大者，故孔子又摘出言之。特今之學者，皆以爲粗迹尋常之話，不體認之爾，何也？"克己復禮"，孔子告顔回之爲仁者也。顔回在當時已直任之無疑，則顔回之用功惟克己，無他道矣。及顔回没，孔子稱好學者獨顔回，乃曰"不遷怒，不貳過"，則顔回之克己者，不過此"不遷""不貳"二端，而聖門端的功夫亦不過此二端也。又讀《易》，見孔子《大象》云："山下有澤，損。君子以懲忿窒欲"。夫懲忿則不至於遷怒，窒欲則不至於貳過。不好勇則懲忿矣，不好好色則窒欲矣。此心一旦豁然，始知"格物之物"，非宋儒"物理"之"物"也，亦非近日儒者"事物"之"物"也，乃"物欲"之"物"①。蓋己也、忿也、欲也、怒也、過也、色也、勇也、得也，皆《大學》之所謂物也；克也、懲也、窒也、不遷也、不貳也、三戒也，皆格之之意也。孔子先後之言未嘗异也。格物、克己，乃聖門有頭腦的功夫，故《大學》之教首言之，而又以之教得意門人也。

德因此大有所悟，始知宋儒默坐澄心，欲識仁體，欲觀喜怒哀樂未發氣象者，不過禪學。而講敬説禮，又講"致良知"者，都令此心混雜于天理人欲之區，枉誤後生晚進，深爲可痛，皆非孔氏心印也。因大書"發念處即遏三大欲"八個字于壁，以常警心，而續畫諸圖云。

萬曆乙酉十二月念二日。

---

① 物：道光本誤作"欲"。

◎重刻格物諸圖前語[①]

武林楊澄

斯道之晦明，天乎亦人乎？恐人不得而與，天實爲之也。孟子叙道統之傳自堯舜，以後皆以五百餘歲言之，蓋歸之天也。孔、孟千年之後，濂、洛、關、閩迭出，六經皆有注疏，以爲斯道至此大明矣。而豈知微詞奧旨，頭腦功夫，尚有未明，豈天意尚有所俟乎？吾常反覆觀先生之履歷，而知天意欲先生之明道也。先生篤孝友，中式後，俾父母俱病，先生即焚引侍養，不得立功業于世，此天意也。丁丑歲，先生往南岳注《易》，以破舟，先生遂客求溪。求溪近夷，徽萬山之中，人孰得而知之。若在南岳，人猶有知先生者，此天意也。張江陵爲相，禁海内學者聚生徒講學。先生遂自比李白，人皆不知先生，以詩人目之，此天意也。求溪注《易》成，丙戌歲，欲于華岳訂証，以不服水土而還，復客求溪，此天意也。天意欲先生明孔孟之道，故俾先生行拂亂其所爲，三十年來，悠游于林壑之中，得以大肆力於正學，剖析其理于絲毛毫忽之間，皆天意也。

"格物"二字，未授先生口訣之先，講如聚訟。宋儒曰："格，至也；知，猶識也。窮極事物之理，欲其極處無不到也。"在近日儒者曰："知者意之體，物者意之用。"則又指物爲事矣。先生獨曰："格物"二字，即"克己"二字也。何也？"懲忿窒欲"四字，孔子之言也。及孔子稱顔子爲好學，乃曰"不遷怒，不貳過"，故先生教人以發念處先遏三大欲。蓋不好勇，則能懲忿而不遷怒矣；不好貨、好色，則能窒欲而不貳過矣。始知勇也、貨也、色也、忿也、欲也、怒也、過也，皆《大學》之所謂物也；戒也、懲也、窒也、不遷也、不貳也、皆《大學》之所謂格也。此夫子所以告顔子以克己，而其目則四也。直指明切，聖人復起，不易斯言矣。

吾友張成夫拜先生于求溪，臨別索言，先生與之曰："爲學如燒窰，切不可

[①] 萬曆本無楊澄序，據道光本補。

助長。火候功夫到，烟自生清亮。仲尼到而今，千載道已喪。只因名利關，終日作膨脹。因此自沈溺，墮落深萬丈。仰視魯仲尼，仲尼在天上。不須求花譜，鴛鴦舊花樣。只于心上覓，何處是蕩蕩。"澄將此言書于壁，每日誦之。及澄見先生，問先生曰："蕩蕩何以用功也？"先生曰："去其所以戚戚者，則不求蕩蕩而自蕩蕩矣。"澄曰："何以去戚戚？"先生曰："口之于味，以至四肢之于安佚，欲遂其氣質之性，能不戚戚乎？欲宮室之美，妻妾之奉，所識窮乏得我，能不戚戚乎？蓋所以戚戚者，乃物欲也，即《大學》格物之物。'戚戚'二字，即《易》之'憧憧往來，朋從爾思'也。"澄曰："'朋從爾思'，朱、程以爲朋友從其所思，先生以爲戚戚，何也？"先生曰："朋友豈能從吾心之所思？蓋天下惟'朋'字不正，乃念頭惡處、妖星厲鬼之類也。從者，聚也，言邪念從聚于吾之心思，即妄想心也。"及觀先生古詩有云："撤去諸般憂，明鏡光溱溱。提起鏡來照，仲尼在裏頭。"又云："説與種花人，種花只鋤草。"又云："今日醒一醒，明日悟一悟。一日復一日，就生登天步。立在崑侖巔，絕目①四面顧，下見紅塵起，千條萬條路。"皆此意也。

孔子曰："下學而上達，知我者其天乎？"自孔子没後，因佛氏混雜，學者通不求下學，惟求上達，故欲識仁體，觀喜怒哀樂未發氣相，求本來面目，以至千載之餘，尚不得接孔氏之絕學。獨先生曰："遏人欲者，即所以存天理也。"故惟于下學遏人欲上做功夫。先生既先知先覺，又以"發念處即遏三大欲"八字開示後學，當禪學混雜之餘，聖學將絕之後，先生挺出，獨能以孔氏之學表章之，先生之功，蓋不在禹下也。譬之人欲適越國者，通從北行，獨先生教之曰："爾從南行某日某處，某日某處即至越矣。"先生之功，豈在禹下哉！先生惟以格物爲功，湛然無欲，故《求溪元日》詩云："耳熱反看真個事，紅霞高照玉壺冰。"又云："幾番獨立通明殿，朵朵紅雲捧至尊。"其無欲氣象不覺發之辭章如此。

澄又問先生曰："'在明明德'，宋儒以爲虛靈不昧，先生獨以爲即達道，何也？"先生曰："'在明明德'一章，經也，所謂誠意以下傳也。所謂'平天

---

① 目：道光本作"日"，據文意改。

下在治其國者'一節，即乃釋'古之欲明其德于天下者，先治其國'二句也。當時親炙者即曰：'上老老而民興孝，上長長而民興弟，上恤孤而民不倍。'夫老也、長也、孤也，即五倫也，乃達道也。上老老、上長長、上恤孤，乃明明德也。上老老而后民興孝，上長長而民興弟，上恤孤而後民不倍，即'有諸己而後求諸人'也。此所以能明明德于天下也。當時親炙者釋經文，已解明德即達道矣。若曰虛靈不昧，尚屬于心，豈能達之天下哉？"此千載不傳之秘，先生獨能悟之，所以功不在禹下也。

先生之詩亦不苟作。澄問："先生《元日》詩'我有春情滿壯懷'，何以爲'春情'也？"先生曰："春情者仁心也。"澄又問："'必生芳草傳消息，方遣流鶯說去來'，此二句何也？"先生曰："仁性不可言，惟發之惻隱，則可言之，故必傳其消息而後可說去來也。若渾然在中之仁，安可言哉？"澄又問："'紅日幾番輝白玉，赤松今已變黃梅'，此二句何也？"先生曰："紅日白玉，言我良心本無私欲。赤松仙人也，黃梅禪僧也。言天下學者通講禪矣。"故先生之詩不可以粗淺看之，不然"春情"二字不知說何事，即此一詩，而他詩可知矣。得先生指教，一言一句皆是學問，此所以功不在禹下也。求溪在萬山之中，先生雖不求人知，然闇然日章，正所謂依乎中庸，遯世不見，知而不悔，其先生之謂與？先生常對澄曰："某非聰明過人，但好古敏求，能沈潛反復耳。"

先生注《易》求溪十年。《朱子語錄》以《易經》象失其傳，故《易》注止以本卦之義注之，不及其象。先生曰："《易》不可爲典要。《易》不立象，《易》不作可也。注《易》者不知其象，不注可也。"遂登華山靜坐，悟象之理。及病，復還求溪，數十夜不寐，將象悟出。又將《易》重解一番，訓釋精到，他日必與《書經》蔡《傳》、《春秋》胡《傳》、《詩經集注》并傳。先生有浩然歌云："我登天兮天不高，我涉海兮水不多"，蓋爲此也。其篤志若此。

先生中式後初入京，有一舊布袍，止加新綿，短者續之，破者補之。父母喪後，止衣麻衣。譚侍御訪先生于村落，倉卒無款，止以菜待之。先生談笑自若，不以爲意。既篤志又能甘貧，宜乎先生之悟道也。澄受知先生有年，讀先生《格物》諸圖，始信傅達吾公謂先生"直接孔氏之傳，雖程、朱復生，亦必屈服"，斯言爲不虛。故以天生先生欲明道之意，并澄問答序之于首云。

◎發念處即遏三大欲 五條①

○此殲厥渠魁功夫也，蓋此三欲乃形氣中之元惡。殲此渠魁，其餘手足容恭容重等件，不過脅從功夫耳。故德以遏此三欲，去行四勿功夫即易易者，此也。

○學者把此三欲通忽略過了，非死心學聖人者不能去此欲也。過此一關，渣滓渾化，即聖人矣。且如以好勇論，此血氣之勇，但此心微有不平處，就是勇字渣滓未化，莫看容易了。

○此三欲又絕不得，絕則釋氏矣。天理人欲，同行異情，惟聖人定之以中正，仁義雖人欲，亦天理矣。詳見後。

○學聖功夫要下得手，凡人見火而不入於火者，知火之能焚也；見水而不入於水者，知水之能溺也；見米麵飯而必食者，知其能養人也。學者學聖，必見惡如見水火，見善如見米麵飯，如此則天理、人欲判然分明，方能學聖。若只講敬，說識仁體，說體認天理，說致良知，恐止把做一場話說，通是不曾苦心用力，終下不得手。

○此三欲雖分三者，其實不過要富貴有富貴，三欲遂矣。世人只是要高爵厚祿，家中有金銀財帛，此好得也；要嬌妻美妾，歌兒舞女，此好色也；要人人通仰視他，畏懼他，尊敬他，凡出一言，人皆不敢違背，通奉承他傲得氣，此好勇也。聖人之言，雖分三者，其實富貴其總管也。

---

① 道光本無"五條"。

◎三欲試驗 八條

禽獸

人生天地，與禽獸一般，人特靈爾。試觀禽獸不過此三欲：且如家雞，見食則呼其同類，非其類則逐之，此好得也；見雌雞則眷戀，此好色也；見雄雞則鬥，此好勇也。野雉占山岡，此好得也；捕雉者以囮_{音訛}去即鬥，此好勇也；如不鬥，取其雌者於側，此好色也。牛馬亦然，蓋有此形氣，即有此三欲。常人用形，聖人用神。即以禽獸之形神論之，四靈蓋禽獸中之聖而用神者：龍得木之神，故修長，神化莫測，雲雨從之，而爲鱗之長；鳳得火之神，故周身文章，非時不見，而爲羽之長；白虎得金之神，故亦不履生草，不踐生蟲，而爲毛之長；_{白虎亦麟類，見《通考》。}龜得水之神，故五色似金玉，知吉凶，而爲介之長。所以四靈即出類拔萃，與禽獸不同，然則人用其神遏此三欲，豈有不出類拔萃而爲聖人乎？

夷狄[①]

即禽獸而夷狄可知矣。夷狄之人亦如中國之人，但他限於所居之地，不讀書，不明理，全是形氣用事。試觀夷狄，不過此三欲：常提槍刀殺人，好勇也；劫掠人財，好得也；聚麀，好色也。除此三欲，夷狄無欲矣。

罪人

即夷狄[②]而罪人可知矣。試去囹圄中觀罪人，不是好色謀殺親夫或奸有服之親，便是好得劫殺人財或盜庫銀，好勇毆死人。除此三件，無罪人矣。縱有假雕印信之類，無非好得心所發也。三欲爲千欲萬欲之根柢，到此處方看得端的。

---

① 道光本刪此"夷狄"一條。
② 夷狄：道光本改作"禽獸"。

常人

即罪人而常人可知矣。人生在天地間，終日只想積幾多金銀，買幾多田產，起幾多房屋，此好得也；長成人即慕少艾，此好色也；日不眠夜不睡，只想富貴勝過人，氣在不肯下，此好勇也。與人少有一言不合，即懷恨於心，或即怒氣相加，亦好勇也。

讀書人

即常人而讀書人可知矣。讀書人中式後，即忘前日窗前燈火之窮困，就約三朋四友飄蕩無度，就借銀買妾，此好色也；就求有司作興，此好得也；就揚頭扯袖，眼裏就以資格空人，略年長前輩，疏布衣舊友，把平日做秀才忠厚渾朴氣象通改了，一時化爲兇狠強暴之人，居鄉則凌虐鄉里，居官則淫刑濟貪，平生所講究五經四書，非止爲榮祿進取之梯，實乃虎狼生翼之具，此好勇也。其好色、好貨、好勇之極，有可醜、可笑、可畏、可痛、不可明言而筆之于書者。夫以我之良心，爲仁義之府，乃天下之至寶。所以爲聖爲賢，參天地贊化育者，皆此至寶也。凡世上一切軒冕、金玉，皆不足以尚之。今乃反爲中舉、中進士滋其勢力，好勇、好貨、好色，將仁義之良，我之至寶，一時椓喪散漫。凡民不足責矣，以讀聖賢之書中式之人，即三代鄉舉里選之士，漢之得舉孝廉者也，中式後爲之豎標、豎坊以表揚之，今乃若此！是棄天爵而要人爵，舍靈龜而觀朵頤，爲外物而反喪至寶矣。反不如鄉人田舍郎，種田輸租，安分守己之不喪良心也。孟子恥不免爲鄉人，今反鄉人之不若，居鄉人之下，沒世無善可稱，甘與草木同其朽腐，是讀書猶未讀書也，豈不可哀之甚哉！正昔人《鶴媒》詩云"嗟爾高潔非凡禽，胡爲徇食移此心"也。然可與知道者談，不然是彈高山流水于闤闠，人鮮不以爲迂矣。

賢人

即讀書人而賢人可知矣。如魯南子學柳下惠，顔叔子執燭，即千載有名，非不好色即成賢人乎？如陽震夜金，范丹塵甑，即千載有名，非不好得即成賢人乎？如顔子犯而不校，師德唾面自乾，即千載有名，非不好勇即成賢人乎？

西方聖人

即賢人而西方聖人可知矣。釋家佛出來，曉得世間人好色，他就不娶妻，祝髮爲僧；曉得世間人好得，他就高山上打坐，談空說寂，以一切有爲法如夢幻泡影，如露亦如電；曉得世間人好勇，他就以慈悲爲本。他全然反了世間人之事，他就爲西方聖人。雖是异端，三綱五常盡廢，然一塵不染，較之讀書人奔競名利，鍾鳴漏盡猶不知止者，有愧於彼多矣。而今天下浮屠反多於儒學，非除此三欲者，即爲聖人乎？夫以沉溺於三欲者即爲罪人，除革乎三欲者即爲聖人，而作聖功夫在於格物，愈見端的矣。

吾儒聖人

即异端聖人而吾儒聖人可知矣。聖人雖渣滓渾化，無三欲之可言，然載之於經，亦有可見者。如云"不殖貨利，不邇聲色"，"允恭克讓"，"溫恭允塞"，"小心翼翼，昭事上帝"，"無然畔援，無然歆羨"，"不聞亦式，不諫亦入"，"溫良恭儉讓"，"無意無必，無固無我"。孔子告哀公修身，就說"齋明盛服，非禮不動"；尊賢，就說"去讒遠色，賤貨而貴德"。自聖人以下，沛公一亭長也，與項羽爭天下，范增看他出來，説他前在山東貪財好色，今財物無所取，婦女無所幸，此其志不在小。則作聖之功，不外於格物，而格物必先於三大欲，其功夫端的矣。若學者做功夫先遏三欲，去行四勿，功夫即容易了，不過時時覺照而已。若被三欲牽纏，出不得世，隨人講性命之學，千講萬講，終是葛藤。

◎ 三欲所屬 三條

色類

女色，正所好之色也。凡五色可愛，人者皆是。如愛人富貴，愛絲竹音聲，愛戲局，愛花木，皆色心所發也。

勇類

刀劍殺人，正所好之勇也。至於凡欲勝人者皆是，如欲富貴勝過人，欲長生之類是也。故孔子又以鬥名之，如石崇鬥富，今人鬥促織、鬥雞、鬥馬、鬥舟競渡之類。

貨類

金銀，正所好之貨也。凡田產、珠玉爲我所得者皆是。故孔子又以得名之故，謂女人曰奇貨，蓋貨指其物，得則在我也。

◎三欲連環 三條

色中勇貨

如鄰家處子，所好之色也。不顧死命逾墻相從，是勇也。處子奇貨，爲我所得，是貨矣。

勇中色貨

舞劍視人，勇也。然好勇豈空好哉，必其色有可愛之事，方去爭鬥。如爭妻，是妻可愛也；爭田產，是田產可愛也。爭得過來是貨矣。如獵狩提搶①刀，是勇也；見所獵之物走動，色色可愛，是色也；得麋鹿歸，是貨矣。

貨中色勇

金銀珠玉，貨也；色色可愛，色也；連城易之，勇也。又如我不肯，而寧

---

① 搶：疑作"槍"。

可碎首殺身，完璧歸趙，亦勇也。

◎三欲爲千欲萬欲之根柢 三條

色

舉火戲諸侯是也。諸侯豈可戲？色其根柢也。

勇

殺妻求將是也。妻豈可殺？勇其根柢也。

貨

七月大水，三峽黑石，十船九歿，乃翻鹽井以橫黃金是也。險豈可冒？貨其根柢也。

凡此之類甚多，不可悉舉，但舉一事即見之矣。細思起來，此身諸般之欲，何處不是？此三欲發根，故爲千欲萬欲之根柢。

◎三欲中五性 三條

色

鄰家處子，色也。我欲上祀祖宗，下延子孫，去聘定他，是仁愛之心所發也；請媒妁行六禮，當輕當重，當前當後，中間有判斷，是義也；行之無過不及，有節文，是禮也；閥閱相當，無他日之悔，是智也；男女以時，期日不爽，是信也。

貨

金銀，貨也。我遠行，人送我贐，此心感謝，即時動惻隱之心，仁也；此心商量判斷當受不當受，義也；交道接禮，賓主百拜，禮也；知其受之有名，不傷於廉，智也；始終無詐僞之心，信也。

勇

稱爾戈，比爾干，立爾矛，勇也；憫生民塗炭之已久，仁也；此心權度當此生民塗炭之時，救民事重，君臣義輕，義也；未嘗殺一不辜，禮也；知天命之在我，予弗順，厥罪惟鈞，智也；予小子既獲仁人，祇承上帝，上不負上帝生我之聰明，下不失生靈之仰望，信也。

◎天理人欲同行异情 三條

色

同一男女相見也，行六禮者謂之婚，逾東家墻者謂之淫，淫而不顧人道者謂之娼，不論倫理者謂之聚麀。

勇

同一以刃殺人也，救民者謂之義，占人疆土者謂之侵，以下殺上者謂之叛。

貨

同一金銀入手也，交道接禮謂之幣，受君之祿謂之俸，貪民之財謂之贓，劫掠人財謂之賊。

若離絕人事，即釋氏矣。惟格去物欲之私，雖人欲，實天理矣，所以爲同行异情也。

◎三欲近似 三條

色

以携妓爲跅弛風流。

得

以貪財爲學者，莫先于治生。

勇

以客氣爲養浩然之氣。

此之謂認人欲爲天理。

五性圖 一條

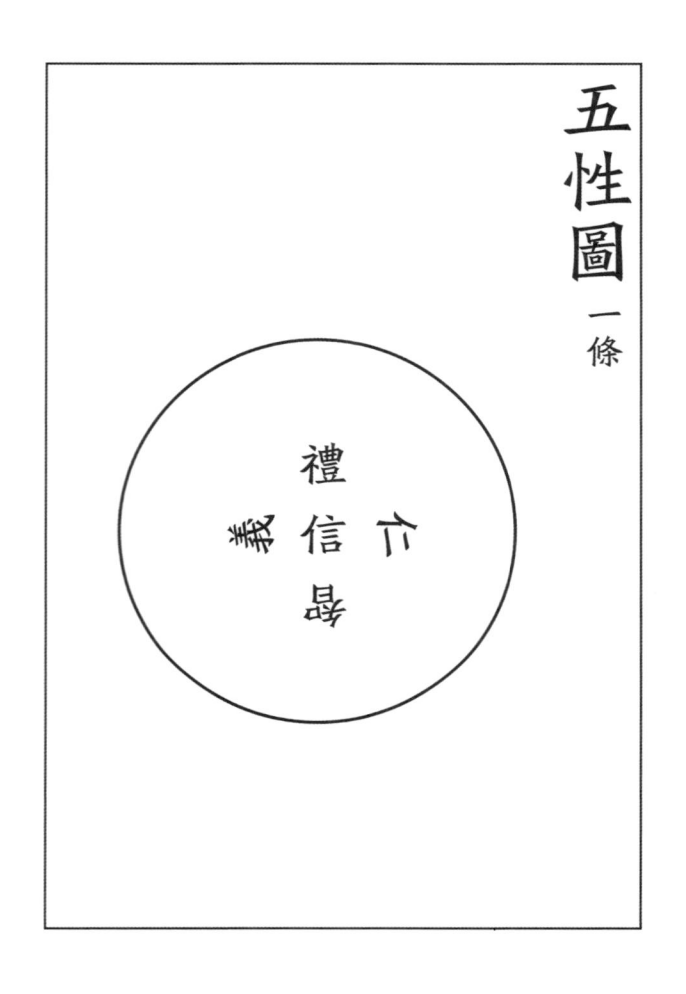

（圖：圓內有「禮、仁、義、信、智」五字）

　　凡物有形，有氣，有神。如天地是形也，屈伸往來氣也，所以主宰之者神也。仁乃木之神，禮乃火之神，義乃金之神，知乃水之神。此神字即命也，性也，道也，理也，太極也，但隨處命名不同耳。與生俱生，與形氣原不相離，如天依乎地、地附乎天相似，然雖不離形氣，實不雜於形氣。天生出堯舜出來，方分一個道心、人心，到了孔子，又分一個形而上者謂之道，形而下者謂之器。雖如此分得明白，但因他粘搭在形氣上，又因佛氏出來混雜一番，所以自孔、孟以後，儒者通不曉得下功夫，說識仁體，說致良知，說隨處體認天理，通將功夫用錯了。殊不知五性無聲無臭，何處下手？惟格形氣上物欲，則五性自呈露矣。此孔門傳心至捷之法也。

五性爲三欲所迷圖 六條

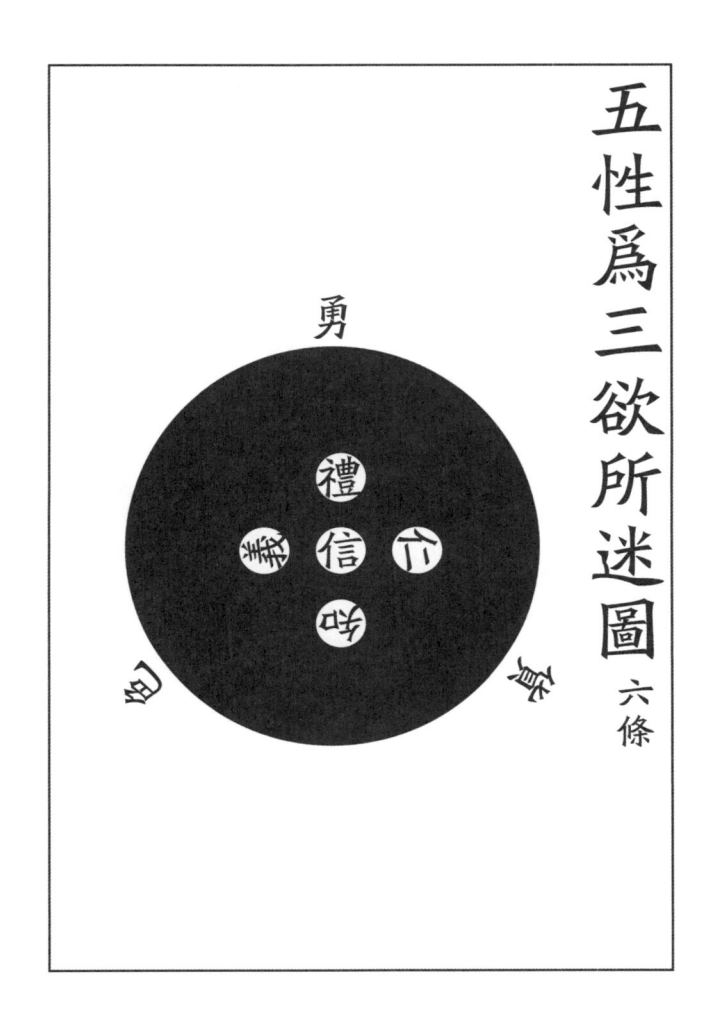

（圖中：禮、信、仁、義、智；外周：勇、知、仁）

五性，其植立如松柏，三欲便是纏松柏之藤蘿，格物功夫是斬藤蘿之刀。

五性，其光明如日月，三欲便是遮日月之烟霧，格物功夫是吹烟霧之風。

五性，其散布如金，三欲便是污金之泥沙，格物功夫是陶泥沙之水。

五性，其美粹如玉，三欲便是包裹玉之頑石，格物功夫是鑿石之鑽。

五性，其尊重如君，三欲便是迷君之妖艷，格物功夫是斬妖艷之劍。

五性，其生意如嘉禾，三欲便是雜嘉禾之草，格物功夫是薅草之鋤。

千古聖學不明，只爲五性搭附在形氣上。

一理圖 四條

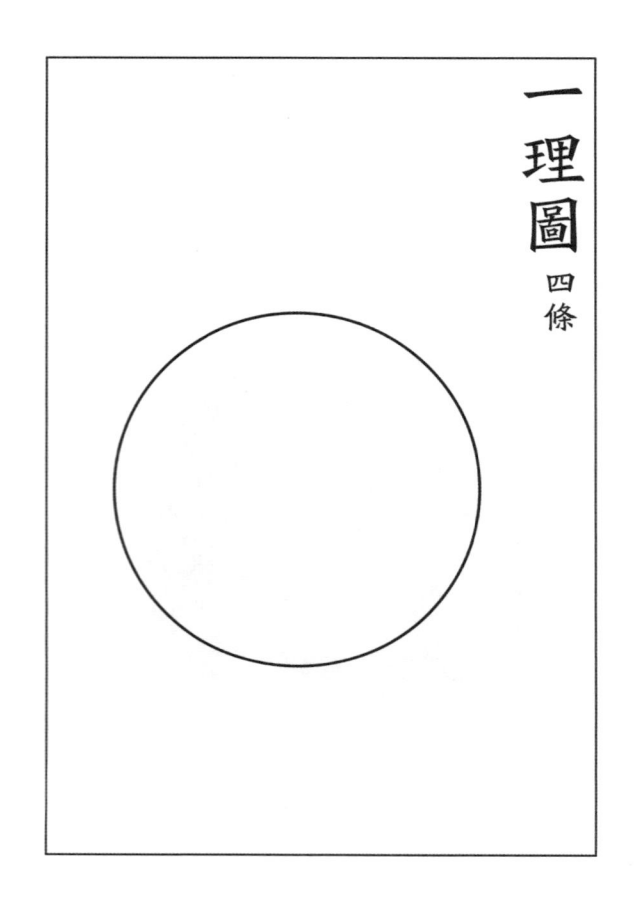

　　五性雖是五者，乃一理也。觀孔子說"一陰一陽之謂道，繼之者善也，成之者性也"云云，"仁者見之謂之仁，智者見之謂之知。百姓日用而不知，故君子之道鮮矣"。又說"立人之道，曰仁與義"，又說"春作夏長，仁也；秋斂冬藏，義也"。四德可以統言者，以其一理也。譬如一個縣令，從東門出來名爲仁，從西門出來名爲義，從南門出來名爲禮，從北門出來名爲智。又譬如天上一個月，落在山東之川者名爲仁，落在西蜀之川者名爲義，落在浙江之川者名爲禮，落在陝西之川者名爲智。所以說天理本然上做不得功夫，以理無聲無臭無定在故也。以發念上論，譬如一人幹錯了一件事，此心正惶恐羞愧，是羞惡之心也；曉得自家不是，乃是非之心也；正當羞愧之時，忽有客到，與之揖讓爲禮，是恭敬之心也；正當爲禮之時，偶見孺子入井，俱驚惶去救，乃惻隱之心也。一時四心俱出，何處把捉，只是遏人欲天理自見矣。又譬如居官者，甘受人夜金，是無羞惡之心也；送之不以禮而接之，是無恭敬之心也；將事即屈斷，是無是非之心也；又將不送金之人鞭笞，是無惻隱之心也。沉溺物欲，一事四心俱喪，而五性乃一理猶可見矣。

○五性皆理也，仁可以兼管四德。仁但可以識其用，不可以識其體。如仁之于父子，爲子者冬溫夏凊，昏定晨省，皆仁之發用也。惟可以識其用，故可以踐行其用。何以不可識其體？五性在人身，渾然一理。譬如一桶水貯在一處，未曾分散，脚下一面有四孔，從東邊孔來者是惻隱之心也，從西邊孔來者是羞惡之心也，南北亦然。是如此模樣，他渾然無聲無臭，何以識得他體？說識仁體，只恐仁字還看不分曉。所以程子又說"惻隱之心，仁之端也"。既曰"仁之端"，則不可便謂之仁。殊不知仁止可如此說矣，如別說，不說得高遠，便說得卑近。

○程子又說："義訓宜，禮訓別，智訓知，仁當何訓？說者謂訓覺、訓人，皆非也，當合孔孟言仁處大概，研窮之，二三歲得之未晚也。"不知程子當時如何又如此說。"仁者人也，親親爲大"，孔子之言也。"仁者人也，合而言之者，道也"，孟子之言也，又說"仁，人心也"。而程子乃以訓人爲非，何哉？又教人二三歲得之未晚，只恐除了訓人字再訓不得了。程子又要把仁"只消道一公字"，假如說"仁者公也，親親爲大"，"仁者公也，喪其公而不知求"，說不通矣，不如"仁者人也"說得不滲漏，說得穩。程子曰："仁者，天下之公，善之本也。"故要道一公字，殊不知義、禮、智皆公理，不特仁爲公理也。

○大抵仁字乃天賦，我渾然無私之理也，爲善之長，可以兼管四德者也，所發者則惻隱之心也。當時孔門言仁，有就心之無私而言者，如不先其所難，而先計其獲，是私也；惟力行是先其所難矣，又不計其獲，故"力行近乎仁"。而博學篤志，切問近思，仁亦在中也。巧言令色，私也，剛毅木訥，其言也訒[1]，非巧言令色矣，故近乎仁。如說"三月不違仁"，皆就心之無私而言也。有就事之無私而言者，"求仁得仁"，"殷有三仁"是也。有就用功無私而言者，

---

[1] 訒：萬曆本作"認"，據道光本改。

"克己復禮爲仁"是也。有就功業而言者，"如其仁，如其仁"是也。有就惻隱所發而言者，"愛人"，"予之不仁也"，"己欲立而立人"，"己所不欲，勿施於人"，"體仁足以長人"是也。有就兼管而言者，"恭、寬、信、敏、惠"，"居處恭，執事敬，與人忠"，"出門如見大賓，使民如承大祭"是也。張子説："禮儀三百，威儀三千，無一物而非仁。"此數句説得極是。

◎本來面目 三條

○"本來面目"四字，非儒者之言也，乃釋家之言也。近日儒者要求本來面目，要觀喜怒哀樂未發氣象，是皆泥於釋家圓明光羼之説也。德姑就其言而曉之。

○如仁之於父子，仁乃本來面目也。爲子者聽妻子之言，有私財，好勇鬥狠，則爲不孝，而仁之本來面目失矣。今不聽妻子之言，不有私財，和氣婉容，則必温清定省，幾諫諭道，所行者皆孝之事，而仁之本來面目見矣。此即求仁功夫也。

○如義之於君臣，義乃本來面目也。爲臣者爲妻妾之奉，宮室之美，好得好色，淫刑酷暴，則義之本來面目失矣。今不爲妻妾之奉，宮室之美，不貪不酷，廉静寡欲，易直慈良，則民之所好好之，民之所惡惡之，有官守者盡其職，有言責者盡其忠，而義之本來面目見矣。此即集義功夫也。

三心圖 一條

此未發之心

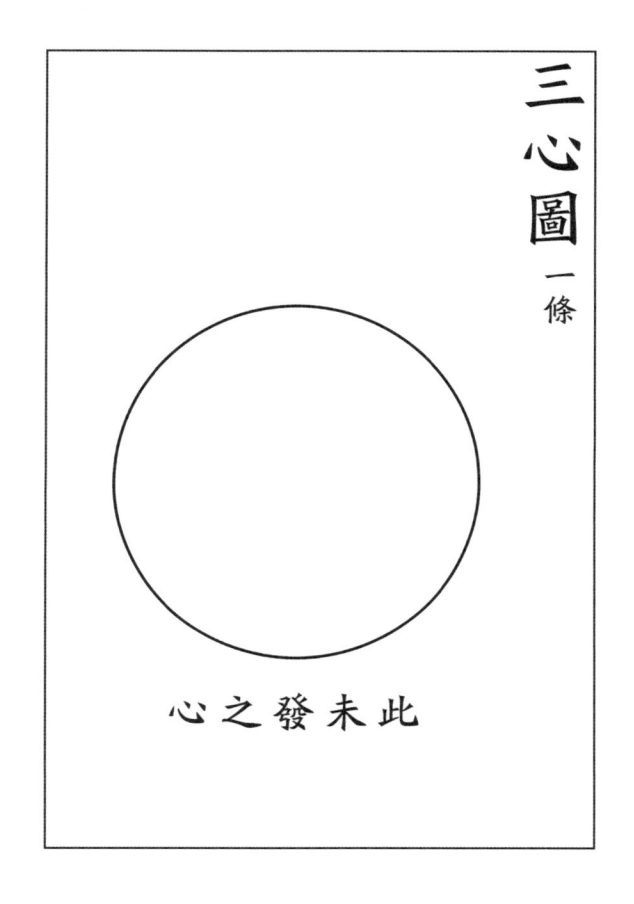

〇此未發之心也，若以做功夫論，乃閉城門心也。釋氏用此心作功夫，終日無天無地、無人無我打坐，所以説出話來一個套子。如説"無無明，亦無無明盡"，乃至"無老死，亦無老死盡"。又如"不見諦，非不見諦；非得果，非不得果；非凡夫，非離凡夫；非聖人，非不聖人"，又如"非因所生，非緣所起，非有相，非無相，非自相，非他相，非一相，非異相，非即所相，非離所相，非同所相，非異所相，非即能相，非離能相，非同能相，非異能相"，又如"非有想，非無想，非有非非想，非無非非想"之類，皆是總歸一個圈套，打破了，左來右去，不過是二邊不住、中道不安的功夫，就説此等話出來了。然終何用哉？三綱絕矣。吾儒要出來應世，務要明德新民，以天下爲一家，中國爲一人，全在人情物理上做功夫，所以格物爲入手功夫。若觀喜怒哀樂未發氣象，求本來面目，即是禪矣。

○大抵天地有此形氣，五性藏附在形氣之中，常不能勝形氣，所以正常不能勝邪，君子常不能勝小人。少時去看釋氏藏經，所說之話，全是妄誕之話，何曾有半毫理。然往往高明之士皆尊信之。如蘇子瞻何等才華，一向尊信他。陸象山雖自以爲先立其大，不是禪學，然觀語録中，如云"獅子咬人，狂狗逐塊"，"六經注我，我注六經"，"汝耳自聰，汝目自明"，又如"管歸一路"，此等話自不覺流而爲禪矣。人要他著書，他又說"道在天地，有個朱元晦、陸子静，便添得些子，無了便減得些子"，此皆禪語，令後生晚進無處適從，深爲可痛。其實中心不足，道理尚未透徹，乃說此禪語使人猜想。但看孔子，決不說此禪機藏頭之話。"子以四教：文、行、忠、信"，"子所雅言，《詩》《書》、執禮"，"有鄙夫問，必竭兩端"①，再無一句隱語，方是儒者。論起程子不曾留心于佛，他說學者于釋氏之說，直須如淫聲美色以遠之。但他所用功夫主於敬，去終日端坐如泥塑人，自不覺流而爲禪。傳流至李延平，一向通講默坐澄心，所以然者，只因格物二字體認不真，不知聖門有此頭腦功夫故耳。自佛氏出來，混雜此一番，我等不免多說了幾句話，不然道不得明，世變江河，一至於此。

---

① 此句《論語》原文作"有鄙夫問于我，空空如也。我叩其兩端而竭焉"。

三心圖

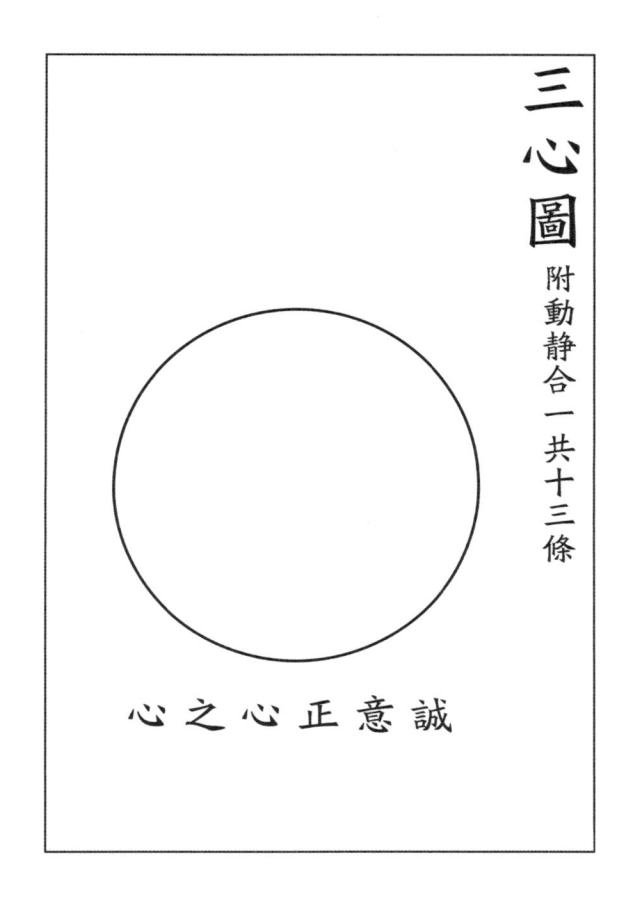

附動靜合一共十三條

誠意正心之心

　　〇學者臨關功夫最難，關一開，差之一毫，謬以千里。譬如美色，人分明曉得是妖艷之物，但有此形氣，目之於色，所愛者美色也。美色在前，念頭一動，理不勝氣，此念一去，如決江河矣。所以聖人說修身正心，又於心上抽出一個誠意功夫出來，曉得人有此形氣意念，所發義理少而物欲多。又說個格物功夫，在頭異於釋氏者，正在於此。格了形氣上物欲，則是非之心呈露，凡事臨前，尺尺寸寸曉然明白，所以意方誠得。如沈溺於物欲，恣肆形氣之所好愛，則凡事通糊塗了。如紂只為迷惑於妲己，此正有所好樂，則不得其正也，就凡事通糊塗了。斫朝涉之脛，剖賢人之心，而惻隱之心喪矣。崇信奸回，放黜師保，而是非之心喪矣。郊社不修，宗廟不享，而恭敬之心喪矣。力行無度，穢德彰聞，而羞惡之心喪矣。

○忿懥、恐懼、憂患、好樂，皆人心也，皆妄心也，通在形氣七情上生出來，即有我之私也。所以説格物二字，即克己二字也。人不能克去己私，反去奉承此血肉之軀，則口之於味，耳之於聲，鼻之於臭，目之於色，四肢之於安佚，凡其可以奉承而如形氣之所願者，無所不至矣。既無所不至，則與禽獸不遠矣。有所忿懥，如明帝以杖撞人，一時之忿懥也。令狐綯爲李義山題詩，終身不開其廳，終身之忿懥也，皆是拂逆我形氣上心意的，所以有所忿懥也。有所憂患，如説今不取，後世必爲子孫憂，子孫是我形氣上所生的，所以有所憂患也。有所好樂，如共王之好營宮室，漢武之好神仙皆是也，皆是我形氣意歡喜的，所以有所好樂也。有所恐懼，如做諫官，君有過，正當諫，恐觸逆鱗打死了，就不諫，甘曠厥言責之職，此性命是我形氣上要緊的，怕壞了性命，所以有所恐懼也。左來右去，都是奉承此血肉之軀。陰濁既盛，陽明通不見了，所以聖人教人只去把所奉承血肉、陰濁物欲格了，則陽明自然顯出來了。孔、孟以後，儒者不曉得做功夫，認格物二字不真，專去五性、陽明上求。殊不知五性無聲無臭，何以做得功夫？及程子説"涵養須用'敬以直內'一句作主"，喜人靜坐；不知"敬以直內"，敬字即禮字，即以義制事、以禮制心者也。禮字説得寬，敬字説得有把捉，所以下一個敬字。《大學》頭腦功夫，在於敬聖人，已先説矣。蓋人有此身莊敬而多欲者，曾見人整齊嚴肅，坐如尸，立如齋，而却眷戀功名富貴，不肯放手者。故《大學》頭腦功夫不以敬爲先，然説一格字、致字、誠字、正字、修字，則敬亦不必言矣。

○程子以"敬者主一也。主一之謂敬，無適之謂一。無適言不之東、不之西"。朱子言"無適乃不馳騖走作之意"。又説"有以一爲難見，不可下功夫，如何？一者無他，只是整齊嚴肅，則心便一"。既整齊嚴肅，此心又不馳騖走作，不之東、不之西，非禪而何？禪家坐下，也眼觀鼻，鼻觀心，也不之東、不之西，豈能安得百姓？解孔子"修己以敬"，"以安百姓"，解不通矣。程子又説："上下一於恭敬，則天地自位，萬物自育，氣無不和，四靈畢至。"説得全不是話了，豈有是理？① 所以朱子解"修己以敬"，到此處遂不解，但云"修

---

① "説得全不是話了，豈有是理"：道光本無。

己以敬，夫子一言至矣盡矣"。殊不知敬者天理也，乃吾性之禮偶然所發，而無一毫人欲之私者也。此一字，乃"齋明盛服，非禮不動"八個字之總名也。"齋明"八個字，乃敬字下手功夫也。"出門如見大賓，使民如承大祭"，"執虛如執盈，入虛如有人"，此則敬之規模氣象也。非長令此心未發，不之東、不之西，終日端坐，以爲敬也。蓋身心上，非禮即動不得，若在禮上，事也動得。若一時靜坐，偶然思起親來，不成說此心要不之東、不之西，不當思親，如此就不是了。如周公"其有不合者，仰而思之，夜以繼日，幸而得之，坐以待旦，一沐三握髮，一飯三吐哺"，孔子"終日不食，終夜不寢"，二聖人皆非敬矣。蓋聖人之心，當靜時，亦有不之東、不之西之時；及動時，行事無一毫人欲之私，縱胼手胝足，勞心焦思，亦敬也。若不之東、不之西，終日端坐，是禪學矣。

○大抵修身說仁字、敬字，通是無一毫人欲之私。如修道以仁者，言皆出於至誠惻怛之意，而無一毫人欲之私也。朱子解"仁者，天地生物之心"，所謂"元者，善之長也"，則與修道二字不相干矣。左右宋儒只爲學聖，頭腦功夫看不端的，所以于修身入手處就無著落。譬如人身孔竅，一般一竅通則百竅皆通，一竅不通則竅竅不通。[①]

○論起敬字，學者豈可離得。如文王之"敬止"，孔子之"修己"，《易》之"直內"，《禮》之"毋不敬"，皆學者至緊功夫。但冥心閉目，此心不之東西以爲敬，就差了，正所謂"差之毫釐，謬以千里"。程子曰："釋氏之學，於敬以直內，則有之矣；於義以方外，則未之有也。"程子將敬字略看差了，所以如釋氏在心之未發上用功夫。殊不知"敬義"二字，皆天理也，能義以方外者，必能敬以直內；不能義以方外者，必不能敬以直內，此內外合一之道也。釋氏既能敬以直內，何以不能安百姓？程子不曾詳"直方"二字，蓋人心之所以不直不方者，以其心之有私欲也。禮義者，吾性天理之公也，以此直於內，方於外，則內外皆天理之公，而無一毫邪曲之私，不期直而自直，不期方而自方矣。如無思無慮時，此心寂然不動，不之東、不之西，無邪曲之私者，固敬

[①] 此段道光本無。

以直内也。如有思有慮時，此心東馳西騖，皆天理之公而無一毫人欲之私。思無邪者，亦敬以直内也，此之謂聖學，此謂動静合一。（詳説見下。）

○蓋敬者禮之所發，此心已打起精神矣。此默坐澄心者所以爲非敬也。譬如爲人臣止於敬，有官守者盡其職，固敬也，若爲諫官，君有過，面折廷争，東引西証，亦敬也。如非天理之公，乃邪曲之私，如好色之類，雖心之主于一而無適，如坐禪之類，雖身之整齊嚴肅，皆不得謂之敬矣。故曰：敬者天理也，乃吾性之禮偶然所發，而無一毫人欲之私者也。如入宗廟之中，不期敬而自敬，見大人君子，即時生敬，通是不曾留心商量計較。如孟子説乍見孺子入井，非納交要譽，純是天理。惟其純是天理，則事事皆天理，所以可安百姓，非終日端坐，此心不之東西，謂之敬也。所以説程子看敬字略差了。

○程子將敬字略看差者，何也？他只將敬字在威儀氣象上看，不曾在天理上看。觀其説"有以一爲難見，不可下功夫，如何？一者無他，只是整齊嚴肅，則心便一"，可以知其將敬字不在天理上看矣。蓋吾性之理本一也，其所發者，自其惻隱而言，謂之仁；自其恭敬而言，謂之禮；自其羞惡而言，謂之義；自其是非而言，謂之智。程子全在威儀氣象看，所以教人整齊嚴肅，殊不知敬雖離不得整齊嚴肅，然要曉得是天理所發。

○程子惟其不肯打動此心，故人問："作文害道否？"曰："害也。凡爲文，不專意則不工；若專意，則志局於此，又安能與天地同其大？"殊不知古今聖賢，與天地同其大者，莫如孔子。孔子删述六經，費了千辛萬苦，如《繫辭》等書稿，也不知易幾遍。觀其讀《易》"韋編三絶"，猶曰"假我數年"，至今文章炳如日月，何曾害道哉？若説文害道，"文行忠信"之文，"博我以文"之文，"君子懿文德"之文，"文不在兹"之文，豈又一樣文乎？文既害道，孔門四科不必言"文學"矣。若周子虚車之説，就無病痛矣。文能載道，何害于文？程子本闢佛，只因他功夫近于禪，不肯打動此心，所以門人就説天下何思何慮。後程子自涪歸，嘆門人俱化于夷①，蓋因爲師者往日端坐如泥塑人，故不覺流而爲禪矣。甚矣，用功不可差毫忽也！

---

① 道光本删"後程子自涪歸，嘆門人俱化于夷"。

○程子説"主一無適之謂敬",謂此心不之東之西也。殊不知此心之東之西者,何也?乃妄想心也,即有所好樂忿憓等心也,即格物之物也。今既知格物功夫,則此心自然不之東西,不消下一敬字矣。聖人所以不以敬字爲先也,所以然者何也?蓋主一無適,乃閉心功夫,可以相從天理、人欲于混雜之間,説個格物,則止遏人欲好色、好勇、好得之類,明明顯顯矣。所以程子門人無處下手,不覺流而爲夷①矣。況今日科舉之學興,人已不知聖學爲何物,間有一二高明之士出來,所立門户全在雲霄之上,一點下學功夫不講,所以聖賢日益稀少。噫,可哀也!

◎動静合一

○此格物誠意功夫,心中之動静也。

○静坐之時,如心思道理,此之謂静亦動。如禪家静坐之時,不敢開關思道理,謂之理障,是静而不能動者也。德所以説"思無邪"亦謂之"敬以直内"者,此也。

○行事之時全在天理,此之謂動亦静。如富貴利達之學,是動而不能静者也。

○朱子言"周子説主静,正是要人静定其心,自作主宰",將周子静字略認錯了。他見程子説敬則自虛静,不可把虛静喚作敬,因有此説。殊不知周子主静立人極,本注云"無欲故静",有此四字,周子也恐人認錯了静字,故注此四字。經曰:"人生而静,天之性也;感物而動,性之欲也。"周子静字在此處來言,聖人無欲,主静立人極,以爲静坐之静,是禪學也,安能立人極哉?

○程子不知格物是聖學頭腦功夫,故于心之未發上用功甚多也。費了許多執持,用心亦苦矣,而不知儒、釋之分,正在於此。以程子之初心論之,豈肯

---

① 夷:道光本作"禪"。

甘爲釋氏之教哉？用功之差，其流至此。而今學者講慎獨功夫，通由葱嶺來了。可痛可痛！①

○儒、釋之分，只在誠意。把意上説個誠字，教人如好好色，如惡惡臭，則天理人欲判然分明。如只是整齊嚴肅，終日端坐，求識仁體，則此心終不分曉。

○何以此心終不分曉？蓋此心整齊嚴肅，不之東不之西，就是无妄了。文王于《无妄卦》云："《无妄》：元亨，利貞。其匪正有眚，不利有攸往。"《程傳》乃曰："雖無邪心，苟不合正理，則妄也，乃邪心也。"觀文王并《程傳》之言，則坐禪者雖無邪心，不合正理矣，所以聖學頭腦，不以敬爲先。

---

① 此段道光本無。

三心圖 三條

富貴利達之心

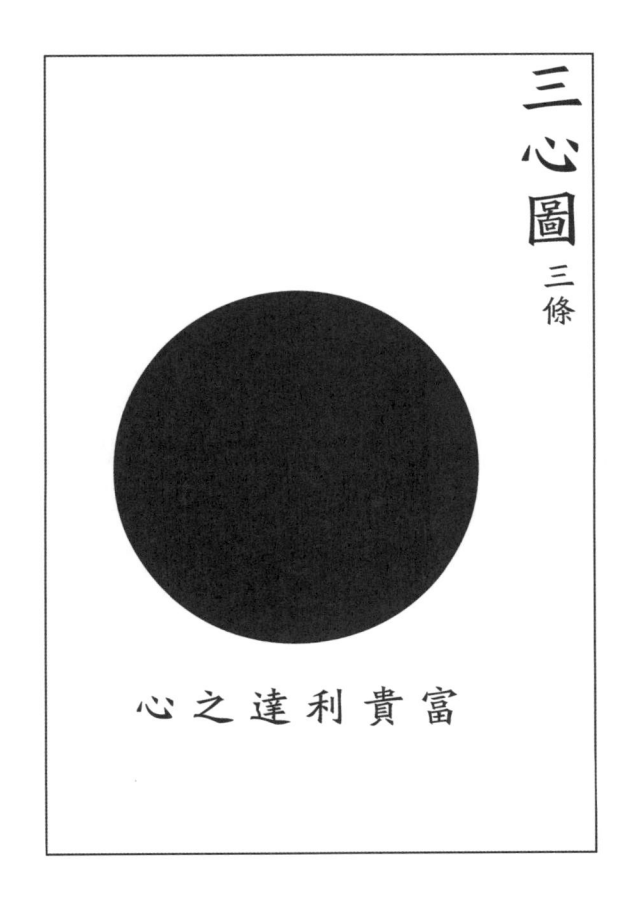

　○此人心也，全在形氣上用功夫。口之於味，要喫好的；耳之於聲，要聽好的；目之於色，要看好的；鼻之於臭，要聞好的。四肢要好處安佚，要宮室之美、妻妾之奉，所識窮乏得我，左來右去，只是要奉承血肉之軀。所以未得富貴，終日終夜勞心焦思以求之。既得富貴，則患得患失，高爵厚祿猶不知退避，必至於殺身亡家而後已也。

　○宋儒不知格物二字，所以伊川先生說孟子才高，學之無可依據，學者當學顏子。以德論之，可依據者莫如孟子也。孟子說天理人欲說得分曉，所以德如今講功夫，就與孟子一般。別人講高深，我只講卑淺；別人講精細，我只講粗大；別人要識仁體，我只格形氣物欲。反似濯之江漢，暴之秋陽，磨之不磷，涅之不緇，南子可見，獵亦可較。

○伊川先生曰："大抵人有此身，便有自私之理，宜其與道難一。"此言説得極好，伊川先生雖不知格物功夫，而此言暗合也。

◎四勿 五條

○三戒四勿，皆孔子之言。但四勿説得密，兼物欲之大小而言之；三戒説得疏，乃在四勿中抽出物欲之大者言之。故德以發念處先遏此大欲，然後覺照些小功夫，即易易矣。此先後緩急之序也，非舍四勿惟遏三欲也。

○勿者，無也，莫也；戒者，慎也，警也。《易註》："洗心曰齋，防患曰戒。"論起勿戒二字，皆禁止物欲之辭，但戒字較勿字尤重，所以用此字于三大欲之上。如曰"少之時勿好色"，則其言緩矣。

○宋儒知此四勿功夫，作《四箴》，止因他不知格物二字，所以將此四勿中之三大欲通忽略過了。德非立門户也，蓋將孔孟要緊之言，表章申明之耳。伯夷之清，止不好得而已，即爲聖人之清，此等功夫可忽乎？故將三欲格了，查滓渾化，即聖人矣。

○如説"識仁體"，"致良知"，每日做功夫就不明不白了。正北溪陳氏所謂"枉誤後生晚進，使相從於天理人欲混雜之區，爲可痛也"。惟格此物，行三戒四勿功夫，則明明白白登堯舜周孔之堂矣。

○四勿功夫，細密行之，亦有捷法。如程明道以"無不敬，思無邪"二句作主也好，以"不愧于屋漏"一句作主也好，以"言忠信，行篤敬"二句作主也好，以"居處恭，執事敬，與人忠"三[①]句作主也好。此時時覺照捷法，通是聖人之言，但看我氣質之偏在何處，因病而藥，知其先後、緩急之序，斯可矣。大抵聖人之言，總歸于無欲。

---

① 三：萬曆本作"二"，據道光本改。

◎常觀浴沂舞雩氣象 一條

○此正反觀其喜怒哀樂未發氣象也。蓋行四勿細密功夫，雖有捷法，又要常觀"浴沂舞雩"氣象，則身心不至局促。宋儒自程子以後，其徒通把學講壞了，德爲此日夜痛息。龜山先生乃程子親授門人，傳至羅豫章，又傳至李延平。通觀喜怒哀樂氣象，延平先生乃曰："學問之道不在多言，但默坐澄心，體認天理，若見雖一毫私意之發，亦退聽矣。"此言至於今日數百年間，使天下學者皆化爲夷①，深可痛息。以此作功夫，即《易經·恒卦》"田无禽"，即仙家所謂"只將水火煮空鐺"者也。殊不知此非聖學也，乃釋氏閉城門功夫也。聖人之學，在於誠意上用功夫，先于懲忿窒欲。若延平此功夫，乃在誠意上一層。默坐澄心，無天無地，無人無我，無喜無怒，無哀無樂。何以能如堯、舜、禹治歷明時，誅四凶，八年於外？何以能如湯、武救民水火？何以能如周公坐以待旦，輔幼君，誅管蔡？何以能如孔子周流四方，欲行道以濟時哉？若延平此功夫，只在深山打坐，廢絕人倫可也。故學者行四勿細密功夫，又要常觀"浴沂舞雩"氣象。則功夫細密既不空疎，襟懷洒落，又不泥滯；既高出塵冥，又兩脚實地。正所謂"致廣大而盡精微，極高明而道中庸"矣。

◎過了人欲關就見伊尹氣象 一條

○行三戒四勿功夫，過了人欲一關，則襟懷灑落，就是"非其義也，非其道也，祿之以天下弗顧也，繫馬千駟弗視也。一介不以取諸人，一介不以與諸人"，"如其義也，如其道也，舜受堯之天下，不以爲泰"，"行一不義、殺一不辜而得天下，不爲"此等氣象了。周子教人志伊尹之所志，正在於此。

---

① 皆化爲夷：道光本改作"皆流爲禪"。

◎一理合于造化

○人欲既消，此身雖是血肉之軀，乃一團天理矣。既是一團天理，無一毫人欲之私，則能"與天地合其德，日月合其明，四時合其序，鬼神合其吉凶"，隨我素富貴、貧賤、患難、夷狄，只是此一理，即無入而不自得，是以"在上位不陵下，在下位不援上"。此心光明，如光風霽月，隨他萬事萬物紛紜，輵轕在前，吾性所發，足以有容，足以有執，足以有敬，足以有別，本諸身，徵諸民，考三王，俟百世以功業，則博厚配地，高明配天，悠久無疆，一貫之妙在此矣。

◎樂

○樂也者，學之成而手舞足蹈，不覺其皆道也。孔子所謂"知之者不如好之者，好之者不如樂之者"是也。蓋義精仁熟，則道即我，我即道，從容中道，從心所欲不逾矩。學必至於樂，然後爲學，若未至於樂，猶與聖學隔一關。

○此樂字，生知安行者有師指授，三五年即能領悟。若困知勉行者，必二三十年日積月累，執持既久，一旦融化，方知此樂也。不然，其不以登山臨水、歌兒舞女爲樂者，鮮矣。驟語此樂，未免説夢也。

◎總論

○大抵爲學有個初頭功夫，有個中間功夫，有個收拾功夫。初頭功夫，興於詩是也。蓋人之資禀不同，有生而知之，有學而知之，有困而知之；有安而行之，有利而行之，有勉强而行之。初頭之時，縱聖人之學，亦必有所感發興起。感發興起者，感發興起以爲善，欲明善復初，以爲聖人也，如"吾十有五而志於學"是也，如張横渠少時談兵，李延平少時豪勇，夜馳馬數里而歸，後皆發憤於正學是也。既有所感發興起，則必博學、審問、慎思、明辨、篤行，發憤忘食，好古敏求，斯有所執持。"立於禮"是也，"四十而不惑""四十不動心"是也。故曰"不學禮，無以立"。宋儒敬字在此處矣。執持既久，義精仁熟，習慣自然，敬字通融化了，"成於樂"是也。到了樂處，則查滓渾化，意象兩忘，"大而化之之謂聖，聖而不可知之謂神"矣。蓋心中斯須不和、不樂，則鄙詐之心入之矣。外貌斯須不莊、不敬，則易慢之心入之矣。故君子禮樂不可斯須去身。"致禮以治躬則莊敬，莊敬則威嚴"，"致樂以治心，則易直子諒之心油然生矣。生則樂，樂則安，安則久，久則天，天則神。天則不言而信，神則不怒而威"。所謂"天神"者，只是熟，莫知其然而然也。若終日只去執持莊敬，不去格物，則外貌雖莊敬，而中心實鄙詐矣。此"莊以涖之"次於"知"及"仁守"也。噫！非沈潛苦學者，惡足以知之？

卷三

入聖功夫字義

◎入聖功夫字義叙[1]

豫章王必恭

　　此入聖之梯航也。不知此，則莫知適從矣。先生接引後學，于《大學古本》《格物圖》《省覺》《省事録》之外，復作此《字義》。先生常曰："聖人可學，公卿難到。"讀此，則聖人果可學，特患人無志向爾。

　　先生之學，不立門户，惟以孔孟遺言表章之，又不求人知。自丁丑歲去客萬縣求溪注《易》，于今十三年矣。求溪在萬縣江之南，萬山之中，人孰得而知之？先生常對必恭曰："學者做工夫，急欲人知，此大病痛。"初入求溪之時，鄉人不知先生所爲何事，獨郭夢菊公見先生文集，謂先生《詩録》其文蔚然有陶、韋之風流，《學録》其理淵然，得薛、胡之正脉，他無所知者。先生既不求人知，且先生依乎中庸，無驚世駭俗之事。所以海内知先生者尚少，正所謂遯世不見、知而不悔也。宦蜀中者如撫巡徐華陽公、代巡喻吴皋公、孫肯堂公、何淵泉公、督學郭夢菊公、郭青螺公、分巡范羅岡公、張嵩淮公及府縣諸公，謂先生梁州高士者有之，清節可風者有之，東川高士者有之，三川高士者有之，天下高士者有之，孝廉經世者有之，清和入聖者有之，一代大儒者有之，天下一人者有之；以所居之室左爲皥皥窩，右爲嚚嚚榻者有之，以其堂爲

---

[1] 此叙萬曆本無，據道光本補入。

明道堂、悦我堂者有之；以先生人品絕似康節而才則十倍於康節者有之。諸公可謂知先生矣，然皆仰先生人品之高，欲一見先生而不可得者，恐猶未深知先生也。獨傅達吾公謂先生千載真儒，直接孔氏之傳，雖程朱復生，亦必屈服，乃深知先生者。蓋達吾公萬縣人。先生客萬縣求溪有年，凡先生一顰一笑，一言一動，肝肺中之事，達吾亦深知之。故達吾自謂爲先生之鍾子期者，此也。

必恭久聞先生有《入聖功夫字義》，屢次請見此書，先生笑而不答，至今年方得梓之。此《字義》與吾友李春讀之反復，蓋聖人復起不易其言者。如"明德"二字，舊時以爲虛靈不昧，先生獨曰：此五倫見之躬行，所謂"有諸己而後求諸人"者也。何也？所謂"平天下在治其國者"一節，乃釋經文"古之欲明明德於天下"一句也。當時親炙門人，已以老老、長長之五倫釋之矣。若虛靈不昧，安能明明德於天下也哉？此聖人復起不易其言者也。"格物"二字，舊時以爲窮極事物之理，先生獨曰："格物"二字，即"克己"二字也。當時之門人傳曰"苟日新，日日新，又日新"，非克去己私乎？"如切如磋，如琢如磨"，非克去己私乎？"克明""顧諟"，非克去己私乎？此聖人復起不易其言者也。"一貫"二字，舊時以爲一理而貫通萬事。先生獨曰：一字乃聖賢傳心秘訣之字也，始於堯、舜、文、武，非孔子之言也。蓋"惟精"即"格物"也，"惟一"即"此一"也。純一不已即此一也，所以孔子又曰"所以行之者一也"，又曰"天下之動，貞夫一者也"。夫以一而行天下之達道，以一而貞天下之動，非一貫乎？所以曾子明之以忠恕也。先生常與必恭曰：忠者，盡乎天理之心而不間以一毫人欲之私者也。一者，純乎天理之心而不雜以一毫人欲之私者也。忠字就此心於天理上盡了無虧欠說，一字就此心於天理上純了無夾雜說，曾子以忠恕明一貫者以此。所以不說吾道一理以貫之，止說"吾道一以貫之"。吾道一以貫之，雖不外乎理，然與吾道一理以貫之，其差別語意，即如"由仁義行，非行仁義也"之意。蓋一者，無欲也，渾身皆無欲也，即無意、無必、無固、無我也。若單說一個"一"字，則一字重而理字輕，五官百體皆說在其中矣。若兼說個"一理"二字，則理字重而一字輕，此身猶見得理，則五官百體與理猶分而爲二也。此毫厘之差，非死心學聖人者不能辨之。此聖人復起不易其言者也。先生又說：仁無義、禮、智、信則不爲仁矣，義無仁、禮、智、信則不爲義矣，禮、智、信亦然。故一性出而四性從之，五性不可缺一，猶五官五臟不可缺一也。此皆孟子以下無人發之者，此聖人復起不易其言者也。宜乎兩洲謂先生功不在禹下也。

　　先生人品甚高，每日獨坐，畫一《太極圖》於壁，時時坐蒲團玩之。此圖與周子不同，乃先生悟造化之理而畫之者。誅茅爲草堂，自名爲"快活庵"，以所飲之酒名爲"快活春"，所卧之榻名爲"九喜榻"。其學以無欲爲主，人品絕似孟子。楊兩洲見先生還，其友人問兩洲曰："瞿唐公何如人？"兩洲曰："不枉見有司，高談仁義，蓋再生之孟子也。"事伯兄即如事父。今年徐華陽公送銀十二兩，即分其半與伯兄。甘貧樂道，忘食忘憂，不知天壤之間有何富貴，真疏食水飲，樂在其中，而視不義之富貴如浮雲者。薛敬軒與陳白沙二公，凡宋儒有言之不是者，二公絕口不言，再不論其是非。獨先生與王陽明，有不是則辨之。先生常與必恭曰：此論天下公理之是非，非論其人品也。若摘人之短，言人之過，豈但非吾儒之事，蓋小人之尤者。若論公理，有何害哉？即孟子所謂"予不得已"，伊尹所謂"非予覺之而誰"，孔子所謂"弗明弗措"，有何害哉？譬之官道，天下之公路也，路有南北，或論當南行，或論當北行，此特論天下之公路耳，與人何相干哉？若先生與程朱同時，亦直諒多聞之友也。

　　先生之學，一字一句皆從心悟，見人則以"聖人可學"爲言。郭青螺謂先生心無區囿，學有淵源，蓋以此也。必恭既得《字義》捧讀，因問先生入聖功夫靜坐何如。先生曰：此一種功夫，乃程子因孔子"敬以直內""洗心退藏於密"此二句説，所以下此功夫。程子高明，不墮空寂，若他人不免有此病。爲學要行遠自邇，登高自卑，於人情物理上做工夫，自下學而上達矣。孔子之非禮勿視、聽、言、動；孟子之孝弟忠信，乃其的當功夫也。蓋無欲故靜，聖人立人極，不過無欲耳。若入聖在靜坐，則堯、舜、禹、湯、文、武、周公、孔子八聖人，皆如彌勒佛之閉目靜坐矣。

　　先生注《易》求溪，《程傳》《本義》，皆以《象》失其傳，皆言理而不言象。先生曰："《易》者，象也；象也者，像也"，此孔子之言也。《易》不知其象，《易》不注可也。求溪十年後，去游五岳，復至求溪，居一樓，十夜不寐，偶思"見豕負塗"一句，遂悟其象。常與必恭曰：《易象》未失其傳；《易》有錯、有綜、有互、有中爻，皆備於圓圖、《序卦》之中，特宋儒不潛心考究耳。先生之《易》，六十卦有二十與宋儒不同，三百八十四爻有一百五十爻與宋儒不同。如注"剛柔相摩，八卦相蕩"，"易知則有親，易從則有功"，遠非宋儒所可及。雖先生山林中近三十年，思之思之，鬼神將通之，然亦聖朝治化休隆，天啓文明，不借才於异代，若有神以助先生也。前年必恭去拜先生，先生正注《易》"亦要存亡吉凶"，明白親切，雖親授孔子口訣，亦不如是也。故孔子已後，知《易》者獨先生也。蓋先生原未讀《易》，先生之《易》，先畫《太極圖》而以《易》証之，則先生胸中原有《易》矣，故一見《易》而豁然也。易象與錯卦、綜卦，自漢儒歷有宋四大儒，及精其《易》如康節者，皆不能悟，先生獨悟之，則先生非親受業於孔子者乎？先生之《互、錯、綜三體自然圖》與伏羲之圓圖、文王之圓圖，此三圖者，皆天地自然之象數，歷萬古不磨者也。信乎千載真儒，直接孔氏之傳，雖程朱復生，亦必屈服，達吾公真先生之鍾子期也。

必恭於《字義》中，有發前賢所未發者，恐人忽略，借爲旁注標出，非敢阿私所好。古人云："東海有聖人出焉，此心此理同也；西海有聖人出焉，此心此理同也。"鳳毛麟角，先生雖不求人知，闇然日章，自有知先生者。刻成之後，因書數字弁諸首，以告天下不深知先生者。

◎躬行

○孔子曰："文，莫吾猶人也，躬行君子，則吾未之有得。"以孔子而猶曰"躬行君子，則吾未之有得"，況承學[①]乎？又曰："君子之道四，邱未能一焉"，"有所不足，不敢不勉，有餘不敢盡；言顧行，行顧言，君子胡不慥慥爾"。必至慥慥，此之謂實學。

[①] 承學：道光本作"學者"。

○聖人雖可學，無志者不必論矣，有志者豈能徑造？所謂躬行者，豈有別道，不過出孝入弟，人情物理上用功夫。張橫渠云："心中有所開，即便劄記。"近日薛文清公亦用此法，此便是四端擴而充之功夫。其次致曲功夫，劄記者，無非遏人欲而存天理也，無非克己，無非格物，無非寡欲，無非懲忿窒欲，無非求放心。將此種功夫時時覺照，戒慎恐懼，終食不違，有事勿忘，此之謂"慎獨"，此便是躬行漸次功夫。如此去躬行，久久成熟，美大聖神，自然馴至矣。非粗心浮氣即去躬行也。

○孔子曰："學之不講，是吾憂也。"講學者，所以辨理欲也。辨理欲，將來修德、遷善、徙義也，若不能修德、遷善、徙義，講之何益？又曰："學以聚之，問以辨之，寬以居之，仁以行之。"學、聚、問、辨者，正欲寬、居、仁、行也。使不寬、居、仁、行，學、聚、問、辨何益？又曰："修禮以耕之，陳義以種之，講學以耨之，本仁以聚之，播樂以安之。"耨者，薅草也。講學以耨之者，去其人欲也，不能本仁以聚，播樂以安，則耨之之功亦枉矣，耨之何益？所以王陽明說"博學之，即是行之功夫"，陽明之意，以不能行其學，猶未博也，其問猶未審也，以知行合一，異於宋儒在此，雖其言不免傷於快，然無非欲人躬行之意。

○學者若不能慎獨克己，躬行實踐，乃去終日講學，講之何益？如司馬君實，不講亦不害爲君子。若有文章無德行，則其文皆虛文，飾輪轅之虛車也，終何用哉？且如王介甫《臨川集》一百三十卷，婿蔡卞以其言與孟軻相上下。東坡謂王氏之文未必不善，而患在好使人同己。神宗在藩邸已聞其名，及即位，頒其所修《詩》《書》《周禮義》于學宮，以取士。新義既頒，一時學者無敢不傳習，而先賢傳注一切不用，天下皆習王氏之學以取科第。蔡京乃卞之兄，入相後，遂尊崇王氏，詔配享孔子。及政和三年，復追封爲舒王，又封子雱爲臨川伯，從祀孔子廟庭。但其人賦性狠愎有客氣，所以新法之行，附己者以爲通變，不附己者以爲俗學。就說"天變不足畏，祖宗不足法"，又說"今人未可非商鞅，商鞅能令法必行"，通不是話了。原其心雖未曾立心爲奸，然其性執拗，不能克去己私，安能從祀？故宣和之亂，龜山上言"今日之禍，安石啓之"，遂罷祀廟庭。正所謂"難將一人手，掩得天下目"也。又如《禮記》乃戴聖所纂，鄭康成注之，即所謂《小戴》也。唐貞觀初，以有功聖門，從祀孔子廟庭。戴聖在漢爲九江太守不法，何武爲揚州刺史，聖懼自免。後爲博士，毀武於朝廷，武聞之，終不揚其惡。而聖子賓客爲盜，繫廬江。聖自以子必死，武平心決之，卒得不死，自是聖漸①服。聖身爲贓吏②，子爲賊徒，縱有功聖門，豈可從祀？然貞觀從祀至今，近一千年矣。歷宋朝，無限名儒不能查出，至嘉靖庚寅議大禮，方罷祀，可見"難將一人手，掩得後世目"也。嗚呼！人之躬行，可不慎哉？故君子慎獨。

◎心

○心者，身之主宰。以氣論，心屬火，其脉絡通乎五臟百骸，故能爲一身之主。因屬火，火然物，故出入無時，莫知其鄉。

○心有形，有氣，有神。形者心之體也；氣者息之呼吸也；神者性也，附於心之仁、義、禮、智、信之理也。天所賦我之性，故有善無惡，但理附於形氣之中，即有善惡矣。

此二條論心字義。

○堯、舜分個道心、人心，論起來止是一心，無二心，然理附於形氣，不容不兩分矣。理附形氣之中，無聲無臭，不睹不聞，無依憑，有感觸方發見，故曰"道心惟微"。人所禀氣質之性，剛柔、善惡不同，若惟縱其耳目口鼻四肢之欲，則滅天理而窮人欲矣。心之所思所想者，皆行險僥倖之事，豈不危殆。故曰"人心惟危"。故常人爲形氣所勝，道心遂不發見矣。雖天理之在人心，未嘗暫息，然暫時發見，暫時昏蔽，惟聖人則無形氣之私，純是天理，所以常人多而聖人少也。

○堯、舜教人以"精一"功夫，無非教人去形氣之人欲，而存天命之天

---

① 慚：道光本誤作"漸"。
② 贓吏：道光本作"賊吏"。

理。精字從米，以一字論之，一對二言，一是米，二是莨稗、糠秕。精以擇之者，擇去莨稗、糠秕而存米也。以精字論之，精對粗言，一是熟米之潔白者，精是舂得熟，簸揚得净也。二説不同，然要之皆去人欲而存天也。

此二條堯、舜論心之祖。

○是心也，自其爲一身之主曰大。孟子曰："先立乎其大"，"從其大體爲大人"是也。凡人稱所生之父爲大人，是尊此心爲親也，又稱爲天君，是稱此心爲君也。以官爵論，曰良貴，曰天爵，充之曰美，曰大，曰神，曰聖，是天地間之至尊至貴者。此心也，而人之至尊至貴者，亦莫過此心之仁義道德也。守之既貴，行之又利，廓之配天地，故喪其心而不知求，宜乎孟子哀之。周子亦云："聖賢非性生，必養心而至之。"明道先生亦云："人於外物奉身者，事事要好，只有自家一個身心却不要好。苟得外物好時，却不知道自家身與心却已先不好了。"故聖人行一不義，殺一不辜而得天下不爲者，以心重於天下故也。

此一條論心尊貴。

○孟子曰："人之所以异於禽獸者幾希"，所以异之者，此心也。若喪失此心，違背天理，無仁無義，不孝不弟，即禽獸矣。雖身都將相，金穴財山，與此心何加損哉！王陽明亦云"若違了天理，便與禽獸無异，便偷生在世上千百年，也不過做了千百年禽獸"者，此也，正孔子所謂罔生。

此一條論喪心。

○不可在一顰一笑、一步一趨上學聖人，只在心上學。若要説如何"温而厲"，如何"威而不猛"，如何"恭而安"，如何"申申如也"，如何"夭夭如也"，如此去學聖，就差了。

此一條言學聖在心。

◎志

○志者，心之所之。如我心要想行到某處，必要忙忙行到，方是志，若心要想行到某處，却又説行不行，或行得緩，就不是志了。故有志聖學，而不能躬行得到者，終是志衰。

此一條論志之字義。

〇孔子曰："吾十有五而志於學，故能從心所欲不逾矩。"則志學之日，已不逾矩矣。孟子曰："志之所至，氣必至焉，故曰舜爲法於天下，可傳於後世，我猶未免爲鄉人也。是則可憂也，憂之如何，如舜而已矣。"故能養浩然之氣，充塞天地，則志之所至之時，已充塞天地矣。朱晦庵幼時，韋齋先生授之《孝經》，晦庵一閲，封之，題其上曰："不若是也，非人。"則晦庵幼時立志，已非凡品，故學者莫先於立志。

此一條論古聖賢自幼立志之大。

〇有一樣人，少小未曾立志，乃因跌蹶，或因困窮，偶然發憤而立志者。如越王勾踐，因敗於吳，棲於姑蘇①，遂臥薪嘗膽，夏月持火，冬月持水，其立志如此，後遂擒吳，故曰"勾踐事吳"。班超少有大志，傭書養母，乃投筆嘆曰："大丈夫當立功异域，以取封侯，安能久事筆硯乎？"左右笑之。超曰："小子安知壯士之志！"後果出征西域，封定遠侯。蘇秦家貧，不禮於嫂，發憤讀書，欲睡，引錐自刺其股，血流至踝，後相六國。故曰蘇秦之相六國，家激之也。蘇秦爲人固不足道，某寫此，止見古人如此發奮也。

此一條言古人立志發奮取富貴雪耻。

〇有因蒙大難而發憤立志爲文章者，如司馬遷因宮刑遂修《史記》，成一家之言，至今謂之遷史。觀其《報任少卿書》，曰："文王拘而演《周易》；仲尼厄而作《春秋》；屈原放逐，乃賦《離騒》；左邱失明，厥有《國語》；孫子臏脚，《兵法》修列；不韋遷蜀，世傳《吕覽》；韓非囚秦，《説難》《孤憤》。此皆人②意有所鬱結，不得通其道，垂空文以自見。"觀司馬子長此書，則古人皆有所感激，立志爲文章可知矣。

此一條言古人立志發奮爲文章。

〇人之氣質不同，志向因之不同，故有志道德者，有志功名者，有志富貴

---

① 姑蘇：應是"會稽"之誤。
② 皆人：道光本作"人皆"。按：司馬遷《報任安書》原文作"此人皆意有所鬱結"。

者。以三等評論之，道德上矣，立功名者次之，富貴又其次也。然人情多愛富貴，孔子亦曰"崇高莫大於富貴"，又曰"富與貴，是人之所欲也"，是聖人雖絕學，亦未嘗不近人情也。然志於道德，豈貧賤之人方可志，而功名富貴者即不可志哉？是道德未嘗礙功名富貴也。且如堯、舜爲天子，富貴矣；堯、舜則開精一之秘，其仁如天，其德好生，無往而非道德，乃得其位，得其禄，得其名，得其壽，後之聖人皆祖述之，是道德未嘗礙天子也。至於商紂亦爲天子，乃力行無度，穢德彰聞，崇信奸回，放黜師保，所爲者皆反道背德之事，豈不爲天下僇哉？周公與曹操皆爲宰輔，以輔幼君。周公則思兼三王，以施四事，夜以繼日，坐以待旦，皆道德之事，是道德未嘗礙宰輔也。至於曹操之爲宰輔，爲鬼爲蜮，至今稱周公爲聖人，而罵曹操爲奸鬼，豈曹操亦未嘗行一不義，殺一不辜，而天下後世亦謂之奸鬼哉！看來栽培傾覆，皆存乎其人爾。蓋道德存乎我，富貴存乎天。使我有此富貴也，雖千方百計辭之而不能去。使我無此富貴也，雖千謀萬巧招之而不能來。而乃既得富貴，背去道德，愚亦誠甚矣。故富貴之人，不可志向之錯。（通是名言。必恭云：當書紳。）

此一條言人志向有三等，道德未嘗礙人富貴，既得富貴之人，還當志道德，不可立志之差。

〇聲名、財利，多能奪人之志，故曰"賢而多財，則損其志"，豈但聲名、財利能奪其志，至於小事亦然。程明道亦云："子弟凡百玩好，皆奪志。至於書札，於儒者事最近，然一向好着①，亦自喪志。如王、虞、顏、柳輩，誠爲好人，則有之。曾見有善書者知道否，平生精力一用於此，非惟荒廢時日，於道便有妨處，足知喪志也。"

此一條聲名、財利、凡百玩好皆能喪人志。

〇人未有無志而能成其事者。自古人班超、司馬子長諸人觀之，或有志立功异域，或有志爲文章，成一家之言，皆能成其志，而況於心學乎！若有志於心學，既不至异域費我之力，又不做文章費我之心，又况仁、義、禮、智、信乃我之固有，又不俟外求，吾惟慎獨，遏人欲以存之而已，（皆令後學者悟之言。）

---

① 着：道光本作"看"。

此功夫又簡易不煩瑣。孔子曰："易則易知，簡則易從；易知則有親，易從則有功；有親則可久，有功則可大；可久則賢人之德，可大則賢人之業。易簡而天下之理得矣。（此等處皆非所易知。）天下之理得，而成位乎其中矣。"又不勞攘費思慮。孔子曰："天下何思何慮？同歸而殊途，一致而百慮。"天下何思何慮，又不似禪家離了父母，捨了妻子，斷了酒肉，去荒山野箐終日端坐，左右在人情物理、五倫上做功夫，又尊貴不卑污，故曰"富莫富於蓄道德，貴莫貴於爲聖賢"。人能得此種功夫之味，識此種學問之趣，雖隋珠在前，趙璧在後，亦莫之顧也。故緇視珠玉，塵視冠冕，（必恭云：功夫到樂處方能出此言。）而乃曠安宅而弗居，舍正路而弗由者，無非欲肆其耳目口鼻四肢之欲爾。

此一條言志心學之易，志心學之尊貴。

○即今科舉之士，雖有司呼喝搜檢，披髮以相見，與三代之士邈乎不同，有志者必鴻冥鳳舉，然時勢不得不然耳。鴻冥鳳舉者，豈多見哉！爲今之士，若於平時肯講究如何而中和，如何而天地位、萬物育，如何而格、致、誠、正，如何而修、齊、治、平，誦詩讀書，做舉業以應舉，凡一切升沈得喪，俱置之不問。及爾登第之後，將平日所講究學問舉而措之，則登第者，乃仁義道德之舟車也，何人不可成？何聖賢不可做哉？即今薛文清公、王文成公，豈不登第，豈不居高位，而二公皆爲名儒，是科舉亦未嘗累人也。今則不然，入塾之時，師之所教者，富貴也；士之立志者，富貴也；父母之所望者，富貴也；妻子、親戚之所欣慕誇張者，富貴也，也不知心學爲何物。及爾登第，果然紆金曳紫，聲勢赫耀，不惟士之志已遂，而父母、妻子、親戚之志願亦遂矣。一旦物故，與草木同其腐朽。回視薛、王二公，千年萬年不死，皆在天上矣。二公且不能及，又何望其堯、舜、周、孔之聖人哉！有舟而不能載仁義道德，有車而不能駕仁義道德，可嘆，可嘆！可惜，可惜！

此一條嘆科舉之士不肯志心學。

◎太極

○極者,至也,無以復加也。若可復加,是不及矣;若過於極,是太過矣,皆不可以言太極。所謂"上天之載,無聲無臭,至矣"是也。

○在造化上言理,曰太極,離不得天地萬物,離了天地萬物,是老莊之説矣。在人所賦之理,曰至善,曰厥中。若在造化曰至善、曰厥中,説不通矣。其實理無二理,人與造化一而已矣,特命名不同爾。

○周子恐人認太極爲有形之物,故曰"無極"。朱子與陸子因此二字,講幾年,講千萬言。陸子説周子不是,朱子説周子是。講到臨①了,朱子云:"我日斯邁,而月斯征。各尊所聞、各行所知亦可矣,無復望其必同也。"陸子答云:"尊兄遽作此語,甚非所望,願承②末光,以卒餘教。"古人爲一字一義其爭辨如此,非如今人,苟且就過,其實周子加"無極"二字無害。

此三條論太極名義。

○太極之理,在天地即"月印③萬川"之意。譬之於樹,有一樹之太極,有一枝葉之太極,有一花一實之太極,有華於春樹之太極,有華於夏樹之太極。何也?蓋凡物皆有元亨利貞,物必初然④萌芽而生,既生了方長,長了又既而衰變,又既而剥落,歸根復命。到了歸根復命,貞下又起元矣。故春夏秋冬之樹,皆有太極。故曰"一物原來有一身,一身還有一乾坤",故有終古之太極,有萬年、千年、百年之太極,有十年之太極,有一年之太極,有一晝一夜之太極。

此一條言天地萬物統一太極。

○太極雖理,離不得氣。周子説"太極動而生陽,靜而生陰",此二句本於孔子"易有太極,是生兩儀"此二句來。不是有太極方有動靜,太極即含動靜,動靜乃太極之本體。生陰生陽,乃太極之流行也。陽極于六則陰生,陰極于六則陽生,故五行旋相爲本。冬水爲春木之本,春木爲夏火之本,夏火爲中

---

① 臨:萬曆本作"零",據道光本改。
② 承:萬曆本誤作"永",據道光本改。
③ 印:萬曆本作"應",據道光本改。
④ 物必初然:道光本作"物之初必"。

土之本，中土爲秋金之本，秋金爲冬水之本。五行旋相爲竭，春木竭冬水之氣，夏火竭春木之氣，中土竭夏火之氣，秋金竭中土之氣，冬水竭秋金之氣。爲母者，以氣爲本而生其子；爲子者，因生而又竭母之氣。一死一生、一代一謝，遂成四時，此太極自然之氣也。

此一條論太極之氣。

〇既有形氣，即有象數。天一地二，天三地四，天五地六，天七地八，天九地十，此天地自然之定數也。天數五，地數五，天地之數五十有五，此所以成變化而行鬼神。聖人參天兩地而倚數，倚者，依也，參其天而兩其地，則五矣，言數必依五而起也，故天地之數必成於五。天地之數以五而對，對其五則十矣。何以天地之數成於五？蓋天一生水，地六成之，故《河圖》一六居北；地二生火，天七成之，故二七居南；天三生木，地八成之，故三八居東；地四生金，天九成之，故四九居西；天五生土，地十成之。故五十居中，此《河圖》自然所居之位也。（天地五行，逢五即成。此處必先生口授方可。）何以天地之數對於其五？如天一生水，地六成之，是一對六也。故一對六，二對七，三對八，四對九，五對十，至十而止，此《河圖》自然各對之數也。數之對既至十而止，以十計之。一者，八卦太陽之位也，然不及于五，不成其數，二、三、四皆然，除其一則九矣，故九爲太陽。二者，八卦少陰之位也，除其二則八矣，故八爲少陰。三者，八卦少陽之位也。除其三則七矣，故七爲少陽。四者，八卦太陰之位也，除其四則六矣，故六爲太陰。此四象也。周公定六爻，不曰陽而曰九，不曰陰而曰六者，以一、二、三、四雖是陰陽，不及其五，不成其數，所以以九爲太陽，以六爲太陰也。以四象分之，陽每一象得其九，四九得三十六數；陰每一象得其六，四六得二十四數。以六爻分之，陽每一爻得三十六，六爻得二百一十有六矣，故乾之數二百一十有六；陰每一爻得二十四，六爻得百四十有四矣，故坤之數百四十有四。乾坤共三百六十數，乃一年之數也。六爻雖周公所定，然陽極于六，陰極于六，乃自然之數，非周公安排。又以六十四卦六爻分之，陽爻百九十二，每爻三十六，得六千九百一十二數；陰爻百九十二，每爻二十四，得四千六百八數。乾坤共萬有一千五百二十，當萬物之數。此加一倍法，孔子言之，邵子得之，引而伸之，觸類而長之者，此也。此太極自然之數也。

此一條言太極之數。

○故有此形氣，即有此象數。有此象數，雖天地且不能逃，而況於人乎？人初生時，既有此形氣，即有定數，一死一生，一富一貴，一貧一賤，一行一止，一飲一啄，皆其定數。姑引一人言之，如鄧通爲黃頭郎，既爲黃頭郎，決不能富貴矣。不料文帝一夕夢登天，未得上，有一黃頭郎從後推之，遂上，顧見其衣後穿。及覺，而之漸臺，見鄧通形貌與夢中相合，衣後亦穿，即寵幸之，擢爲太中大夫使之貴，賜銅山使之富。自古富貴寵幸之人，有因技藝而得者，有因便佞善承奉而得者，有因才能而得者，有因外戚而得者，今皆無所因，乃夢而得，豈非一定之數耶？既得富貴，宜乎不貧賤而餓死矣，後景帝時下吏，依然餓死。可見一定之數不能逃也。（有此櫺柄，所以先生棄功名如草芥。）

此一條言人有一定之數不能逃。

○生出聖人出來①，知天地間有此氣，有此數，有此太極之理，故不於氣數上做功夫，乃於太極之理上做功夫。故在天地謂之太極，在聖謂之一貫。有此太極，故萬物從此出；有此一貫，故萬應從此出。故聖同天。

此一條言聖人能體此太極之理。

○常人則於形氣上做功夫。口之於味也，目之於色、耳之於聲也，鼻之於臭也，四肢之於安佚也，皆欲遂其所欲，必欲②要個富貴方能遂此欲。所以舉世之人求此富貴，奔忙到白首，至於殺身、亡家而不止者，無非奉承此血肉之軀耳。殊不知既有形氣，則有象數；既有象數，則有成有敗，有聚有散，有吉有凶，有禍有福。所以某常說古今繼體之君，止知一個安字，不知一個危字；古今宰相止知一個進字，不知一個退字；古今積財之人止知一個積字，不知一個散字。惟其不知危字，所以不善於危；惟其不知退字，所以不善於退；惟其不知散字，所以不善於散。（見到此，所以先生胸中湛然無欲，必恭云：又省悟一番。）

此一條言常人惟於太極形氣上做功夫。

○自科舉之學興，讀孔子之書者，也不知心學爲何物。朱子集《近思錄》，

---

① 生出聖人出來：道光本作"生出大聖人來"。
② 必欲：道光本作"必須"。

人乃譏之曰："入太極在篇首，是遠思，非近思矣。"殊不知人不知太極之理，則不知理之本原，何以講學？

此一條言學者當知太極。

◎命

○命者，令也。在尊者教令乎下方，可曰"命"，故曰天命，曰君命，曰父命。朱注謂"天以陰陽五行化生萬物，氣以成形，而理亦賦焉，猶命令也"是也。

此一條言命字義。

○此命字有三義。"天命"之"命"，以命令而言也，莫非命也；"生死有命"之"命"，仁之於父子也，義之於君臣也；"命也"之"命"，以命數而言也。然命數有兩般不同，"莫非命也""死生有命"之"命"，以命數之貧賤、富貴、夭壽、窮通而言也；"仁之於父子也，義之於君臣也，命也"之"命"，以命數之稟氣、清濁、厚薄、上智、下愚、賢否而言也。北溪陳氏亦常辨之矣。

此一條言命字有三義。

○然命字之義不同，何也？蓋天以陰陽五行化生萬物，萬物得化生之後，即有形象矣。有形象即有一定之數，所以"天命"之"命"，以命令而言也。萬物受形之後，以命數而言也。以命言者，兼理與氣而言也；以數言者，專以氣言也。

此一條原[①]命字不同之義。

○如以氣化論，"天下雷行，物與无妄"，當春發生之時，是命令也，百草萬木皆於此時萌芽矣。但萌芽之後，有在地之肥處者，有在地之瘠處者，肥處長得快又長得大，瘠處不免遲而小矣。又或在陰厓，日所不到之處，又加之以

---

① 原：疑當作"言"。

地瘠，則較之地瘠之處又遲而小也。故雷行物與，命令雖同，而草木受氣之後，有此數等不同也。

　　此一條言命之氣化不同。

　　○如以形生論，男女構精，萬物化生。女受男氣之時，是命令也，及受氣之後，一成其形，則有數矣。所以氣數不同也。故人之生有同年、同月、同日、同時，而貧賤、富貴、夭壽、窮通、智愚、賢不肖不同者，蓋因父母之剛善剛惡、柔善柔惡其形性不同，子遂因此不同，一也。又或父精母血受氣足與不足，其不同，二也。又或有鍾天地古今之氣運者，如五帝、三王、周孔是也，或有鍾天下一時之氣運者，或有鍾一方、一郡、一邑之氣運者，其氣運不同，三也。又如人受父之氣多，則形貌與父同，受母之氣多，則形貌與母同，或與母之兄弟同，皆一氣故也。天地乃萬物之大父母，則人所居之地方即父母矣。或所居之地山川秀特，或山川醜惡，人居於此方，目之所視，耳之所聞，足之所履，口之所飲食者，此方水火之熏蒸，草木之滋味，日夜之所長養者，皆在此方。又或父母祖宗骨血皆埋藏此方，則其氣之所通，亦猶受父之精、受母之血矣。所以山川秀特者出人亦秀特，山川醜惡者出人亦醜惡，故太平之人仁，丹穴之人智，太蒙之人信，空同之人武，風土不同故也。故橘逾淮而北爲枳，鸜鵒不逾濟，貉逾汶則死。物且如此，而況於人乎？此不同四也。故受父母之氣雖同，而受氣之後有此四者不同矣。（同年、月、日、時而窮通壽夭不同者，讀此段了然明白矣。必恭亦了然。）

　　此一條言命之形生不同。

　　○聖人則以天命我之理，"全而生之，全而歸之"。故盡心知性以知天，存心養性以事天，而至於我之形氣，惟夭壽不貳，修身以俟之而已。故曰"居易以俟命"，故曰"道之將行也與，命也；道之將廢與，命也"，故曰"莫非命也，順受其正"，故曰"進以禮，退以義，得之不得曰'有命'"。近日虛齋先生亦曰"命好德不好，王侯同腐草。德好命不好，顏回任貧夭"，亦此意。人之修身能如此，惟知其理而不知其形氣，則宇宙在我之手，命自我立，謂之"自造其命"，命之不好者亦好矣。如莆田黃伯固、合州鄒立齋二公，皆夭而無子，然二公皆爲千古之人，是無子而有子，無壽而有壽也。又如國家大難，當捐其軀，乃過涉滅頂，可謂命之極不好矣，然殺身成仁，舍生取義，此之謂雖禍亦福也。如安禄山反，令狐潮圍張巡城四十餘日，以天道誘之。張巡曰："君未識人倫，焉知天道？"此雖孔門名儒之言亦不過此。後雖力竭城陷，然成仁取義，有何愧哉！此亦命不好亦好之一端也。若偷生一時，不免遺臭萬年①，天下古今豈有長不死之人？近日忌陽明先生者，謂先生始赴濠約，後持兩端，遯歸，爲伍太守強留，會濠攻安慶不克，乘其沮喪，幸而成功。陽明先生一代大儒，豈反不如張巡知"未識人倫，焉知天道"哉？蓋應變有術，縱赴濠約，亦兵家之術也。豈不聞《夬》之"獨行，遇雨若濡，有愠"乎？（必恭云：此一段方服倒忌陽明之人。）王允之于董卓，溫嶠之于王敦，顏杲卿之于安禄山，皆用此術，縱約無害也。若無而強誣一代之大賢，其心亦太毒矣。然功高人必忌之，忠肅虞公，采石之戰，以八千卒却金虜兵四十萬，其功可謂偉矣，而忌之者猶曰適然，則忌人功者亦古今常事也。若常人不知天命之理，惟奉承天命之形氣，命窮者只欲其通，命貧賤者只欲其富貴，奔忙至死，及到終身之時，命窮者依舊窮而貧賤，命通者依舊通而富貴。人身便是銅，造化便是炭與火，命原是鍾，造化鑄你一個鍾，命原是磬，造化鑄你一個磬。百年之間，其中可憐有許多齟齬，許多伎倆，將心術通壞了，依然只由造化，由不得人心所願。造化有知，豈不一笑？張乖厓云："應被華山高士笑，天真喪盡得浮名。"果然爲此浮名虛利，將天真都盡喪。（令人心痛。）

此一條言聖賢君子能盡天命之理，而常人則惟奉承天命之形氣。

〇故天之將降大任於人，必令他受其苦，方增益其所不能。如孔子少孤，爲大聖。李密少孤，母適人，爲孝子。范希文少孤，母適朱，遂姓朱，祥符八年進士朱悦是也，後爲兗州推官，（此先生讀書多處。）方復姓，更名范仲淹。所以《更名表》云"乘舟偶效于陶朱，入境遂同于張禄"，蓋以范蠡、范雎比之也，爲名宰相。衛青少爲騎奴，爲名將。古今少孤苦而爲豪杰者非止一人，略引此以見命不好而能立命者之一端也。

---

① 萬年：萬曆本作"千萬"，據道光本改。

◎性

○自孟子説性善，性字已講明矣。宋儒曰："性即理也，理則自堯、舜至於塗人一也"，又分個"氣質之性"，則性字難①明矣。

此一條言性之字義。

○堯、舜説個道心、人心，則即分天地之性、氣質之性矣。至横渠云："形而後有氣質之性善，反之則天地之性存焉。故氣質之性，君子有弗性者焉。"此言發孟子所未發，已説盡矣。蓋天地之性，自道心一邊而言也，無聲無臭，形而上者也，理也，道也。氣質之性，自人心一邊而言也，有形，有象，形而下者也，氣也，器也。理附乎氣，器寓乎道，本不相離。若以一而言之，理即氣，氣即理，道即器，器即道。若以兩而言之，寓乎軀殼之中者純是天理，故曰性善，若軀殼則因人所禀氣質有剛柔善惡，即有善有不善矣。

此一條言性分天地之性、氣質之性。

○氣質之性有善有惡者，皆因人之所禀。聖人禀得天地中和之氣，氣生得清，質生得粹，所以生下來就不雜於形氣，就能生知安行。然生知安行中又有分兩不同，如伯夷之清、伊尹之任、柳下惠之和、稷之稼穡、夔之樂、皋陶之刑，一節皆生知安行，而不能兼通。譬之於天，春生與天同，而不能兼乎夏長；秋斂與天同，而不能兼乎冬藏。惟孔子貫乎四時，所以古今獨稱孔子爲"聖之時"也。賢人則清濁相半，必要加善反之功。下此困知勉行者，必人一能之己百之，人十能之己千之，方反得過來。如薛文清公生時，五臟露如水晶，其清透骨，有此异質，所以爲名儒。以藝論之，如倉頡之字，蔡倫之紙，皆一節之聖，皆天所生氣質一節之人于聖者。

此一條言人氣之性聖愚不同。

○性即理也，心統情性，則心即性也。聖賢説話，有將人心通作理説者，如言"仁，人心也"，"盡其心，知其性"，"存其心，養其性"，通作理上説。

---

① 難：萬曆本作"惟"，據道光本改。

此一條言心即性。

○人心有出入存亡，性無出入存亡。性者與生俱生，與形俱形，不以堯存，不以桀亡，我固有者也。何以見得不以堯存，不以桀亡？且如孺子將入井，一街一市，人無大無小通驚惶，皆有怵惕惻隱之心。豈一街一市之人，無大無小，通皆堯而不皆桀哉？性無出入存亡，于此可見。

此一條言性無出入存亡。

○性字上加不得功夫。《易經》"閑邪存其誠"，是言聖人已具真實無妄之理，而又閑邪，乃純一不已之心，無斁亦保之意。至若學者惟操存此人心，戒慎恐懼，時時覺照，使不放失，就是存天理功夫。蓋此性此理本純粹至善，無聲無臭，又增他不得，又減他不得，又污濁他不得，惟人欲遮隔，就不能發見矣。所以遏人欲即所以存天理也。譬如日月，何等光明，偶被雲霧遮隔，就不明白，雲霧一開，依舊光明。人欲譬之雲霧，有聚有散，做得功夫。性譬之日月，做不得功夫。所以某常說不當依程明道要識仁，王陽明要致良知，還當依孔子。蓋仁、智無聲無臭，原無面目，何以識得他？何以致得他？（必恭云：果然識不得，致不得。）孔子有明訓："克己復禮爲仁"，"物格而後知至"，只是克己、格物，遏了人欲，仁、智即發見矣，何必于仁、智上求？所以子罕言仁，又曰"好知不好學，其蔽也蕩"。孔子未嘗教人識仁，教人致良知也，還依孔子，何等穩當！（必恭云：程、王二公亦必屈服。）

此一條言性上做不得功夫。

○何以盡性，即盡人物性而與天地參。蓋性者，天地萬物之一原，天地萬物止有此一個太極之理，止有此性，特人與萬物分散之耳。所謂"萬物體統一太極，一物各具一太極"也。我能盡此性，則我即天地矣。即"易簡之理得而成位乎中"之意。說個參天地似甚大，其實盡了性即了手。

此一條言盡性之能事。

○五性本于五行。人乃天地之心，陰陽之會，鬼神之交，所以五行之性，通寓于人身軀殼之內。若分言之，仁屬木，木在春生，木其形也，春其氣也，仁其神也。春有發生之意，故曰仁者心之生理。生即有愛之意，故仁主於愛。父母乃生我者，故愛莫大於愛親。故宰予欲短喪，孔子曰："予之不仁也！"故曰："仁之實，事親是也。"愛即有惻隱之意，故發之情爲惻隱。有惻隱之心，必能行不忍人之政，故"體仁足以長人"。因春在四時之首，故曰"元者，善之長也"。使無春，安能有夏、秋、冬？故仁包四德，故曰："《乾》，元者，始而亨也；利貞者，情性也。"此之謂仁之性。（千古之儒，説仁親切無過於此，此便是識仁。）

○仁乃吾性。性者萬物之一原，故仁者以萬物爲一體。既爲一體，所以醫家以一身之痿痺，氣不到者爲不仁。故"一日克己復禮，天下歸仁焉"。以仁乃人所性而有，人人皆具、人所同然故也。

○釋氏以慈悲爲本，梁武帝以麵爲犧牲，豈不是仁？但廢了禮，又不是仁了，又是私了。故曰"禮儀三百，威儀三千"，無一物而非仁也。

○仁故主于愛，但勢有所不及，亦不能行之。如下井救人，子貢博施濟衆之類，皆勢所不及者。又如天旱，家中糧食止可養父母，救不得外人，外人縱當面餓死，此心見之亦有所不忍，然亦無如之何，皆勢所不及。（説仁親切處。必恭云：不忍釋手，不容不點。）故曰："夫仁者，己欲立而立人，己欲達而達人。能近取譬，可謂仁之方也已。"聖人之仁，心雖無窮，而勢則有限。就譬如日月一般，日月無私，照萬國九州，照得到者，皆其所照，照不到者，日月亦無如之何也。如陰崖草木，日月年年月月照不到，亦勢所不及矣。如必要照得到，就是私了。如今人不敬父母，而反去奉佛者，通是一團私。

○禮屬火，火旺于夏，火其形也，夏其氣也，禮其神也。萬物齊乎巽，相見乎離，萬物在此長養潔齊，有齊整相會之意。故曰："亨者，嘉之會也。"大大小小草木通暢茂，有三百三千禮儀威儀之意。火不可近，故禮主於嚴。相見必相敬，故禮發乎敬。

○義屬金，金旺于秋，金其形也，秋其氣也，義其神也。秋萬物摇落，又金堅，有斷割之意，又萬物美利告成，有宜於人之意，故曰："利者，義之和也。"

○智屬水，水旺于冬，水其形也，冬其氣也，智其神也。水能照物于內，故有知是非之意。又冬嚴凝，有貞固之意。

○信屬土，土貫乎四者之中，所以《河圖》《洛書》，土皆居中也。土有敦厚篤實之意，故信者土之神也。所以《臨卦》《復卦》《艮卦》曰"敦臨"，曰"敦復"，曰"敦艮"者，皆因《坤》土《艮》土也。（引証更切。）

此數條分而言五性。

〇若以五性合而言之，不過一理。譬如一座城，開東門，自東門而出者，仁也；開西門，自西門而出者，義也；禮南、智北亦然。四端發見，就譬如人之五官、五臟不可缺一。以仁言之，仁無禮則爲①，以麵爲犧牲，非仁也；無義則不能裁割斷制，流于兼愛，非仁也；無智則下井救人，其蔽也愚，非仁也。以禮言之，禮無仁則儀文雖具，情意不相洽浹，非禮也；無義則品節儀文不得其宜，非禮也；無知則冥行妄作，非禮之禮，非禮也。以義言之，義無仁則斷割傷于慘刻，非義也；無禮則裁制之間無天理節文，非義也；無智則凡事不知輕重權度，非義也。以智言之，智無仁則以揣度過察爲明，非智也；不節之以禮，裁之以義，則必以索隱爲智，其蔽也蕩，非智也。以信言之，仁、義、禮、智、無信則四者皆僞矣。信無仁、義、禮、智，是尾生之信，其蔽也賊，非信也。因五者不可缺一，所以孔子告顏子問仁，而曰"克己復禮爲仁"，言仁而及於禮。子張問仁，孔子告以"恭、寬、信、敏、惠"，言仁而及於恭與信。故曰"立人之道曰仁與義"，故曰"仁者見之謂之仁，智者見之謂之智"，（必恭云：孔孟以來儒者未說到此。）故曰禮"可以義起"。因說一個，五個通在裏頭，所以單言也可，總言也亦可。（必恭云：此一段發孟子所未發。）

此一條言五性不可缺一，合而言五性。

〇五性金、木、水、火、土，有形，有氣，有神。人于金、木、水、火、土，形上用功夫者，宮室之美，妻妾之奉，所識窮乏得我是也；氣上用功夫者，求仙而欲長生，求佛而欲不生不滅是也；神上用功夫者，君子所性，根於心，生於色，晬②於面，盎于背，施於四體，四體不言而喻，堯、舜、周、孔、孟軻是也。形上用功夫者，朝華夕落；氣上用功夫者，水中捉月；惟神上用功夫，則以萬世爲土，與天地同不老矣。常笑李德裕（讀之令人汗出）《平泉莊記》云："鬻平泉莊者，非吾子孫也。以一石一樹與人者，非佳子弟也。吾百年後爲權豪

---

① 爲：道光本作"將"。按：疑是"僞"字之訛。
② 晬：萬曆本作"粹"，據道光本改。

所奪，則以先人所命，泣而告之。"而不知身死數年之後，皆化而爲烟，散而爲霧矣。此形上用功夫，朝華夕落之驗也，作此記，出此語，可謂愚之甚矣，反爲識者所笑。然古今之愚，豈獨一李德裕哉？於此又見蕭何之賢。（必恭云：達吾公謂先生千載真儒者在此。）

此一條言獨聖人於神上用功夫。

◎良知

○孟子曰："人之所不慮而知者，良知也。"既然説"不慮而知"，則"夫婦之愚，可以與知"，不慮也。常人不慮也，賢人不慮也，聖人不慮也。今説致良知，"致"字有功夫，則又是慮而知矣。蓋良知本我固有，特物欲有所蔽錮，則良知不能發見。故聖人先教人格物，格去其物欲，則良知自然發見矣。物欲者，即"有所忿懥""有所恐懼""有所好樂""有所憂患"之物欲也。有此物欲，則良知皆遮蔽矣。

○良知即五性中之智也，乃天理也，發而爲是非之心者，此也。即"誠明"之"明"也，所以説"自誠明，謂之性"，言有實理。自有此實知，乃不假修習所性而有者也。蓋實理中原有明，天之所命者如此，聖人之完具者亦如此，故謂之性。未能有此實理者，必明方能誠，蓋未能有此實理，即有私欲矣。必去此私欲，復其實理之本體，方能明而誠，故曰"好學近乎智"。好學者，擇善之功也，即"講學以耨之"也。耨之者，去其草也。去其草則嘉禾自長養矣。

○譬如居官清廉，一介不取諸人，雖愚人亦知其好官，豈但居官者自知之。是清廉之官，人皆知其好官者，乃是非之心，不慮而知，良知也。但有所好樂，好樂妻妾之奉、宮室之美，有所憂患，憂患子孫無大財産，所識窮乏無以得我，即污濁不做好官，而良知盡喪矣。若要做好官，必格去有所好樂、有所憂患之物欲，則有以復其良知之本體，所以説"致知在格物"。某説良知乃天理，做不得功夫者，此也。

此三條言良知。（必恭云：此後一段説盡世態。）

◎義利

○五性獨以義對利者，公私之間而已。利非特指財貨、爵位也，如專以財貨、爵位之多寡、輕重、高下爲利，則舜受堯之天下乃利，而陳仲子乃義矣。蓋凡事但有一毫私心就是利。且如世間人，有夫有妻，有父有子，有君有臣，乃天地之常經。夫倡婦隨，父慈子孝，君仁臣忠，乃天地之通義。佛家出來祝髮爲僧，不娶其妻，離了父子，背了君臣，却去高山峻嶺打坐，以求空寂，以彼之甘淡薄、受苦楚，較之世人夫倡婦隨，如鼓瑟琴，父慈子孝，每食必有酒肉，君仁臣忠，富貴榮顯者，彼若可以言義矣。然彼之甘淡薄、受苦楚者，都是一團私，乃利也，非義也。（必恭云：論義利更精。）若以細事論，道途爭險易之利，冬夏爭陰陽之和，通是利。

○宋儒説："有所爲而爲者皆利也。"此言説得精，若無所爲而爲，則無"意、必、固、我"之私，乃聖人矣。但無所爲而爲，可以言三代之士，在今科舉之學説不得，豈有科舉無所爲而爲乎？白沙先生子入試，揭曉夜有詩云："静觀今夜心，四海皆名利。"此言説盡人情，故"無所爲而爲"在今日科舉之學説不得。（讀此段可以觀世道。）

○有事同而心異者，如韓侂胄與岳飛，同不主和議，然岳飛心公義也，侂胄爲己利也。

此二條言義利。

◎道

○道者，路也，事物當然之理，天下古今所共由之路也。因人所共由，故以路字名之，孟子"夫道若大路然"是也。有物必有則，故曰"形而上者道也，形而下者器也"。如父子是器，父子有親，親字是道；君臣是器，君臣有義，義字是道；手是器，手容恭，恭字是道；足是器，足容重，重字是道。

此一條言道之字義。

○孔子曰："一陰一陽之謂道。"此就造化根原説來。橫渠因此言遂曰："由太虛有天之名，由氣化有道之名"。子思説"率性之謂道"，則[①]就人性上説。"和也者，天下之達道也"，與孔子"天下之達道五"雖同，但子思則就人性上事事統言之，孔子則專言性之五倫也。若"可以[②]適道"，"道不遠人"，則多在人事上説。至若"洋洋乎發育萬物"，"峻極于天，優優大哉"，"禮儀三百，威儀三千"，則兼孔子之"一陰一陽"，張子之"氣化"，子思之"率性"，孔子之"達道五"并"道不遠人"，"可以適道"而統言之也。

此一條言聖賢論道字不同。

○孔子曰："朝聞道，夕死可矣。"甚言其道不可不聞也。如反孔子之言，説"如不聞道，長生也不可"。何也？人不聞道，昏昏昧昧，枉過一生，與禽獸一般，長生何爲？故曰"朝聞道，夕死可矣"。生死是至大之事，朝夕是至近之時，以四字抑揚言之，見道不可不聞。此與孟子"行一不義，殺一不辜而得天下不爲"語意相同。行一不義是至微事，得天下是至大事，不以至微而易至大，此可見此心純是義矣。

此一條言人當聞道。

○自孔子已後到了子思之時，道字依然説不明，所以子思説箇"率性"二字出來。又恐人不知何以率性，又説個率性下手功夫，又説個率性、率循的節次，戒慎恐懼者，率性之功夫也。"喜怒哀樂未發，謂之中，發而皆中節，謂之

[①] 則：道光本無。

[②] 以：《論語·子罕》原作"與"。后同。

和"者，率性之節次也。"天地位，萬物育"者，率性之能事也，見道之所以大也。

此一條言道非自外，乃率其性。

〇性不離乎形氣，而形氣之所發於外者，不過喜怒哀樂而已。如無慎獨功夫，使之有所忿懥，有所恐懼，有所好樂，有所憂患，皆不得其正，安得謂之道？故子思説個功夫、節次二體出來。

〇大凡人欲，必從喜怒哀樂以發於視聽言動，方成人欲，未有窅冥空寂而成人欲者。聖人遏人欲功夫，其字通下得猛。如"戒"字、"慎"字、"恐"字、"懼"字，《大學》"格"字，《易經》"懲"字、"窒"字，"克己""克"字，"寡欲""寡"字，通無寬緩舒徐之字。蓋人欲之來，如對敵也。

〇人之喜怒哀樂最害事。有一樣人，也不爲惡，但拒諫，人説他一言半句不好，他就發怒，只是阿諛他，他就歡喜。且如王介甫何曾爲惡，只是性狠愎，小人諂諛他，他就以爲有才，知通變。若正直君子去諫他，他就以爲俗學，不通世務。如司馬君實、范堯夫、張天祺，通因他去。君子既去，所用小人爭爲刻薄，故禍毒天下益深。可見喜怒哀樂最害事，所以説有所忿懥則不能得其正，介甫是也。

此三條言性發於情，有喜怒哀樂。喜怒哀樂最害事，必戒慎恐懼，以慎其獨，方能發皆中節而率夫性也。

〇"率性之謂道"一章，大意言"天命之謂性，率性之謂道，修道之謂教"。何以"率性之謂道"也？蓋道也者，即吾性之理，人不可須臾離，若①其可離，則外物而非道矣。故君子有不須臾離之功，雖人所不睹不聞之時，亦戒慎恐懼，惟恐人欲内萌。若人欲一萌，則情之所發，喜怒哀樂不得其正矣，性不可得而率也。所以然者何也？蓋莫見乎隱，莫顯乎微，隱微之中，雖人所不睹不聞，而己所獨睹獨聞，如十目所視，十手所指，所以君子必戒慎恐懼以慎其獨者，此也。既戒慎恐懼以遏人欲，則吾性之本體不爲人欲所遮隔障蔽，此心如明鏡止水矣。故方其人心之未發也，吾心廓然大公，一團天理謂之中。及

---

① 若：道光本改作"者"，屬上句。

其人心之既發也，物來順應，一團天理，發皆中節，謂之和。中也者，性之本體也，故曰"天下之大本"，言天下萬事之理皆由此出也。和也者，性之大用也，即"率性之謂道"也，故曰"天下之達道也"，言爲天下古今之所共由也。所謂"率性之謂道"者，蓋因加了戒慎恐懼功夫，又由中而至於①和，率循其自然天理之性，所以謂之道也。既至此中和地位，則"天地位，萬物育"矣。蓋性者，天地萬物之一原，必如是，則吾性之能事畢矣。

〇"戒慎恐懼"一條，言必如此下功夫，而後能率其性也，"莫見乎隱"一條，乃足上條之意，言因如此，所以必戒懼以慎其獨也，非上一條乃存養，下一條乃省察也。舍了戒慎恐懼，又何以下慎獨功夫？宋儒作二事看，是樓上加樓、屋上加屋矣。殊不知戒慎二條乃下學功夫，到了喜怒哀樂二條，是聖人之事，專言理矣。

〇"喜怒哀樂"一條，言如此如此即是率性矣。"天下之達道也"一句，正應"率性之謂道"句，言如此就是道了，故名之爲道。（必恭云：千古之下說"率性之謂道"方說得明，聖人復起，不易斯言。）

〇"天地位，萬物育"者，五性之能事也，乃聖神之極功也。致者，至也，言到此中和地位也。此處止只②言聖神之極功，已與下學功夫不相粘矣。注中又說"自戒懼而約之，自謹獨而精之"，依然又是下學之事。（必恭云：正是正是。）③

〇又說"吾之心正則天地之心亦正，吾之氣順則天地之氣亦順"，全不是了，況此處也說不得一個氣字，只將"惟天下至誠，惟能盡其性"一章來作證，何等明快，何必言"吾之心正則天地之心亦正，吾之氣順則天地之氣亦順"。④

〇宋儒只看此章文章句法有對待，就依對待解了，殊不知全在說"率性之謂道"一句。看書要將我往日下手功夫去體認他，方不差，宋儒只依文字解，

---

① 於：萬曆本、道光本皆衍一"于"字。
② "止只"二字，必衍其一，方說得通。
③ 道光本無此條。
④ 道光本無此條。

所以差了。①

　　此六條反覆言"率性之謂道"，見宋儒注疏之差。

　　〇戒慎恐懼，乃覺照此心功夫，時時操存，時時不放，就是矣，所以説不可須臾離也。不睹不聞，曰隱曰微，皆就此心言，非寂静之時也。某常説李延平先生危坐終日，以驗夫喜怒哀樂未發氣象爲何如，而求所謂中者，此終是禪學。若危坐終日，以求其中，則未危坐之時又須臾離矣。殊不知"喜怒哀樂未發謂之中"乃理也，理安能危坐以求之？（必恭云：延平亦定屈服。）李延平又説："學問之道，不在多言，但默坐澄心，體認天理，若見，雖一毫私意之發，亦退聽矣。"若依此言，則未默坐之時又須臾離矣。（屈服屈服。）所謂不可須臾離者，是把戒慎恐懼，遏人欲以存天理，作一個課程。朝也是此課程，遏人欲以存天理，不須臾離；暮也是此課程，遏人欲以存天理，不須臾離。一事也是此不須臾離，萬事也是此不須臾離。默坐澄心之時也是此不須臾離，繽紛多事之時也是此不須臾離。常時事君、事親、處友也是此不須臾離，變時刀鋸在前，鼎鑊在後，也是此不須臾離。在孔門也是此不須臾離，故曰"君子無終食之間②違仁，造次必於是，顛沛必於是"，在孟子也是此不須臾離，故曰"是集義所生者"，"必有事焉而勿正，心勿忘，勿助長也"。此之謂"思無邪"，（必恭云：皆程朱所未發者。）此之謂"無不敬"，久而久之，至於"至誠無息"。無息者，此不須臾離也。純一不已，不已者，此不須臾離也，雖是聖人，查滓渾化，然聖人豈無人心，但聖人義精仁熟，雖有人心，然"從心所欲，不逾矩"，人心亦道心矣。故曰"閑邪存其誠"，言龍德中正之聖人，既至誠無妄矣，而又閑其邪也，故曰"無斁亦保"，故曰"死而後已"。既至至誠純一，則此心純是一團天理，無意、必、固、我之私。故"與天地合其德，日月合其明，四時合其序，鬼神合其吉凶"。故"考諸三王而不謬，建諸天地而不悖，質之鬼神而無疑，百世以俟聖人而不惑"。故"肫肫其仁，淵淵其淵，浩浩其天"。故能"盡人之性③，盡物之性，與天地參"。故"上律天時，下襲水土，辟如天地無不持載，無不

---

① 道光本無此條。
② 之間：原無，據《論語·里仁》補。
③ 性：道光本誤作"世"。

覆幬"。故"不見而章，不動而變，無爲而成"。故"聲名洋溢乎中國，施及蠻貊，舟車所至，人力所通，天之所覆，地之所載，日月所照，霜露所隊，凡有血氣者，莫不尊親，故曰配天"。（必恭云：此一段見先生道理爛熟。）既配天矣，豈不"天地位，萬物育"？

　　此一條言能盡不須臾離之功，則能率性矣，故天地位，萬物育。

　　〇《大學》《中庸》首章，皆聖門頭腦功夫。《中庸》戒慎恐懼者，遏人欲也。遏此人欲，則未發爲中，已發爲和。中者天下之大本，和者天下之達道，致中和而天地位，而萬物育矣。《大學》格物者，遏人欲也，遏此人欲則知至、意誠、心正、身修、家齊、國治而天下平矣。孔門之言無二也，《大學》言明德，《中庸》言達道，道與德一而已矣。

　　此一條言孔門《大學》《中庸》首章立言皆相同。（此一段皆千古不易之言。）

◎德 附明德

　　〇德者，得也，道與德相離不得。天賦我五①性之理，散于五倫。事物其理之當然者，謂②之道，將此道凝聚於此身，謂之德，故曰"苟不至德，至道不凝焉"。故知以知此道，仁以體此道，勇以強此道，謂之"達德"者，此也。蓋德字有功夫，即《大學》之所謂"有諸己"也。故曰"據於德"，據者，據其實也。實能事親則孝，即"有諸己"矣，實能事兄則弟，即"有諸己"矣。

　　〇此德字，德者得也，一字盡之矣，謂其躬行心得也。善與惡皆可稱之，如《書》言紂"穢德彰聞"，如史言唐之君閫門"慚德"，皆言其惡德也。禽獸亦可言之，如曰驥"不稱其力，稱其德"，是又言禽獸之善德也。天地造化亦可言之，如曰"鬼神之爲德，其盛矣乎"是也。

　　〇《書》言"九德"："寬而栗，柔而立，愿而恭，亂而敬，擾而毅，直而

---

① 五：萬曆本作"吾"，據道光本改。
② 謂：萬曆本作"爲"，據道光本改。

温，簡而廉，剛而塞，強而義。"曰"寬"，曰"柔"，上九字①皆氣質之性，此又以天賦我氣質之性，我得於天者言之。此九者皆德之善者也，但恐其有偏，故又足以下九字，欲其得中也。

○如文公言"仁者心之德"，此又以天賦我之性，我心之所得者而言之也。

○命於天者爲性，受於人者爲理，見于事者爲道，得于我者爲德，一而已矣。

此五條言德之字義。

○若"明德"，則專以五倫躬行心得言之。故孔子曰："古之欲明明德於天下者，先治其國。"而門人釋之曰："上老老而民興孝，上長長而民興弟，上恤孤而民不倍。"釋"治國在齊其家"者，亦曰"孝者所以事君也，弟者所以事長也，慈者所以使衆也"。蓋一家之中，止有父慈、子孝、昆弟之交三者而已，而事君治民即在其中，故"敬止"之中，言此五者。（必恭云：此一段文公屈服。）

○一家仁，一國興仁；一家讓，一國興讓。故堯、舜帥天下以仁，而民從之。"有諸己而後求諸人"，"所藏乎身不恕，而能喻諸人者，未之有也"，"宜其家人，而後可以教國人"，"其爲父子兄弟足法，而後民法之也"。此數條皆言爲人上者，將五倫躬行心得而後民化之也，則"明德"二字不待辨而自明矣。（天生先生俾斯道大明，方有此議論。）

○此"明德"二字，而今學者通忽略了。孔子曰："家有嚴君焉，父母之謂也。父父、子子、兄兄、弟弟、夫夫、婦婦，而家道正，正家而天下定矣。"孟子曰："老吾老以及人之老，幼吾幼以及人之幼，治天下可運于掌。""親親，仁也；敬長，義也；無他，達之天下也。""人人親其親，長其長，而天下平。""堯、舜之道，孝弟而已矣。""瞽瞍底豫而天下化，瞽瞍底豫而天下父子定。"若玄宗幸蜀，與肅宗相別旅途之間，肅宗良心發見，南向號泣，父子之間何等感傷？及玄宗還長安，居興慶宮，李輔國與張后謀遷於西內，肅宗畏張后，不敢詣內。玄宗不懌，即不茹葷，則父不底豫矣，何以化天下也？天下若父慈、子孝、兄友、弟恭，親親以及人之親，長長以及人之長，則民決不爭訟。既使

---

① 字：道光本誤作"字"。

民無訟，則興仁興讓，不必守令，不必監司，而天下自太平矣。所以孔子説父父、子子、兄兄、弟弟而天下定，孟子説親親、長長天下化，治天下可運于掌。宋儒將"明德"二字忽略過了，不曾將《大學》全本詳看。（必恭云：一本《大學》通透徹。）

〇大抵大人之學，雖上下可通，其實帝王之學也。春秋之時，臣殺其君者有之，子殺其父者有之。他如"新臺有泚"，以至二子之乘舟；"姜氏如齊"，遂有車中之烈禍。故《管子》曰："桓公云：'寡人有污①行，不幸而好色，姑姊妹有不嫁者。'"禽獸聚麀，嬴豕蹢躅，五倫之瀆也久矣。故孔子推本堯舜"克明峻德，以親九族，九族既睦，平章百姓"之言，乃曰"大學之道，在明明德，在親民，在止于至善"。所以詔天下後世，見帝王之學是如此。豈知後儒又解爲虛靈不昧，無怪天下治日少而亂日多。

〇此二字關係不小，王霸之辨在此，正學禪學之辨在此。此二字不明，一本《大學》通無用了，注之何益！宋儒不注亦可也，某不得不辨，正孟子所謂"予不得已"也。②

此五條言明德。

◎理

〇理字與道字大抵相同，但道字就散見通行上説，理字則就當然恰好、尺寸不可移易上説。如大路是道，乃天下古今之所共由者，然此大路恰好在此處，乃當然尺寸之不可移易者，移易在別處，則偏旁曲徑，非大道矣。故天下古今所共由者，此道也；天下古今所不易者，此理也。如父慈子孝、君仁臣忠是道，然慈者乃爲父當然不易之則，爲人父止於慈，則父盡父道矣；孝者乃爲子當然不易之則，爲人子止於孝，則子盡子道矣；君臣亦然。"手容恭"者，道也，

---

① 污：萬曆本、道光本誤作"所"，據《管子·小匡》改。
② 道光本無此條。

然容恭者，乃手當然不易之則，若垂鞶不成禮，則失其當然之則矣，非道也。"足容重"者，道也，然容重者乃足當然不易之則，若倚邪不成禮，則失其當然之則矣，非道也。

○理字曰"天理"者，見其原于天命之性也。欲字曰"人欲"者，見其出于形氣之私也。

此二條言理字義。

○性者理也，道者理也，誠者理也。但性自天所命、人所受上說；道自率其性散見于事物上說；誠則理之真實無妄者。故《大學》《中庸》止言性、言道、言誠而不言理，以性、道、誠皆理故也。

此一條言理字該得寬。

○孟子曰："心之所同然者，謂理也，義也。"蓋理即性，性即理。性者，天地萬物之一原，天地是此理，萬物是此理，人人是此理，豈不同然？若稍有不同，即不能同然矣。人能克去己私，不喪失此同然之心，則良知本體發見，此心如明鏡矣。以之照物，妍者自妍，媸者自媸，所以能同然。

此一條言人能克去己私則理自發見。

◎忠 附忠信

○忠者，盡己天理之心，而無一毫人欲之私之謂忠。如仁之于父子也，我則為人之父，盡其慈之心而無餘；為人之子，盡其孝之心而無餘，而仁盡夫已矣。義之於君臣也，我則為人之君，盡其仁之心而無餘；為人之臣，盡其忠之心而無餘，而義盡夫已矣。又若為人謀事，乃披心剖腸，一片天理，不夾雜絲毫人欲，此便是忠。若少夾帶一毫私意，而不能盡一片天理之心，不得謂之忠矣。（必恭云：忠字明備。）

此一條言忠字義。

○程子解"盡己之謂忠"，解得是。但"盡己"二字，天理人欲皆可言之。

如盡己去好色，盡己去貪財，皆盡己也。所以後來學者只將忠字當一個"盡我一片心"五個字看，而天理人欲夾雜其間，不能分曉。惟曰盡己天理之心，而無一毫人欲之私，則忠字曉然明白矣。

此一條論宋儒解忠字。

〇盡己即孟子"盡其心"之盡，無剩餘之意。即如①囊中有一斗米，我潔净倒囊與人，方謂之盡。如或留得有半升或半合，亦不得謂之盡。

此一條論盡己。

〇忠者，盡己天理之心，而無一毫人欲之私之謂忠。信者，以實天理之心，而無人欲之私之謂信。忠信有功夫，非資質也。孔子曰"主忠信"，主是賓主之主，教人下個確實的心。在學者即思誠功夫，若聖人則自然至誠矣。孔子曰："言思忠"，"如人而無信，不知其可也"，"言忠信"，"忠信所以進德也"，通是有功夫。如曰"爲人謀而不忠乎"，必爲人謀，方説得忠，如不爲人謀，豈有空忠之理？如曰"與朋友交而不信乎"，必與朋友交，方説得信，如不與朋友交，豈有空信之理？聖人資質生成忠信，常人亦有資質近忠信者，但聖賢立論説忠信，通就功夫上説，故五性仁、義、禮、知、信，非別有信也，仁、義、禮、知皆實心、實事，即其信也。

〇忠信大抵只是誠實爲善意，而又分此二字者，忠字説得懇密，故事君曰忠，爲人謀曰忠；信字説得平淡，故與朋友交曰信，與國人交曰信。

此二條論忠信。

〇若以忠對恕，忠是盡己天理之心，而無一毫人欲之私之謂忠；恕是推己天理之心，而無一毫人欲之私之謂恕。宋儒説"忠恕猶形影"，"無忠，做恕不出"，此二句説得極好，但不曾提醒天理出來。蓋人能忠，則千恕萬恕從此出，未有不能忠而恕者。孔門看得此二字真，所以將來釋一貫。

此一條論忠恕。

〇恕者，仁恕也。因是仁恕自孔門，已後來學者通認不真，通作饒人之意。而今官長出告示亦云"决不輕恕"，亦把恕字當饒字矣。宋儒作"推己"，而某

---

① 即如：萬曆本作"如有"，據道光本改。

又添"天理之心"數字者，欲其明備也。觀孔子曰："一言而可以終身行之者，其恕乎？""己所不欲，勿施于人。"曰勿施于人，則我所欲者方施於人，即"己欲立而立人，己欲達而達人"是也。若有半毫人欲之私夾帶于其中，必不能"勿施於人"矣。又曰："忠恕違道不遠，施諸己而不願，則勿施於人。"若少有半毫人欲之私夾帶于其中，必不能違道不遠矣。

此一條論恕。（必恭云：添天理二字，恕字方明備。）

◎才

○才本是人之能，但與性字一般，也分一個性字、氣字。出於天地之性者，則所能皆善。出於氣質之性者，則所能有善、有惡。孟子從性善好的一邊說來，故曰："若夫爲不善，非才之罪也。"（必恭云："才字一段，亦發前賢未發。"）

此一條言才有兩樣。

○有一等人，分明天生一段才華。且如晉當危難，桓冲以精兵三千入援京師，謝安固却之，曰："朝廷處分已定。"又如唐太宗欲取長安，衆人以無糧草爲辭。太宗曰："兵貴神速，吾撫歸附之衆鼓行而西，長安之人望風震駭，智不及謀，勇不及斷，取之若振槁葉耳。若淹留，坐費日月，衆心離沮，大事去矣。"果克長安。又如寇準議親征，曰："陛下欲了此，不過五日。"此料事之才，如筮如龜，皆古今人所不可及者。至若韓信寄食漂母，受辱胯下，本鄙人也。及得富貴，不識保身之幾，通不足取。但用兵一段才華，多多益善，真如僚之丸，庖丁之牛，由基之射，所以陸士衡稱其"策出無方，思入神契，奮臂雲興，騰迹虎噬"者，此也。又如古今詩人分明有一段別才，且如"春水船如天上坐，老年花似霧中看"，"無可奈何花落去，似曾相識燕歸來"，"春水纔剛三四尺①，野航恰受二三人"，"上方月曉閑僧語，下界林疏見客行"，"昔人已

---

① 春水纔剛三四尺：道光本作"春水纔添三四尺"。按：杜甫詩《南鄰》原作"秋水纔深四五尺"。

乘黃鶴去，此地空餘黃鶴樓", "巷南巷北人招飲，一晴一雨花耐看"，通是眼前景致口頭語，令人可愛。其不善於詩者，雖勉強效顰，能學其易，不免落俗，學其難，不免點鬼。又如一縣令，前來此縣者，也是如此錢糧，也是如此人民。後來此縣者，也是如此錢糧，也是如此人民。有一樣縣令，就做成一朵花，有一樣縣令，噥唲瞀瞀，一縣之事如亂髮亂絲，不能剖析爬梳，此皆其才不同也。故孔子嘆"才難"，雖近日之才與古之才不同，然亦皆才也。

此一條言天生才不同。

○才最害事，人當善用之，孔明、張良、郭子儀，善用其才者也，曹瞞則成鬼蜮矣。所謂善用者，正橫渠所謂"善反之，則天地之性存焉"者也。

此一條言人當善用才。

◎敬

○敬是遏人欲，存天理。心之竦然而不懈之謂敬。蓋敬乃五性中禮之所發，乃天理也。聖人取來作功夫，教人"敬以直内"，因"敬"字有竦然意，所以將他來作功夫。左右是"齋明盛服"，"非禮不動"，就是敬了。宋時儒者通講"敬"字，就與近日儒者講"知"字一般。因通講"敬"字，所以説格物致知也須敬，誠意、正心、修身也須敬，齊家治國平天下也須敬，通歸管一路。殊不知格了物則全是天理。宋儒"格物"二字認不真，所以陳北溪如此説。意既誠，心既正，則敬不必言矣。

○宋儒解"敬"字，以主一之謂敬，無適之謂主，主一無適爲敬，也是但去終日端坐。乃曰"釋氏於敬以直内則有之矣"，是以釋氏之終日端坐爲敬也，此言又差之太遠矣。蓋敬無常主，如要力耕養父母，竦然起一念，去勤耕苦種。就此一念，天理之心不懈，即是敬矣。如要去①父母冬溫夏清，竦然起一念，去

---

① 去：道光本誤作"孝"。按："去"字乃就下文"冬溫夏清"而言，即去問候請安父母也。"孝"字誤改。

冬温夏清。就此一念，天理之心不懈，即是敬矣。如事君，有官守者竦然盡其職，即是敬，若少有一毫爲身爲家之私，即非敬矣。有言責者，竦然盡其忠，即是敬，若少有一毫爲身爲家之心，即非敬矣。故説敬字乃主于遏人欲、存天理，竦然而不懈者，此也。

〇端坐也是敬，但敬中之一事耳。所謂敬者，無動無静，無常無變，無内無外，皆敬也，故曰無不敬。如坐之時，手容當恭，若一時少覺照，垂鞸不恭，即是人欲，即是不敬。乃竦然而容恭，則存天理而敬矣。足容當重，若一時少覺照，倚邪不重，即是人欲，即不敬，乃竦然而容重，則存天理而敬矣。故曰端坐也是敬，但敬中之一事耳。

〇程子説"釋氏'敬以直内'則有之矣"。某説此言差之太遠者，何也？蓋釋氏冥心閉目，終日端坐，無非求其空。吾儒之敬，是件件求其實。如入宗廟之中，不期敬而自敬，是敬神也，非空敬也；如見大人君子，不期敬而自敬，是敬大人君子也，非空敬也。静之時敬，是恐此一念少有人欲之私也，非空敬也；動之時敬，是恐此一事少有人欲之私也，非空敬也。此之謂件件是實。如此修己以敬，豈不安人、安百姓。所以孔子説"敬義立而德不孤"。如釋氏冥心閉目，終日端坐，則孤絶矣，豈能德不孤而安人、安百姓哉？

〇大抵"敬"字即是戒慎恐懼功夫。但戒慎恐懼，就心之兢業、時時覺照防檢上説。"敬"之一字，就心之竦然整齊嚴肅上説。而要之皆遏人欲而存天理也。

〇孔子説"敬以直内，義以方外"。此二句非始於孔子也，乃祖"以禮制心，以義制事"二句來。敬字即禮字。

〇自堯、舜開"精一"之傳，"敬"字即有矣。如堯之"欽明文思"，湯之"聖敬日躋"，文之"緝熙敬止"，以至戒成王之"敬之敬之"，皆言敬也。至孔子將來作功夫，曰"君子敬而無失"，曰"執事敬"，曰"敬事而信"，曰"行篤敬"，曰"事思敬"，未常教人終日端坐以爲敬也。至程子以涵養須用敬，乃終日端坐如泥塑人，乃曰："釋氏之學於'敬以直内'則有之矣，'義以方外'則未之有也。故滯固者入於枯槁，疏通者歸於恣肆，此佛教所以爲隘也。"又曰："佛有一個覺之理，可謂'敬以直内'矣，然無'義以方外'。其'直内'

者，要之其本亦不是。"論起程子雖説釋氏有"敬以直内"之地，亦不曾説釋氏之是。但門人見得程子喜人静坐，又見程子終日端坐，又見程子要識仁，又見解"主一之謂敬"者曰"此心不之東不之西"，所以門人弟子就説"天下何思何慮"通在釋氏一邊去了。故程子自涪歸，嘆門人入于夷。① 至楊龜山、李延平，通觀喜怒哀樂未發氣象，以默坐澄心爲學，載之史書稱之。至本朝薛敬齋、陳白沙二公，再不言古人解經之是非，獨王陽明一人肯辨論，又將程、朱、陸子抑揚太過，所以嘉隆已來講學之士，皆傳葱嶺之心，而文以尼山之言矣。可哀，可痛！某生最晚，但仁以爲己任，又不容默，如不辨出此一種功夫，害天下後世，其毒非小。蓋昔人所謂"予豈好辨哉，予不得已也"，所以説了又説，反覆辨論。（宋儒謂"主一之謂敬"，先生謂"竦然不懈之謂敬"，可見聖學功夫差不得毫忽。）

此七條論敬字。

◎誠

○誠者，真實無妄之謂。有在天之誠，天命之性付與人物之實理是也；有在人之誠，"反身而誠"是也。因聖賢不同，所以分個"至誠""思誠"。

○天道之誠，即太極之實理。理無聲無臭，何處見其誠？蓋理乘氣機以出入，故曰："元亨誠之通，利貞②誠之復"。以氣候論，如春來氣候便漸漸温厚，秋來氣候便漸漸嚴凝。以動物論，春來便獺祭魚，雁北來，秋來便豺祭獸，寒蟬鳴。以植物論，春來便草木萌動，秋來便草木黄落。以花木論，春來開桃李，秋來開菊，冬來開梅。今年是如此，明年是如此，千年萬年也是如此。若以一物論，黍千年是黍，不變而爲稻；稻千年是稻，不變而爲梁。此便是天之誠。

○人之有此實理，乃所性而有者也。天所賦之理本實，但因此理寓於軀殻之中，未免有實不實矣。其曰不實者，乃人欲也，若實理之本體，豈能增減？

---

① 道光本刪"故程子自涪歸，嘆門人入于夷"。
② 貞：萬曆本作"真"，據道光本改。

惟聖人渾然具此實理，所以泛應曲當，遇子自孝，遇父自慈，遇臣自忠，遇君自仁，實理隨處自然發見，各足無有欠缺。聖人以下，未免有私意遮隔，所以有思誠之功。

○誠字兼得忠信，忠信兼不得誠，所以説一個忠信，又説一個誠。

◎中庸

○中字，自堯舜有"允執厥中"之言，中字已儒者知之矣。至周末異端起，以道別有一道，故孔子曰："道不遠人，人之爲道而遠人，不可以爲道。"所以孔門將"中"字下添一"庸"字。

○庸不出於中之外，言此中乃平常之理也。如夫婦、父子、君臣、朋友、兄弟，其理皆日用之所常行者，豈不平常？朱子解"中庸"二字較程子更優。

○"平常"對"怪异"而言。平常者，怪异之反也。如明帝時，偶説起西域之佛，自佛入中國，古來止有士農工商此四民者，乃民之平常也；今添一僧，是民之名怪异矣。自黄帝製衣冠，人皆峨然而冠於首，乃首之平常也；今則祝髮而顆其首，是其首怪异矣。人之身體髮膚，受之父母，不敢毀傷，雖刺一針亦必畏其痛，此人身之平常也；今乃以此身乃假合暫聚，生老病死，無非苦惱，指其身爲臭革囊，雖食虎狼、飽鷹隼、燒烈火，亦未爲不可，此身之怪异矣。一陰一陽之謂道，男女構精，萬物化生，故有夫必有妻，乾道也，坤道也，乃夫婦之平常也；今乃不娶其妻而孤其夫，是夫婦之怪异矣。父父、子子、兄兄、弟弟，一家之中，興仁興讓，此父子兄弟之平常也；今離其父子，背其兄弟，居於深山野箐之中，指父子兄弟爲俗眷，是父子兄弟之怪异矣。天無二日，民無二王，君君、臣臣，此君臣之平常也；今避其徭役，認其師爲法王，是君臣之怪异矣。天子有故則殺牛，諸侯有故則殺羊，士有故則殺犬豕，庶人有故則食珍，此飲食之平常也；今乃不殺生，而名其饌爲伊蒲塞，是飲食之怪异矣。人之宮室，前爲門，中爲堂，後爲寢，此宮室之平常也；今名其居爲净土，爲化城，爲梵宮，是宮室之怪异矣。聖人之道，只是平常，惟其平常，所以反難，故曰"中庸不可能也"。譬之畫師，聖人之五倫如畫狗馬，如頭足少有一毫畫錯了，人皆得而指之，曰此非狗也，此非馬也。佛教如畫鬼，畫頭長也好，脚短也好，眼斜也好，面黑也好，人不得而指之，何也？鬼，人所未見者。他説個前生後世，天堂地獄，以聾天下之耳，以瞽天下之目，愚者畏而不敢言其非，所以佛教盛行於天下。（必恭云：佛委係是怪异。）

◎老佛

○歐陽忠公云："禹走天下，乘四載，治百川，可謂勞其形矣，而壽百年；顏子蕭然坐于陋巷，簞食瓢飲，外不誘於物，內不動於心，可謂至樂矣，而年不及三十。斯二人者，皆古之仁人也。勞其形者長年，安其樂者短命，蓋命有長短，禀之於天，非人力之所能爲也。惟不自戕賊而各盡其天年，則二人之所同也。"此數語足以破千古神仙之疑。然天地間理外事甚多，蓋造化之氣，揉雜不齊，精氣游魂，變動不一。如秦始皇二十八年，有大人長五丈，足六尺，十二人見于臨洮。觀有此長大之人，則神仙有可知矣。然皆天之所生，非人力所可致也。

○致堂胡氏云：佛"不親其親而謂异姓爲慈父，不君世主而拜其師爲法王，棄其妻子而以生續爲罪垢，是淪三綱也。視父母如怨仇，則無惻隱；滅類毀形而不耻，則無羞惡；取人之財，以得爲善，則無辭讓；同我者即賢，异我者即不肖，則無是非，是絶四端也。三綱、四端，天命之自然，人道所由立，惟蠻夷戎狄則背違之，而毛鱗蹄角之屬咸無焉。不欲爲人已矣，必欲爲人，則未有淪三綱、絶四端而可也"。只此數句，即足以闢佛矣，不必再説佛之別條也。

○然苾芻窮髮之徒遍天下，而反多於老，何也？蓋他也有能動人處。唐李文公翱①問藥山禪師曰："如何是'黑風吹船飄入鬼國'？"師曰："李翱小子，問此何爲？"文公惕然怒形於色。師笑曰："發此瞋恚心，便是'黑風吹船飄入鬼國'也。"蓋佛經通是喻言，黑風者，暴風也；飄入鬼國者，覆舟也。"黑風吹船飄入鬼國"喻人暴氣足以僨事。有此動人處，所以高明之士往往陷於其中，而佛反多於老。

〇佛家欲張大其祖宗，就說佛乃周莊王之九年四月八日，母自右臂而生，老氏亦如此張大。殊不知天地絪縕，萬物化醇，男女構精，萬物化生，此造化之正理也。故天地之人物，非形生則氣化。如稷、契聖人之生，此天地絪縕，以氣化而生者也。如堯、舜、禹、湯、文、武、周、孔聖人之生，皆男女構精，以形化而生者也。雖氣化、形化不同，然皆如常人之產，豈有自右臂生之理哉？欲張大其祖宗，以愚惑世人，故其謬妄至此。（崇信佛老者，見先生四段有愧。）

此四條論老佛。

◎格物

〇格物已見《格物諸圖》一册。格物者，格去其物欲也，格去其物，則無欲而一矣。此所以說"吾道一以貫之"，聖人復起，不易吾言矣。得此三字，聖學就下得手。宋儒將"格物"二字認不真，又將"一貫""一"字認不真，無處下手。所以程子說"道之浩浩，何處下手，惟立誠，才有可居之處"，所以終日端坐。

---

① 翱：萬曆本、道光本誤作"翔"。據真德秀《跋楊和父印施普門品》改。后同。

◎一 附一貫

○一對二而言。如言白米净净，純是白米，再無一粒紅米，謂之一；若雜一粒紅米，即二矣。如言白金净净，十分是白銀，再無一毫銅，謂之一；若雜一毫銅，即二矣。

此一條論一字義。

○王弼曰："一者數之始也，物之極也。""極"字與"太極"之"極"字同。老子云："天得一以清，地得一以寧，萬物得一以生。"此數句説得是，不可以人廢言。孔子説："吉凶悔吝，生乎動者也。""吉凶者，貞勝者也。天地之道，貞觀者也。日月之道，貞明者也。天下之動，貞夫一者也。"朱子解此，注通解錯了。① 言吉凶惟以貞而勝，不論其吉凶。如富貴吉矣，苟乃不義之富貴，則不貞矣，雖吉亦凶也。如殺身舍生，凶矣，而成仁取義則貞矣，雖凶亦吉也。是吉凶不論其吉凶，惟以貞而勝也。故天地之道有此貞固之理，所以顯示兩儀而觀。日月之道有此貞固之理，所以懸象晝夜而明。天地日月如此，而況于人乎？故天下之動，有吉有凶，惟以貞而勝。所以然者何也？以其無欲也，惟其無欲，所以不論吉凶而②能勝。若少有一毫之私欲，豈能貞而勝哉？蓋貞則不偏妄，一則不駁雜，皆是無人欲之私。但不駁雜，方能不偏妄。所以説"貞夫一"此句正應"貞勝"一句。天地日月，特引言以見貞之義大也。孔子告哀公："知、仁、勇，三者天下之達德也，所以行之者一也。"朱子也解錯了③，言無欲則足以修德而凝道矣，非誠也，故《中庸》"大哉聖人之道"一章，"君子尊德性而道問學"，亦是求其一而無欲。（必恭云：此全重貞字，若依朱子常勝之説，貞字不重矣。④ 最是。）

○孔子説"吾道一以貫之"，則孔子所以接堯、舜之心傳，此"一"也；所以開萬世之心學者，此"一"也。此"一"字乃心學吃緊功夫，不必別求宗

---

① 道光本無"朱子解此，注通解錯了"，代之以"蓋"字。
② 而：道光本誤作"不"。
③ 朱子也解錯了：道光本無此句，代之以"蓋"字。
④ 道光本無"若依朱子常勝之説，貞字不重矣"。

旨矣。此"一"字不明，又何以望入聖人之堂室？

〇打通此"一"字，則聖賢功夫無非求此"一"而已。知者所以知此"一"也，行者所以行此"一"也。故孔子告曾子、子貢，皆以"一"字告之。故《大學》頭腦功夫，教人格物。格物者，格去其物欲，所以求此"一"也。《中庸》頭腦功夫，教人戒慎①恐懼者，防檢其物欲，所以求此"一"也。《乾卦》，孔子教人以誠，其曰"進德"者，進此"一"之德也。居業者，居此"一"之業也。《坤卦》，孔子教人以敬，其曰"直内"者，直此"一"於内也；"方外"者，方此"一"於外也。以此方入聖，方有頭腦，方有歸宿，不然終日所講，不過葛藤。

此三條反復論一字②。

〇學者要想孔子獨以"吾道一以貫之""一"字，與曾子、子貢説之之故。

〇既得此"一"，即樂矣。蓋仰不愧，俯不怍，反身而誠，豈不樂？既然樂，則大行不加，窮居不損，做隱者即做宰相。何也？居天下之廣居，立天下之正位，行天下之大道，人知之亦囂囂，人不知之亦囂囂。明着衣冠，高談仁義，天子不得臣，諸侯不得友，豈不是做隱者即做宰相？做宰相即做隱者。何也？"斷斷兮無他技，其心休休焉，其如有容焉。人之彦聖，其心好之，不啻若自口出"，"以先知覺後知，以先覺覺後覺"，"行一不義，殺一不辜而得天下不爲"，"匹夫匹婦，有不被堯舜之澤者，若己推而内之溝中"。如此無欲，故能放君于桐，而不爲篡，故能誅監殷而不以爲忍。蓋一絲不挂，一毫不染，惟知容天下之賢，惟知愛天下之民，惟知有國家之社稷。故雖有宰相之貴，而其無欲則忘身、忘家，即隱者也，豈不是做宰相即做隱者？後世若清得門如水，貧惟帶有金，屬纊之日，家無餘貲，亦庶幾近之。蓋無欲即樂，所以周茂叔每教人尋孔、顔之樂者，此也。（必恭云：何等人品，方説得出。）

此一條言無欲即樂。

〇無欲即與天同，純是理矣。所以在造化爲太極，在聖人爲一貫。

此一條言聖同天。

---

① 慎：萬曆本作"懼"，據道光本改。按：《中庸》原作"慎"字。
② 字：萬曆本原缺，據道光本補。

○"一貫"此二句也容易看。近日學者因將"忠恕"二字釋"一貫",就千講萬講。朱注説:"一理渾然而泛,應曲當譬,則天地之至誠無息,而萬物各得其所也。"此四句解得極是,蓋大道理原不過如此。若近日學者解"一貫""忠恕",全不是話了,但朱子雖解得是,還略差些微,不如解"一"即"惟精惟一"之"一","純一不已"之"一"一以貫之。譬天地之有太極,而萬物從此出也。蓋"一"字乃古今聖賢常說之字,非孔子突出也。聖賢說話,止有一個"一",無有兩個"一",堯、舜"惟精惟一",文王"純一不已",先孔子而生者,有此"一"字。孔子祖述堯舜,憲章文武,則此"一"字從此來也。孔子說"天下之動,貞夫一者也",又說"所以行之者一也",以一而貞天下之動,以一而行天下之達道,非一貫乎?(必恭云:後來學者不能贊一辭矣。聖人復起,不易其言。)又說"同歸而殊途""易簡而天下之理得",皆"一貫"之意。後孔子而生者,亦曰:"聖可學乎?曰一為要一者,何也?無欲也。"人之所以學聖人者,不過學此一而已矣。但"天下之動,貞夫一"等話皆論理,不曾説到我身上來。既不曾説到我身上來,則我與理相為對待,猶為二也。獨"精一"之"一","純一"之"一",則我即理、理即我矣。故孔子不曰"參乎吾道,一理以貫之",乃舍"理"字,而曰"吾道一以貫之",可知矣。蓋有此"忠",千恕萬恕從此出,有此"一",千事萬事從此貫。所以説"夫子之道,忠恕而已矣"。

○一者,無欲也。無欲則我此身一團天理,無意、必、固、我之私,如精金一般,再無一點銅,如美玉一般,再無一點瑕,渣滓渾化,所以謂之一。一字本是理,但我無欲而純是天理,故不謂之理,謂之"一"。既一,則"江漢以濯之,秋陽以暴之,皜皜乎不可尚也","不曰堅乎,磨而不磷,不曰白乎,涅而不緇",(必恭云:非一安能如此?)所以遇親則孝,遇君則忠,遇友則信,可以見南子,可以應弗擾,可以去獵較,即天地有太極,而物各付物矣。又譬之神仙家説,養成一粒粟米丹,穿山透海也是此一粒丹,騰雲走霧也是此一粒丹,騎龍駕鳳也是此一粒丹,點銅變鐵也是此一粒丹之意。朱子將"貞夫一"解作理,"所以行之者一"解作誠,無怪近日講一貫、忠恕者紛紛也。

○陳北溪云:"天只是一元之氣,流行不息。"如此即這便是大本,便是太極。萬物從這中流出去，或纖或洪，或高或下，或飛或潛，或動或植，無不各得其所。欲各具一太極去，個個各足，無有欠缺。亦不是天逐一去妝點，皆自然而然從大本中流出來，此便是天之一貫處。宋儒說一貫，此條說得極是。

此三條論一貫。

○一也是天理之心去貫萬事，無一毫人欲之私；忠也是天理之心去行恕，無一毫人欲之私。所以將忠恕釋一貫。（必恭云：何等見解明白。）

此一條言曾子以忠恕釋一貫。

◎讀書

○天下無不讀書之聖人，但聖人緊要功夫在格物，在克己，教人非禮勿視、非禮勿聽、非禮勿言、非禮勿動。要格了此物欲，使此心湛然無欲，不萬起萬滅，無思無慮，如明鏡止水也，未嘗教人終日靜坐也。自程子喜人靜坐，以文字乃玩物喪志，不多讀書。張敬夫說程子在涪讀《易》，有一篐桶人問伊川"《未濟》，男之窮也"一句如何說。伊川不能答，其人答曰"三陽失位"。故伊川作《易傳》到此卦，云："此義也，聞之成都隱者。"此語《火珠林》已有。朱子說程子不讀雜書，所以被他動了，所以所傳之徒通講默坐澄心。至陸子《與邵叔義書》云："知之為知之，不知為不知，是知也。後世恥一物①之不知者，亦恥非其所恥矣。人情物理之變，何可勝窮？雖聖人不能盡知也。稷之不能審於八音，夔之不能詳於五種。自用其私者，乃至於亂原委之倫，顛萌葉之序，窮年卒歲，靡所底麗，焦焦然思以易天下，豈不謬哉？"此言分明是說朱子。自此書一出，天下學者欲直指傳心，通引"稷之不能審於八音，夔之不能詳于五種"來作證，而幾于廢書矣。可哀，可痛！朱子豈不知心為原而文字為委，心為萌而文字為葉哉？窮年卒歲在文字，固不可，若窮年卒歲閉目打坐，

---

① 一物：萬曆本作"一切"，據道光本改。

可乎不可乎？是真正慧可①矣。朱子説："杲老與張侍郎書云：'左右既得此欛柄入手，便可改頭换面，却用儒家言語説向士夫，接引後來學者。'"若如此，何故何故，且始終發露，如曰"獅子咬人，狂狗逐塊"，又曰"耳自能聰，目自能明"，又曰"六經注我，我注六經"，皆禪語也，此皆是偏處。惟當依孔子，孔子教"好古敏求"，就好古敏求；教"多識前言往行，以畜其德"，就多識前言往行；教"天下何思何慮"，就無思無慮。人之心，左右令其湛然無欲，如明鏡止水就是，豈靜坐方能湛然無欲，而讀書即不能湛然無欲乎？大抵天下無讀書成心病之人，但讀書要識痛癢，博學而詳説之，將以反説約也。心譬如人家陽宅基址，此乃根基也，且人家只空空死守此根基，起房屋者，爲此根基也；種桑麻者，爲此根基也；栽松柏竹木者，爲此根基也。如此知痛癢，何害於讀書？吾恐天下後世，如慧可而直②指傳心，故終之以讀書焉。（必恭云：心學必如此，方光明正大。）③

① 慧可：指禪宗二祖，萬曆、道光本俱誤作"惠可"。
② 直：道光本誤作"真"。
③ 道光本无"必恭云：心學必如此，方光明正大"。

卷四

省覺錄

◎省覺錄序[1]

　　覺悟始於定志，志愈定則悟愈精。嘉靖丙辰，先生入京，見《薛敬軒錄》，即題絕句于京師壁，云："昔年行遠不知遠，今日登高始覺高。知遠知高天近午，泗濱佇目[2]駕飛舠"。又題《了心歌》，尾云："泰山岩岩海汪汪，洙泗真源派許長。蘭橈桂槳駕一航，排閶闔，登宮墻，大叫仲尼坐明堂。鳴球佩玉共趨蹌，回琴點瑟繞鏗鏘"。又題《看花篇》，尾云："南山峨峨石磊磊，天風吹爾作海水。孔子孟軻生一遭，錢鏗喬松萬遍死。假令不得其中意，縱生萬遍亦如此。跤烏白日啄人髓，鑿石得火倏忽爾。歸來乎，歸來乎，山有蕨，水有芷。窮鬼笑錢神，錢神笑窮鬼。"又《昭君解》云："自甘命薄付紅顏，玉黛金鈿長不掃。"觀數詩，則先生甘貧樂道之志少時已定矣。故先生常云"丈夫得志無窮達"。先生之樂道，猶世人之樂功名富貴也。此數詩散入于諸稿之中，昨見《年譜》，始知皆丙辰年所作。又戊寅，先生遭謗，乃題云："他山攻處偏成玉，苦李時來也自甜。誰道南山高萬尺。行行便到祝融尖。"又題《新畫太極圖》云："個中原有先天易，壁上新添太極圖。日與包羲相揖讓，人間那得此凡夫。"言者心之聲，觀前後之詩，則先生覺照之功，造次顛沛，未嘗一日作輟。

---

[1] 萬曆本無此序，據道光本補。
[2] 目：道光本誤作"日"，據《年譜》改。

故先生嘗對人曰："公卿難到，聖人可學。"夫以先生用功如此之密，則聖人豈不易學哉！此《孟子》"求之有道，得之有命"一章之意，先生約爲八字，海內聞此八字者即有領悟。先生起頑立懦之功甚大，而不知良工心獨苦，先生用功如此其密也。用功之密者，以志定故也。學者必合《格物圖》諸篇，并《省覺錄》及諸詩觀之，斯見先生之功，見先生之志矣。

後學王廷章識。

◎省覺錄

○學者惟變化氣質最難。聖人教許多門人，都是因病而藥，變化氣質。

○從來聖人不曾教人不讀書，但讀書要識痛癢。如讀"學而時習之，不亦悅乎"，便思學是學何事，習是習何事，悅是悅何事，都將身心體貼出來，便不枉讀書了。若不能領悟，讀五車三十乘也是閑。

○孔子以顏子好學，乃曰"不遷怒，不貳過"，學者多忽略了。蓋七情之中，惟怒最害事，而過者亦人不覺察之常也。因顏子平日領夫子"克己復禮"之訓，視聽言動皆以禮，所以不遷不貳。若己還克得未盡，禮還復得未純，則未免於遷之貳之矣。此處學者將四勿功夫體認既久方得，不然將不遷不貳不免輕看。

○某常教人不必致良知者，何也？蓋良知本我所固有，非由外鑠我也。譬如山下出泉，泉脉日日流行，本山所自有者也。但或土泥淤塞，則泉不流矣。惟決去其土泥，則泉自流行，又何必於泉上用功夫哉？泉脉者，天理也；土泥者，人欲也。故致良知惟遏人欲。

○人無欲，以義理爲主，自冲淡，自寧静，自不東補西湊。

○學者志衰，只是見小。

○形與性相爲附麗，而不可離者也。形勝性，則天地之性皆管屬於形；性勝形，則五官百體皆管屬於性。形勝性者，常人也；性勝形者，聖人也。然則欲性勝其形，何道以能之？惟去其形之所欲而已。口之于味，目之於色，耳之於聲，四肢之於安佚者，皆形之所欲也。無欲則聖人矣。

〇問：絕四之後，此心景象如何？予曰："如明鏡，如止水。"曰："有物感之時，此心又何如？"予曰："亦如明鏡，亦如止水。"蓋此心雖有外物之感，然物各付物：妍者吾與之以妍，媸者吾與之以媸。明鏡止水，有何與焉？曰："若無物感，此心有思慮之時又如何？"予曰："亦如明鏡，亦如止水。"蓋雖有思慮，然所思慮者皆天理之公，而無一毫人欲之私，此之謂動亦靜也。於明鏡止水，又何與焉？蓋心之動者乃氣，而有主不動乃理。

〇凡曰知者，謂其真知，此理也。學知、困知，皆涉于聞見之知者也。若能真知，其理雖聞見，亦何害哉。故曰"及其知之一也"，故曰"我非生而知之者，好古敏以求之也"。聖人之言自是確實。

〇學者纔能覺，即能變舊習；纔能覺，便長進。

〇天地惟誠，所以四時行，百物生，萬古如此。聖人無欲，所以居天下廣居，立天下正位，行天下大道，巍乎有成功，煥乎有文章，博厚配地，高明配天，悠久無疆無欲，則一團實理，故誠。

〇天之與我也，管攝之以數；我之事天也，奉若之以理。管攝乎我者，富貴乎我也，貧賤乎我也。奉若乎天者，富貴不以道得不處也，貧賤不以道得不去也。不由乎命，惟由乎義。吾身皆天理，則我與天一，而天即我矣，故不怨天。人之處我也，責備之以理；我之處人也，安遇之以數。責備之者，毀譽乎我也，予奪乎我也；安遇之者，毀之者不以道，曰此數也，奪之者不以道，曰此數也。惟論乎數，不論乎理。吾身安所遇，則我與人一，而人即我矣，故不尤人。

〇悟道要如酒醉已醒了，有明師指之，方句句有覺；若猶未醒，只是夢中說。

〇張橫渠云："絕四之外，心可存處，蓋必有事焉，而聖不可知也。"此言恐不是，若絕四之外，心可存處，是又即禪家所謂以楔而逐楔也。《近思錄》云："人心作主不定，正如一箇翻車，流轉動搖，無須臾停。所感萬端，若不做一箇主，怎生奈何？張天祺昔嘗言：自約數年，自上著牀，便不得思量事，不思量事後，須强把他這心來制縛，亦須寄寓在一個形象，皆非自然。君實自謂吾得術矣，只管念個中字，此又爲中所繫縛，且中亦何形象。"如橫渠此言，即念中字意也。

○要曉得人心原無欲。

○三戒是閑邪功夫，敬字是存誠功夫。譬之修煉家，必將此身築塞，煉已身上無病痛，方可溫養。三戒即去病痛功夫也，敬字即溫養功夫也。若身上尚有病痛，豈能溫養哉？

○《丹鉛錄》云："萬漚起而復破，水之性未嘗忘也；萬燈起而復滅，火之性未嘗忘也。漚、燈，情也；水、火，性也。情與性，魄與魂也。"如依此錄，以魂魄認作情性，則情性二字還看不真。可見聞道由于頓悟，苟不能頓悟，而惟出入于聖賢文字之間，雖華顛鉅儒，讀盡五車三十乘，亦不能知之。殊不知性字即是理字，魂魄通是氣，依于體魄而不離。及死則散者，魂也；有形體死而不散者，魄也。天屬魂，地屬魄。日與火屬魂，金與水屬魄。氣體之外又言魂魄者，蓋以氣體之神而靈者言之也。

○道在心無存亡，人之心有存亡。

○羅仲素從楊龜山講《易》，至《乾·九四》一爻，龜山云："曩聞伊川先生説甚好。"仲素即鬻田裹糧，至洛見伊川，其所聞亦不外龜山之説，古人之篤志若此。

○志向大，功夫不小者，狂也；功夫小，志向不大者，狷也。

○能盡其性，則生亦可也，死亦可也。何也？蓋能盡其性，則我即天矣，又何死生之足云？仲尼以萬世爲生①，亦此意。

○心中無一物，就能與天地參。

○人千病萬病，只是要妝點粉飾，令其好看，令其適意，以承順此血肉之軀。

○神龍無欲，故變化莫測。聖人無欲，故處富貴、貧賤、死生如寒暑晝夜相代，而未嘗有意、必、固、我于其間。

---

① 生：萬曆本作"土"，據道光本改。

○人心本靈活出入，無時莫知其鄉，惟在人覺照爾。聖人仁、義、禮、智存于心，覺照得熟，故晬①面盎背，施于四體，四體不言而喻，因熟了，不知所以然而然。所以説聖而不可知之謂神。

○心中方有一毫欲心便粗。

○黄勉齋序《晦庵集》云："求道而過者，病傳注講習之煩，以爲不立文字，可以識心見性，不假修爲，可以造道入德，守虛靈之識，而昧天理之真，借儒者之言，以文佛老之説。學者利其簡便，自以爲悟。若立論愈下者，則又崇獎漢唐，比附三代，以便其計功謀利之私。二説并立，高者陷于空無，下者溺于卑陋，其害豈淺淺②哉！"此言正中今日之病。

○窮理不難，但既窮其理矣，以理而見之躬行爲難。精義非難，必有事焉而集義爲難。使不能行其理集其義，則窮之精之者，猶未至也。

○故知德非難，而成德爲難。是以有宋周、程、張、朱許多門人，日講窮理精義，而反不如司馬君實不言而躬行確實也。

○天之生我，有氣有理。魂魄者，氣之神；情性者，理之神。

○孔子曰："吾十有五而志於學，三十而立，四十而不惑。"聖人垂教萬世，豈虛語哉！故人能聞道，縱四十已後，未爲③晚也。張横渠少年談兵喜獵，李延平少年豪勇，夜醉，馳馬數里而歸。及後聞道，少年之事亦何害哉。聖人教人，不曾教人生出來八歲之時就無過。許人改過，故"不遠復"者，即曰"元吉"。

○王陽明云："凡人言語正到快意時，便截然能忍默得；意氣正到發揚時，便翕然能收斂得；憤怒嗜欲正到騰沸時，便廓然消化得，此非天下之至勇者不能也。"陽明此條，乃覺照切實功夫，後學收心者不可忽也。

○萬個公卿不如一個聖人，然公卿難到，聖人可學。

○學者做不上去，只是志衰。程子曰："學者爲氣所勝，習所奪，只可責志。"此言説得好，當玩之。

---

① 晬：萬曆本作"粹"，據道光本改。
② 淺淺：萬曆本作"淺淺"，道光本改作"淺鮮"。按：《勉齋集》正作"淺淺"。
③ 爲：道光本作"能"。

○學者惟克己、主敬、窮理三件事。程子以主敬爲入門，朱子以窮理爲入門，某則以克己爲入門。

○世儒只知冥心閉①目是静，不知此心如有思慮，當人事擾攘之時，皆天理之公而無一毫人欲之私也。是静何也？蓋理主于一而不動，我既主于理，則凝然不動矣，即所謂人生而静也。從來儒者，惟周茂叔知此，故曰"主静立人極"。

○周子曰："無欲，則静虚動直。"孔子謂"人之生也直"，此直也。孟子以"直養而無害"，此直也。蓋陽明則直，故《乾》"其動也直，是以大生焉"。

○常人之目只見其利，不見其害；只見其得，不見其失；只見其一己，不見天下國家；只見一時，不見萬世。

○聖人作《易》，惟教人以中以正，楊誠齋文節公知此意。

○莫之爲而爲者，天也。莫之致而至者，命也。故求之有道，得之有命。仁，人心也，義，人路也，故求則得之，舍則失之。某平生以此作欛柄，日間惟知此，夜間惟知此。日間知此，所以不東奔西馳；夜間②知此，所以不東思西想。

○天下古今，有治有亂，人之一身，有窮有通，有吉有凶。就如天上之月，缺了又圓，圓了又缺。所以聖人作《易》，教人以正，教人以中。既中既正，聽其天之命，我窮通吉凶矣，圓也可，缺也可。

○學者只是看此身，原是參三才、靈萬物出來。世上要成一個人，要繼往聖，開來學，所係匪輕。則朝夕之間，自然如臨深淵，如履薄冰，發憤忘食，樂以忘憂，不知老之將至矣。

○莫要看堯、舜、周、孔太高了，要想均是天地之人，何以聖人不可做？但看顔子少年，就説"舜何人也？予何人也？有爲者亦若是"，只在人志向如何耳。如《孟子》"集義"，"必有事焉而勿正，心勿忘，勿助長"，能如此，就是聖人矣。

○堯、舜傳道，説人心道心通，就心之發動上説。孔門説誠意者此也。所

---

① 閉：萬曆本作"閑"，據道光本改。
② 間：道光本誤作"問"。

以某説戒慎恐懼非存養者，以此。堯、舜原不説存養，存養之説，蓋因佛氏而起也。何也？道心乃與生俱生，我之固有未動之時，純是道心，何必存養？惟方動之始，此人所不知而已，獨知之之時，乃有人心，所以當戒懼慎獨。

○人不怕有過，但患不能改耳。如湯，聖人也，而仲虺稱其"改過不吝"，自古英君誼辟，皆改過不吝。

○問：天地陰陽，止二者矣，而又有五行，何也？蓋五者，中數也。天數五，地數五，天地之數，五十有五，此所以成變化而行鬼神。天地雖是陰陽，其中有變有合，故天干逢六則合，地支逢六則變。所以天地間萬事萬物，皆不能出其五。如以人身言，有五體、五官、五臟；以人身之道理言，有五性、五倫、五事。以萬物言，有五蟲；以養萬物之物言，有五穀、五色、五臭、五聲、五味，皆不出其五。若陰陽無變合，是死物也，天地亦幾乎息矣。

○下學方上達。無下學功夫，即上達不得。

○人無禮義，則即與禽獸一，與草木一。有禮義，則即與天一。故曰"朝聞道，夕死可矣"，故曰"罔之生也幸而免"。故養父母不過酒肉也，而乃曰"至於犬馬，皆能有養"，不敬而無禮義，則比之犬馬者，以此。

○人心如鐘，大叩則大鳴，小叩則小鳴，不叩則不鳴。隨其叩與不叩，無意、必、固、我之私，此正學也。或不叩而鳴，或大叩小鳴，或小叩大鳴，此有意、必、固、我之私，詞章功利之學也。若不許人叩，清净自在而坐，此禪學也。

○天地惟誠實，有此理，所以千古此天地，萬古此天地。動物千年是動物，植物千年是植物，所以不變，自無間斷。實有是鏡，實有是水，所以能照物。若水濁鏡有塵，必不能照物也。人心惟實具此五性之理，所以虛靈不昧。可者人同曰可，否者人同曰否。若有人欲之私，則不誠矣，必不能明。所以物格而後知至。故學者此心，必如水鏡無私，方能照物，故反身而誠，樂莫大焉。

○見獵有喜心，乃習心也。昨游關中，始見張橫渠所生之地，在大山之下。

○讀書有法，要讀得自在，不覺勞苦。每日當有課程，看每日何書口當講誦，口方覺勞苦矣，即轉而于手；手書寫，方覺勞苦矣，即轉而于脚，或出看田園，或赴會所，或應賓客朋友。又如家貧，子路負米，曾子耕作，梁山歌是也。人生在世，豈能出五行之外？有田則有租，有身則有庸，有家則有調。調者，籌度也，一家之調度也。既有其家，雖寒儒家貧，然上父母，下妻子，外而親戚、朋友，一家日用豈無調度？故既口誦讀、手書寫之外，又當移脚，脚移方覺倦息，則于書房中冥目靜坐，心主乎息，息依乎心，澄此心于不識不知之天，令其皥皥如也。既靜坐之久，乃出而經①行，或臨水邊，或坐山麓，或就松風，或移竹影；乃轉而用功乎心，或作新文，或改舊句，使五體五官轉相效勞。今日如是，明日亦如是，而一切聲利得失聽乎其天，置之度外而不問，不使其填塞②此物于我之胸中，則此心寬舒自在。優游厭飫，雖讀書猶不讀書，心與理相爲浹洽，自不覺其日進而月長矣。此雖舉業當如是，要之正學功夫，亦不外此也。康節云："心不過一寸，兩手何拘拘。身不過數尺，兩足何區區。何人不飲酒，何人不讀書。奈何天地間，自在獨堯夫。"某一生讀書不忙，惟用此法。是以長③自在，不覺勞苦，每日長歡喜，手舞足蹈而自得，以其心與理契也，雖千事萬事紛紜叢④雜在前，此心亦不震動。今人讀書，多是進銳，多是無恆，多是以酒色、財利、功名、得失夾雜交戰於其間。又或本中人以下之資，而所友非其人，無夾持之功。是以鹵莽滅裂，讀則悶倦。故心於理不相契，身與道不相干。偶登第之後，即買櫝還珠、墮甑不顧者，決有由矣。

○人之爲善者，此心也；爲惡者，此心也；見妖怪者，此心也；見祥瑞者，此心也。故先輩云："一念之善，景星慶雲；一念之惡，妖星厲鬼。"蓋心之所至，氣必至焉。高宗夢帝賚良弼者，以恭默思道也。孔子夢周公者，以志欲行周公之道也。近日吳康齋夢孔子、文王、朱子者，以志在心學也。心之所思，氣之所感，有是心即有是夢矣。人死一夢而已，鄉村人將死時言見閻羅者，正此意也。蓋平日講死之事，乃閻羅所掌，心之所思在此，將死而偶甦，豈不見乎？

○聖門不說陰德報應者，何哉？蓋道我所當行，德我所當得，非本分之外加毫末也。如說報應，是私矣，是有心爲善矣。故正誼不謀利，明道不計功，

---

① 經：道光本作"徑"。均通。
② 填塞：萬曆本作"與塞"，據道光本改。
③ 長：萬曆本、道光本俱作"嘗"，據下文"長歡喜"，應是"長"字之誤。
④ 叢：萬曆本作"業"，據道光本改。

董子之學爲醇正。而陰德之説，止可以諭鄉人，俾勉其爲善。若陰果之説，愈荒唐矣。

○人心無氣象，惟無欲者自得之而已。在平居時，此心常有六月天氣，寅卯日出之時，松竹之下，清風微來，此一個氣象。在勢利中，此心常有萬仞之山，一道瀑布飛泉，我獨觀於其旁，此一個氣象。在塵世堀堁之中，此心常有登五岳之巔，獨立於其上，杯拳山川，此一個氣象。處親戚鄉黨，此心常有冬日無風，衆人同於①暴日，梅花争發，置酒賞之，不忍摘伐，此一個氣象。

○鳥獸各有自得之性，如麋鹿之在山，鳧鷗之在水，皆有自得之性焉。家中養鵝鴨，秋成穀熟之時，田中有穀，如無水，亦不多食。若三五日不得水，偶至水中，即刷羽泅水，徊徘飛揚，不勝其喜焉，蓋水物故也。北人養鵝，稻糧非不具也，然污濁不似鵝形者，無水不得適其性故也。世之爲利禄而如北方之鵝者無限。

○先輩云"萬物静觀皆自得"，又云"月到天心處，風來水面時"。此景極有興趣。識得此趣，便是鳶飛魚躍，活潑潑地。我終日有此趣，便就坦蕩蕩，無入而不自得，所以塵視冠冕。然識此趣，豈幸得哉，孟子"集義"功夫所到也。

○顔子，惟他説"仰之彌高，鑽之彌堅，瞻之在前，忽焉在後"，方見得他用功密處。蓋志道之人，乍晴乍雨，或作或輟，所以仰彌高，鑽彌堅，瞻在前，忽在後矣。卓見者，見分明也。末由者，未能信手拈來也。

○人見富貴即敬之，及見富貴之人行事不合道理，心私賤之。然則敬富貴者，非真敬也，敬其炎熱而已。人見貧賤即鄙之，及見貧賤之人行事若合道理，心私慕之。然則鄙貧賤者，非真鄙也，鄙其凄凉而已。故學者當修己，不可俾人外貌恭敬而心私賤惡。

○天下之人，氣性之偏，就與天下之山相似。山有偏於東南者，有偏於西北者，有上偏而下正者，有下正而上偏者，有大勢偏而小處正者，有遠望正而近處偏者，有偏而甜軟者，有偏而猛暴者。其間方圓正直、獨立不倚者，萬無

---

① 於：道光本作"焉"。

一二。余曾見一家之人，有其夫性嗜羊肉，其妻惡其腥，雖點污之器亦必置之他室，此夫妻之性各偏也。其父種松，以其青青可愛，至於子盡伐之，更種櫟，以其便於取薪，此父子①之性各偏也。兄嗜牛脯，其弟好佛，以殺牛者有大罪，至其家，見其席上設之，即合掌念佛，此兄弟之性各偏也。夫一家之人，父子、夫妻、兄弟其氣性各偏殊如此，況天下億萬之人乎？故當時介甫之爲相，非立心誤國也，但偏執而自不知耳。故學者克自己之偏，須當如正②天下之山，當闢則闢，當培則培。

○命不如人，則當勤苦勉強，立身揚名，以造其命。勤苦者勞其筋骨，凍餓其體膚也。使能立身揚名，爲聖爲賢，則前之命不好者，實命之好也，非造其命而何？蔡虛齋有云："德好命不好，顏回任貧夭；命好德不好，王侯同腐草。"即此意。

○世間有富貴之君子；有貧賤之君子；有爲君子而享一世君子之名之君子；有埋光鏟彩、沒世不聞之君子；有少年不羈、晚年聞道之君子；有遭逢世變，忠義發於一時偶然之君子；有萋菲成其貝錦，東擯西竄之君子。有富貴之小人；有貧賤之小人；有享君子之名，人初不識，死後方覺之小人；有曾學君子，一時富貴之來，腳跟不定，改節之小人；有立心欲爲君子，但氣稟學術之偏，不覺流而爲小人之小人。

○人之辱人，或呼爲小人，或指爲禽獸，彼必不平，以爲辱己之甚矣。及觀其所作所爲，皆小人、禽獸之事，夫不當其名而甘爲其事，豈人之不明也哉，不反己故也。故反己自訟，能知己之罪過之人絕少。

○聞人謗己不動心，便是實體得不怨天不尤人功夫，久之查滓便通融化。

○"力除閒氣，固守清貧"，此康齋實歷語。

○《易》曰："小人用壯，君子用罔。"罔者，無也，言視有如無也，此君子之過於勇也。小人以壯爲壯，君子以無爲壯，不動聲色，以逸③待勞，能忍人之所不能忍，豈不過於勇哉？故有形之勇易，無形之勇難。

---

① 子：道光本誤作"母"。
② 正：道光本脫。
③ 逸：道光本誤作"勉"。

○要高，恐高成孤絕，要高又要平實；要深，恐深欠光明，要深又要灑落；要淡，恐淡成懶散，要淡又要細密。

○凡顧工人小厮之類，或得一菜一飯必欲與父母者，窮困已久，窮則反本，良心發見故也。公卿宰相之子及富家郎反不愛敬父母者，安逸已久，溺其良心故也。

○唐上元二年，加試貢士《老子》。元宗時詔舉人減《尚書》《論語》策，加試《老子》。夫以此設科取士，可以觀學術矣，而何望天下後世之愚民不日趨於老佛也！

○在山中二十餘年，顏子"不遷怒"功夫，十年前已①覺可能，至於"不貳過"，則不能學。蓋大過可以不貳，至於小過則難，小過多在言笑毫忽之間失於覺照，偶然而出。又因飲酒幾亂，聖人"惟酒無量，不及亂"，然則亂也者，非小過乎？

○不好貨則廉，不好勇則謙，不好色則身心安靜，精神完固。學者其庶乎？

○儒者將以應世，不似佛家終日只在虛空中作伎倆而已。如達而出來，就要幹功業，爲國爲民，掀天震地。如窮而不出來，便要明道淑人，以先覺覺後覺，不可埋頭塞耳，繩趨尺步，腐草無瓢。

○學者講學，專要勝人，始終是好勇的氣質未變。道理無窮，彼此講明即是，不必言自我出，門戶自我立也。

○毀譽者，人之常情也。見人毀我而怒，譽我而喜，亦人之常情也。殊不知毀譽在人，我何與焉？止謗不若自修，學者已知如此做功夫矣。至若譽我者，將何如哉，亦惟勉強自修，以求不負譽者之望而已。且又人情巧詐，見人即誇獎，以爲歡喜之緣，此正近日之所好尚者。我雖至誠待人，亦當曉得，切不可見人謗我而怒，誇我而喜，喜則志驕矣。

○人生有我之偏，有稟剛惡而偏者，有稟柔惡而偏者。有公卿世胄，其②所見者皆富貴僭擬之③事，所交者皆諂諛④奔走之人，養成自高自傲而偏者。有少

---

① 已：道光本作"以"。
② 其：萬曆本無，據道光本補。
③ 之：萬曆本衍一"之"字，據道光本改。
④ 諛：萬曆本作"諛"，據道光本改。

有才名，偶得名①公品題，自以爲是而偏者。有風俗不同，五方皆有性因習氣而偏者。故克己之功非止一端。大抵咬蔬菜者，其病易治；茹肥膩者，其藥難醫。

○常見人居山者，則説狩獵之話；居澤者，則説舟楫之話；居市井者，則説貿易之話；居儒林者，則説翰墨之話；居京師者，則説百官宗廟之話；居邊徼者，則説虜掠戰鬥之話。近僧人則説後世，近道流則説金丹。頭之所戴，足之所履，耳之所聞，目之所見。良弓爲箕，良冶爲裘。近朱則赤，近墨則黑。故習俗移人，賢者不免，故孟母三遷。政欲掃除舊習，當如臨陣對敵，以勝爲主。

○凡講心學，不可亂與人講，必俟其問之諄切而後言之。近日有一等讀孔顏之書者，説及孔顏心學，不惟不聽，即咬牙瞋目，罵不絕口者，此等之人可以言哉？孔子曰："有鄙夫問於我，空空②如也，我叩其兩端而竭焉③"。夫④孔子，大聖也，必待鄙夫問而後告。使不待其問而告，不幾於痴人前説夢，闤闠中彈《高山》《流水》之調哉？故曰："中人以上，可以語上也；中人以下，不可以語上也"，"君子引而不發，躍如也。中道而立，能者從之"。故大叩⑤則大鳴，小叩則小鳴，不叩而自鳴者，爲妖鍾。鋼刀賣與烈士，紅粉賣與佳人，同聲相應，同氣相求，古今類如此。

○力量不足，強去買田，強去起樓豎樹，自家苦楚，自家呻吟，何益之有？不富而潤屋，不可笑哉？聞道之人，食決不求飽，居決不求安。

○孟子得集義功夫，義理心上爛熟，所以開口有好議論。近日只講空寂，所以三句不離本行。

○要常想難得而易失者，時難進而易退者，學便有長進，便不知老之將至。

○人在世間，好勇、好貨、好色，皆其切實之病。史謂沛公前在山東，貪財好色，今財物無所取，婦女無所御，其志非小。孟子説"王猶足用爲善"，蓋爲其好勇、好貨之類，直言之而不諱，"足用爲善"者，此也。孔子乃分爲

---

① 名：道光本誤作"明"。
② 空空：萬曆本作"悾悾"，據道光本改。按：今本《論語》作"空空"。
③ 我叩其兩端而竭焉：萬曆本作"我叩其兩端而告"，據道光本改。
④ 夫：道光本無。
⑤ 叩：萬曆本作"扣"，據道光本改。

三等，少好色，壯好勇，老好貨。蓋三者皆人之欲也，非少時不好勇、好得也，但少時急於好色，緩於勇、貨，壯時急於好勇，老時日暮途窮，急於好貨。故孔子就其急處言之。人能超脫於此三者，則不邇聲色、不殖貨利之域矣。此切實功夫，學者都以眼前錯過了。

○聖人無病，賢人善醫病，凡民一身通是病。有一等凡民不知己之有病，有一等凡民也知己之有病，也曉得痛癢，只是諱疾。

○程子，人問漢文多灾异，漢宣多祥瑞，何也？曰："譬之小人多行不義，人却不説。至君子未有一事，便生議論。此一理也。至白者易污，此一理也。《詩》中幽王大惡爲小惡，宣王小惡爲大惡，此一理也。"此言説得好，極透人情。蓋做好人，乃十目所視者，做不好人，人已知其不長進，不責備矣。然則做學者，豈可使人不責備哉？故做真儒，必每每受人之謗。

○閑者，不論我隱逸在極静處，不論我在仕途極動處，只要我心閑。妙哉妙哉！説到此處，恐天下知此境者少。天下何曾尋得一個心閑的人出來，蓋無欲方閑，無意、必、固、我，如明鏡止水者，此閑之象也。

○聖賢功夫在朝夕日用上講求，以求所謂大中至正而已，不在矯強立异。此道在富貴如堯、舜爲天子也行得，在貧賤如仲尼爲匹夫也行得。蓋遵道而行，不論貧賤富貴也。如陳仲子豈不苦節，梁武帝豈不將身通捨在寺上，然矯強立异，竟成其私。所以孟子説，自繫馬千駟以至一介不以取與人者，無非求其大中至正而已。千古聖賢俟之不惑、考之不謬者，正在此。

○仲尼、顔回之樂，周茂叔每每教人尋之。此樂豈只聖賢有哉，常人亦有之，但自家去苦楚耳。蓋因人氣稟原好勇、好貨、好色，凡宮室飲食男女，通要勝過人，不肯安常處下，終日只將此數件在理料。又加以近日科舉之學興，東名不成，西利不就，其間就裹①許多勞擾，只在奔波過歲月，所以不知孔、顔之樂。

○經曰："人藏其心，不可測度也。"彼此對面，游心千里，人豈知之哉？學者毋自欺功夫，惟當自覺照而已。常思游心妄想，萬起萬滅，亦無益也。既

———————
① 裹：道光本作"有"。

妄想無益，何不俾此心寂然瑩然，豈不可之有①。

○仁乃生生不息之理。孟子説"乍見"二字極説得好，蓋乍見之時，良心偶發，無物欲沉滯於中，全是一團天理，所以爲仁之端。程子在"乍見"二字看得真，所以説心如穀種，生之性是仁。

○從孔氏之學日就其切實，從釋氏之學日就其妄誕。空而復追其空，非妄誕而何？深造自得，非切實而何？

○孟子説："居天下之廣居，立天下之正位，行天下之大道，得志與民由之，不得志獨行其道。"世間這樣丈夫何處做去，只是無欲。

○人之資質美者，多做名卿名相，但較之爲學，又不免偏，終非中庸。且如人氣節要剛大，而襟懷又要灑落。如汲長孺，儘有剛大氣節，但恐止成就得剛直一邊。臨事固要公直，而存心又要忠厚，如張九齡豈不公直，但又恐近刻薄些。度量要寬洪，而檢身又要細密，如劉寬輩儘寬恕，但或者少細密。探討蘊蓄要深厚，而志趣又要高明，如張華、揚雄輩豈不博古通今，但高明意思終少。此孔子所以以清以忠許人，而不許人以仁，正學之當講，正在此也，不然止成一節之士。

○驕心、吝心、妒心、貪心、欲心、好殺心，皆心也。至於此心發覺有罪愆，則悔心生焉，是悔心也，正天地一陽初復之心也。可見人雖賢愚不同，此良心無時無刻不存，止因私意蔽之，故諸心生耳。此所以克己功夫爲學聖第一條。

○學者做功夫，要覺其所不覺。何以謂之不覺？且如性好多言，此氣質之性之偏也。心雖知己之多言，或者偶然不覺而出，便要常常覺照我多言處，此之謂覺其所不覺也。或性好猛暴，或性好矜誇，皆是此功夫。臨陣對敵，要強人之所不能強，忍人之所不能忍，久而久之，便是把氣質變化過，便是將生鐵炒鎔成熟鐵，便是把瓦坯燒過成磚。

○腹中當一饑一飽，不可時時飽，此天道盈虛、人事消長之理也。説及此處，信手拈來，處處是道。

---

① 豈不可之有：道光本無。

○學者涵養，得深厚沉渾最妙。

○豪傑之士處於富貴之中，若不知處富貴，即成一個大俗漢。

○"無求到處人情好"，雖是一句常言，不可以俚忽之。

○先輩云："有所爲而爲者，皆利也。"近日學者以此句論君子、小人之儒，可謂誅儒者之心，其議論誠精①矣。但自楊廣設科之後，讀周孔②之書以應科者，果有爲乎？果無爲乎？故科目陷士子於不肖，於茲可見。

○前輩説："用舍無與於己，行藏安於所遇，命不足道也。"學者做功夫，須做到命不足道處，方能自得。

○見道分明即樂。

○莫作一鄉一郡人。

○《易》曰："男女構精，萬物化生。"蓋男女之交感，乃天地之氣化，非男女之私也。釋氏不知此義，乃以男女爲恩愛妄緣而生。此處大頭腦既見得不透，則小肢小體又安能見得透？所以釋氏將居處如牢獄，妻子如枷鎖，財物如重擔，親戚如冤家。

○聖賢説話，説個小人而無忌憚也。人只是有所忌，有所憚，就做好事了。中人爲善，畢竟如此，故曰"君子懷刑"。

○肥豉厚髀，人皆貪之，而不知病我腸臟者，此物也；美姬艷婦，人皆貪之，而不知損我精神者，此物也；高爵厚禄，人皆貪之，而不知禍我身家、殺我子孫者，此物也。三者於我何加焉，人乃貪饕不已，以至殺身亡家者，弗思故也。佛雖夷狄異端③，非吾儒中庸之道，然彼知世人所貪在此三者，乃盡去而黜之。故中國梵刹遍地，以爲西方之聖人。

○凡處不要緊之人與不要緊之事，不可狎侮忽略，通要謹慎細密，就是聖人不泄邇功夫，吉凶悔吝，通在此上面生。

○儒者惟不知老之將至，就能死而後已。嘆老悲窮，不免白髮嫁人。

○世間千條萬緒，消不得我一個"理"字，千思萬想，消不得我一個

---

① 誠精：萬曆本作"精誠"，據道光本改。
② 周孔：道光本作"孔子"。
③ 夷狄異端：道光本改爲"異端之教"。

"數"字，千橫萬逆，消不得我一個"忍"字。

○爲學如窰，火候到了，自然烟清脚亮。

○做官太慈愛行不得，太猛暴堪不得。

○義理無窮，讀書到老，不曉得到老。

○大丈夫以天下爲一家，以萬物爲一體。既不知事親從兄，則一家之内且乖戾矣，況仁民愛物乎？故曰"君子務本，孝弟爲仁之本"，故曰"堯舜之道，孝弟而已矣"。

○好勇、好貨、好色，殺身也是此三件，亡家也是此三件，殃及子孫也是此三件。不好勇、好貨、好色，保身也是此三件，保家也是此三件，揚名後世也是此三件。

○長要想自家一身，乃太倉中一粒，江海中一滴，氈裘中一毛，何以充塞古今？便有長進。

○凡立身行道之人，受人無根之謗，就當知是我之數，不當歸罪於所謗之人。其進以禮，退以義，猶夫初也。"誰人背後無人説"，此雖俚言，可采擇焉。好察邇言，其此之類乎？

○有三五十年之身，有千萬年之身。

○君子行事，苟出於天理之公，而無一毫人欲之私，雖事出於人情之外，亦不失其令名。且如以臣殺君，以夫出妻，兄弟相殺，皆惡人之事也。湯、武、周公、孔子、子思行之而不爲過者，以其出於天理之公，而無一毫私意耳。①

○孟子説"養志"，蓋心爲上，體次之，所以養體次於養志也。曾子養志，孟子止以可許者，以人子之分無窮耳。今人養體且有歉矣，況養志乎？蓋緣科目之設，人生八歲之時，不教以灑掃、應對、進退之節，且教以文章技藝之末，都養成驕傲猛狠②，所以成材也難。

○科舉之士倘有拂意處，不可怨天尤人。要曉得自家内中必有一件不如人處，非學不如人，則命不如人。居官亦然，不能升擢者，非政事明敏、行己清

---

① 道光本刪去"且如以臣殺君……而無一毫私意耳"一段。
② 狠：道光本誤作"很"。

苦①不如人，則命不如人。以此自處，便心長安泰。

　○學者能學爲君子，如偶然不幸，縱遭天來大禍，其君子之名愈光。蔡西山遇黨人之禍，其禍何禍哉！死後趙章泉哭之以詩云：“鵑叫春林復遞時，雁回霜月忽傳悲。蘭枯蕙死迷三楚，雨暗雲昏礙九疑。早歲力辭公府檄，莫年名與黨人碑。嗚呼季子延陵墓，不待鑱辭行可知。”千古之下，哭西山者，獨此詩爲冠。然以名與黨人之碑爲榮，則當時之禍反不爲西山之重哉。

　○古今無不受謗之聖賢，以方正故也。媚世取寵，則鄉愿矣。

　○人做儒者，要識天下人之情性。天下之人，有傲氣得一點根蔕没得的。且如孔子講道於宋，宋即將木伐之。講道者，孔子與門人相講也，與宋何干？講於木下，與木何干？即孔子而我等愚劣可知矣，即宋人而天下之人可知矣。

　○世人傲惰人貧賤，忽略人老醜，乃是世人常態。若吾儒將此放在心上，終是渣滓未融。

　○孔子曰：“一言而可以終身行之者，其恕乎。”這“恕”字如體認不到，豈特外人，豈特百姓，就是父之於子也體不到，母之於女也體不到，夫之於妻也體不到。所以說充拓不去，則“天地閉，賢人隱”。

　○中也者，天理人情之至也。梁武帝宗廟以麵爲犧牲，商紂暴殄酒池肉林，皆不近人情，非天理之自然，所以均敗亡。

　○元城先生自遷謫時，以父母惟其疾之憂，遂絕欲。自絕欲三十年來，氣血意思只如少年。終日接士友劇談，雖夜不寐，翌朝精神如故。每日觀書，未嘗晝寢。歲時家廟跪拜七十有二，未嘗廢閣②。心嘗前知，兩月前覺必有變異，果長子不祿，皆絕欲之驗也。

　○做王公有王公不可了之心，做宰相有宰相不可了之心，做百官有百官不可了之心，做庶人有庶人不可了之心，做僕吏有僕吏不可了之心，做婦人有婦人不可了之心，做婢妾有婢妾不可了之心，做乞人有乞人不可了之心。了之心是出世之人矣，故曰：“大人者，不失其赤子之心者也。”赤子之心，純一無僞，不起不滅之心也，明鏡止水之心也。戲之則喜，當喜而喜之心也；鞭之則

---

① 苦：道光本作“卓”。
② 廢閣：道光本作“廢闕”。

哀，當哀而哀之心也。①

○游子問謝子曰："公於外物一切放得下否？"謝子曰："可謂切問矣。"胡子曰："將何以②答之？"謝子曰："實向他道上面做功夫來。"胡子曰："如何做功夫？"謝子曰："凡事須有根，屋柱無根，拆③却便倒。樹木有根，雖剪枝條，相次又發。如人要富貴，要他做甚？必須有用處尋討要用處病根，將來斬斷，便没事。"愚常説人千思萬想，千計萬較，左右是奉承此血肉之軀。此軀好勇、好貨、好色，萬般都從此三者之根發生而已。將此三者根苗斬斷，就事事擺脱得去。

○人之爲善，非朝爲善而暮即成善人之名也。惟君子以小善不可忽也，久而久焉，而萬善聚於我矣。人之爲惡，非朝爲惡而暮即成惡人之名也。惟小人以小惡不足損也，久而久焉，而萬惡聚於我矣。故曰："泰山之溜穿石，殫極之綆斷幹"。

○有人從余游，甚稱《老子》"和其光，同其塵，挫其鋭，解其紛④"，"知其雄，守其雌，爲天下溪；知其白，守其黑，爲天下谷"，"將欲翕之，必固張之；將欲弱之，必固强之；將欲廢之，必固興之；將欲奪之，必固與之"，以爲處世之道莫過於此矣。余曰：此老子平生佛口蛇心之術，一團私意，安得如孔子"一言而可以終身行之者，其恕乎"，"言忠信，行篤敬，雖⑤蠻貊之邦行矣"，"恭、寬、信、敏、惠"，"上不怨天，下不尤人"，何等光明，何等省事！所以孔門之道，正其誼不謀其利，明其道不計其功，無意、必、固、我之私。所以與天地合其德，與日月合其明，與鬼神合其吉凶，老氏安足置之齒哉！然老子之言，亦有不可廢者，如"身與名孰親，身與貨孰多；甚愛必大費，多藏必厚亡；知足不辱，知止不殆"，此皆名言，又不可以人而廢也。

○妄想心有種種焉：有無根霄壤之想；有有根平常日用之想；有過去追悔

---

① 萬曆本此頁後至《孔子謹言功夫四十條》頁前，版心處皆寫作"省心録"；道光本此頁後至《孔子謹言功夫四十條》頁前，版心處皆寫作"省覺録"。
② 將何以：萬曆本作"何以以"，據道光本改。按：此句《上蔡語録》原作"何以答之"。
③ 拆：道光本作"折"。
④ 紛：道光本作"分"。
⑤ 雖：萬曆本、道光本缺，據《論語·衛靈公》原文補。

之想；有過去自慶自足之想；有未來圖謀之想；有希望其來，將來不來，既來復去，鬱結不寧①之想；有臨關對敵之想；有喜後怒後之想；有平生所戀熟景，載夢載覺，新舊往來不斷之想；有知絕妄想，晝夜執持，一時②未曾覺照，偶爾入心之想；有知絕妄想，持守不定，一寒一暴之想；有知絕妄想，想別物以止妄，以楔逐楔之想；有知思道理，夾雜私意以行之之想；有氣稟執拗，認人欲爲天理之想；有空想其邪，想之不行之想；有實想其邪，必欲見諸行事之想。萬起萬滅，種種雖有不同，然原其所想者，不過好勇、好貨、好色三者而已。故勇、貨、色三欲者，千欲萬欲之樞紐也，千妄萬妄之根柢也。斬根斷紐，方可學聖。

　　〇獨者，人所不知而己獨知之者也。慎獨者，慎其己所獨知而不自欺也。人之一身，手持、足行、目視、耳聽，人皆得而見之，惟心人不得而見，己所獨見。所以聖賢做功夫，教人慎獨，此千載理學之秘訣也。然是獨也，豈己所獨坐而後可慎哉？凡每日間處妻子奴婢，事父母君長，接鄉黨賓客，臨民聽政，飲食言語，大而萬事萬物之煩，以至毫厘絲忽之微，靜而闃寂淵默之時，以至堀堁轕轇之際，少欺其心，皆非慎獨也。今之學者多喜人終日端坐，殊不知坐與行，視與聽，皆此身之所不能免者。如心少有所欺，則終日之端坐，亦猶終日之端行也。孔子曰："非禮勿視，非禮勿聽，非禮勿言，非禮勿動"，此其至切之功夫矣，豈教人終日坐哉！若終日端坐，無天無地，無人無我，畢竟是禪。

　　〇孟子説"人皆可以爲堯、舜"，初學聽之似駭然，然非大言也，千古聖人，此心此理而已。如我一念合天理，則就此一念便是堯、舜；若過此一念不學好，即盜跖矣。一事合天理，則就此一事便是堯、舜；若過此一事不學好，即盜跖矣。道理本平鋪在面前，堯、舜不曾增些子，凡民不曾減些子。求之即得，欲之即至。所以孔子説"回三月不違，其餘日月一至"。

　　〇人多在困窮拂逆上增益其所不能，此孟子之言，人皆知之。至於志得意滿上失了涵養，減了聰明，損了德行，而人則莫之覺也。

　　〇義理者，吾日用之飲食也；窮達者，吾軀體之肥瘠也。吾朝餐而暮飲者，

---

① 寧：萬曆本作"寧"，道光本避道光皇帝諱，改作"安"。
② 一時：萬曆本作"一來"，據道光本改。

惟此義理焉。至於吾身之肥瘠，聽其自然可也。若惡此身之不肥，舍日用菽粟之飲食，求參耆熱藥以助之，不幾於愚乎？

○有德者之言，如天地所生之草木、枝葉、花實，雖濃淡不同，其生意自然可愛。蓋元氣在內，故陽春生百媚也。若不修德立行，徒工文辭，終是剪綵爲花。近日人論朱子、止齋二公之文，言朱子之文平實穩當，占得地步寬；止齋之文排濤逐浪，畢竟終落第二着是也。

○人惟恐懼，所以不憂不懼。若放蕩禮法，則長憂長懼。正俗言所謂"怕法朝朝樂，欺公日日憂"也。蓋能恐懼修省，則隨處體認天理，即孔子所謂"內省不疚"矣。所以臨事變之偶來，不憂不懼。恐懼者，未事之前，以理言也；憂懼者，臨事之際，以事言也。

○古之婦人，如杞梁之妻，何曾讀書，然節義凜凜如大丈夫者，不昧此良心也；蔡琰①豈不讀書，然卒失其節者，昧良心故也。故良心一發擴而充之，即浩然至大至剛，塞乎天地。

○近日學者把性命之學又是一樣看，把眼前終日所行事又是一樣看，此其故何也？蓋緣他平日將二氏之學終日講究，所以分而爲二矣。殊不知吾之終日所行者，非性命之學。何學也？天地間除了五倫人情物理之外，又更有甚性命之學？古人說個參天地，贊化育，博厚、高明、悠久，不過五倫之道而已。且以堯、舜言之，做了許多功業，孔子贊他"惟天爲大，惟堯則之"，然不過盡君道而已。堯、舜亦盡其性而已，非性命之學而何？不知性命，又終日所學何事？

○人之學聖賢者，氣質爲先，學問次之。且如子路之勇敢，宰予之言語，得一大聖人爲之依歸，子路始終從勇敢一路，宰予始終從言語一路。至若顏子則不然，顏子資質甚粹，至今想其爲人，生下來大半已有亞聖氣象了。

○楊之道主于方，墨之道主於圓。主於方者，其理當圓而亦方也；主於圓者，其理當方而亦圓也。聖人之道則不然，惟觀乎理而已。理當方則方，理當圓則圓。近日儒者謂楊氏穿裘者也，墨氏穿葛者也。穿裘者六月亦穿裘，穿葛

---

① 蔡琰：萬曆本作"蔡琰"，道光本避嘉慶皇帝諱，改作"蔡文姬"。

者冬月亦穿葛，子莫執中，又穿裘又穿葛也。聖人則不然，時當暑，當穿葛則穿葛，時當寒，當穿裘則穿裘，此論亦好。

〇凡春來百鳥鳴及蛙鳴，秋來蟬鳴，皆有自得之天機，但彼自不知耳。天久不雨，偶然下雨，此天地之交感也。所以萬物長養發生，若或助之，其自得之妙，但人莫之知耳，而天地亦莫之知也。學者做功夫，其自得之妙，亦當如天地萬物。要之氣之自得，理之自得，其妙一而已矣。

〇不貳功夫，難於不遷怒。

〇近日有一等人也，知此身原是浮生，非堅牢久住於世之物也，知光陰乃百代之過客，當及時行樂，却乃買歌兒舞女，朝酒暮肉，招賓拉友，登臺臨榭，自以爲樂矣。此等之人，見得陰陽消長之理一斑半點，與終日營營於名利，鍾鳴鼓響而猶夜行者固殊。然與孔門之樂終隔一關。若以孔門之樂論之，非樂也，乃欲也。蓋此樂惟富貴之家有之，有歌兒舞女則樂，無之時則不樂矣；有朋友臺榭酒食則樂，無之時則不樂矣。是樂因物而後有也，殊不知無欲即樂。若無欲之樂，則不論貧賤富貴，不論動靜冷暖，做官也樂，做百姓也樂，住樓閣也樂，住茅屋也樂，吃菜也樂，吃肉也樂，平常也樂，遭變也樂，身也樂，心也樂，少也樂，老也樂。學者必到此樂，方是學問。嗚呼！此樂不講久矣，安得與斯人而共樂之。

〇謙與諂略相似。然謙也者，不自有之事也，修德之心也；諂也者，媚人之事也，取寵之心也。外貌雖略同，而心術則萬里矣。故自卑尊人之事，在君子則爲謙，在小人則爲諂。儉與吝亦然。

〇倘來之福，以義處之，如我所不當得，則雖福亦禍；倘來之禍，以命處之，如我所不當得，則雖禍亦福。以此作柄，故遇大福、大禍，即凝然不動。

〇一個淡字最妙。人淡於貨利、聲色，淡於世味，則無適而不可矣，豈惟人之心事行已哉！至於人之文亦然。潘岳《閑居賦》與陶潛《歸去來辭》，皆恬退之言也，然潘之言誇，陶之言淡，是以陶高百世，人皆學淡而不可得焉。豈惟人哉，天下之水，以淡爲上，山之淡者，則即畫①也。故君子之道，淡則不

---

① 畫：萬曆本作"畫"，據道光本改。

厭，交淡則成。

〇近日學者多講喜怒哀樂未發氣象。夫喜怒哀樂未發，即發而中節之理而已。此理未發，渾然無朕，理豈有氣象也哉？講氣象者，泥佛氏"光明圓䨻"之說也。

〇不要學婦人搽脂粉，要真率。做個模樣便是搽脂粉，有心費力去做的都是搽脂粉，就是婦人，不是①男兒。

〇騎驢覓驢，是舍其心而不求，而求之章句之末，即舍其田而芸人之田也。騎驢不下驢，是守着此心而不能空也。禪家惟有此後截，所以將世間有色之物皆爲空，所以三綱廢弛，得罪名教。

〇"知命者不立於岩墻"，非真有岩墻也，履虎尾而依冰山者也。"洊雷，震，君子以恐懼修省"，非真有洊雷也，放于桐而"克終允德"，栖姑蘇而嘗膽者也。

〇將勤補拙，以勞折灾。

〇言孝而必曰順者，有順而後可言孝也。縱父母有不是處，姑且順命。"又敬不違"者，即順也。蓋孝字管得大。古人云"事君不忠，非孝也；戰陣無勇，非孝也"云云。至於一草一木，伐之非時且非孝，則孝正所謂"置之而塞乎天地，溥之而橫乎四海，施之後世而無朝夕"者矣，孝字豈不管得大？至於在父母面前，朝夕奉養服役之間，必要加一個順字。天下未有不順而能孝者，未有孝而有不順者。

〇"在上位不陵下，在下位不援上。正己而不求於人，則無怨。上不怨天，下不尤人。"陳氏言此處見得君子胸中多少灑落明瑩，真如光風霽月，無一點私累。人果如此，不論做官做百姓，何等省事，何等心閑。古今做聖賢者，個個是如此。

〇人少時浮薄剛傲，及老則忠厚謙虛，此善變乎少者也。窮時狂妄輕淺，及達而登第，居要地，愈樸實謙退，此善變乎窮者也。然老而善變者，十②有三五，達而善變者，萬無一二。

---

① 萬曆本此處衍一"是"字，據道光本刪。
② 十：萬曆本作"千"，據道光本改。

○學者肯檢點起來，若心不在時，何處沒有過失。且如見下等之人，較之敬上等禮節言語，就減些分數。以孔子"使民如承大祭"之言論起來，我等豈不時時有罪過？所以伯玉使者說"寡過未能"①，孔子稱之。看來寡過未能亦實事也。

○君子之與小人，人非不知其等較然也。人却甘爲小人之事，而不學君子。聖賢之與王侯公卿，人非不知聖賢之爲貴也，人止知慕王侯公卿富貴，而不學聖賢。

○有富貴而無日不憂者，有貧賤而無日不樂者，止②在聞道與不聞道論。

◎孔子謹言功夫四十條

"予欲無言"，"天何言哉？四時行焉，百物生焉，天何言哉？""君子欲訥於言而敏於行。"（此第一段。）

○"剛毅，木訥，近仁。""巧言令色，鮮矣仁。""仁者，其言也訒③。""其言之不怍，則爲之也難。"（此第二段）

○"有德者必有言，有言者未必有德。""巧言亂德。""道聽而塗說，德之棄也。"（此第三段）

○"惡稱人之惡者，惡居下流而訕上者"，"惡利口之覆邦家者"。佞人殆不幾乎"一言而喪邦"乎？"是故惡夫佞者。"（此第四段）

○"亂之所生也，則言語以爲階。君不密則失臣，臣不密則失身，幾事不密則害成"，"駟不及舌"，"是以君子慎密而不出"。"邦有道，危言危行；邦無道，危行言孫"，"免於刑戮"。（此第五段）

○"將叛者，其辭慚；中心疑者，其辭枝；吉人之辭寡，躁人之辭多；誣

---

① 寡過未能：《論語》原文作"夫子欲寡其過而未能也"。
② 止：萬曆本作"不"，據道光本改。
③ 訒：萬曆本作"認"，據道光本改。

善之人其辭游，失其守者其辭屈。""言未及之①而言謂之躁，言及之而不言謂之隱，未見顏色而言謂之瞽。""可與言而不與之言，失人；不可與言而與之言，失言。""君子居其室，出其言善，則千里之外應之，況其邇者乎？居其室出其言不善，則千里之外違之，況其邇者乎？""言忠信，行篤敬，雖蠻貊之邦行矣；言不忠信，行不篤敬，雖州里行乎哉？""言出乎身，加乎民；行發乎邇，見乎遠。""言行，君子之樞機，樞機之發，榮辱之主也。言行，君子之所以動天地也，可不慎乎！"故"君子於其言，無所苟而已矣"，"易其心而後語，懼以語則民不應也"。（此第六段）

○"忠信所以進德，修辭立其誠，所以居業。""古者言之不出"，"君子恥其言而過其行"，"敏於事而慎於言。""先行其言，而後從之。""庸德之行，庸言之謹；有所不足，不敢不勉，有餘不敢盡；言顧行，行顧言，君子胡不慥慥爾！"（此第七段）

○"言寡尤，行寡悔，祿在其中"，"夫我則不暇"。"始吾於人也，誰毀誰譽"；"今吾於人也"，"慎言語"，"言思忠"，"非禮勿言"，"似不能言者"，"時然後言"，"言必有中"。（此第八段）

右《孔子謹言功夫四十條》，先雜之《省覺》《省事錄》中。恭偶一日讀之，問先生。先生曰："爾當自悟。"次日，恭對先生曰："此條有八段意。"先生首肯。初一段總言君子當訒其言，"予欲""欲"字與"欲訒""欲"字相應。第二段言仁者必訒言。第三段言不訒言爲德之棄。第②四段言言之害人，足以覆邦家。第五段言言之害己，足以取禍。第六段言言有慚、枝、多、游、屈、躁、隱、瞽、失言、失人數弊，惟寡則吉也。故不可不慎，無所苟，易其心而後語。第七段方言君子進德居業，修辭立其誠，言行相顧，乃慥慥篤實君子。此一段正吃緊正功夫。第八段言我不暇干祿，惟謹言而已，然必時中，方爲聖人之言也。此雖先生組織孔子之言成文。然有頭腦，有鋪設，有收拾。先生之筆非苟下者，恭因摘出之。

後學王必恭識。

---

① 之：萬曆本、道光本缺，據《論語·季氏》補。
② 所用萬曆本底本缺一頁，此下文字據道光本補。

卷五

省事録

　　○君子處事，無適無莫，義之與比。王安石新法主于必行，所以其詩云："今人未可非商鞅，商鞅能令政必行。"惟其心之主於必行，所以其言如此，不覺其言之非也，執拗之害，一①至于此。

　　○王陽明文集中，或問客氣。師曰："客與主對，讓盡所對之賓，而安心居於卑末，又能盡心盡力供養諸賓，賓有失錯又能包容，此主氣也。惟恐人加于吾之上，惟恐人怠慢我，此是客氣。"此説非也。主與客對，主是天理，客是人欲。主客二字，猶言内外也。凡人好高不肯下人，倨傲凌虐人，通是血氣之私，乃人欲也。曰"客氣未易消磨"者，即人欲未易消磨也。惟恐人怠慢我，此是小人，客未必皆如此。

　　○林見素乃本朝名臣，題嚴子陵詩乃不足之，何也？今人同窗讀書至厚之友，偶見一人登第，遂彼此參商者甚多，況故人爲天子乎？以足加天子之腹，其懷抱可知矣。嚴子陵，不可少者也，見素之詩過矣。孔子稱"不事王侯"者"爲志可則"，孟子稱伯夷爲"百世師"。如見素之詩，則孔、孟之言皆不是矣。

　　○趙飛燕入宮，披香博士淖方成在成帝後，唾曰："此禍水也，滅火必矣！"當《臨》而知"八月有凶"，淖其賢也哉！

　　○鷄鵞抱子，其母未嘗與之喙也，氣足之時，便自横逆裂開。或出之不利，

---

① 一：萬曆本作"亦"，據道光本改。

人或以手略助之，其子下來，必不長進，此正揠苗者也。人之富貴功名通是如此。

○"王用三驅，失前禽。"不獨天子之於民如此也，凡人處鄉黨、朋友、奴僕，通當開一面網。

○某常教人遏人欲者，以人至于無欲則百事可做。且如殺戮，天下之大事也，我惟無欲，無意、必、固、我之私，則殺戮亦是天理。如堯、舜之誅四凶，周公之誅管、蔡，豈不是殺戮？亦是天理。如有欲，有意、必、固、我之私，雖爲善，亦是人欲。如公孫弘之布被，王莽之謙恭，韓侂胄之欲恢復中原，豈不是爲善亦是人欲。

○秦始皇浮江至湘山祠，逢大風，幾不能渡。上問湘君何神，對曰："堯女舜妻。"始皇大怒，使伐湘山樹，赭其山。赭者，赤也，言赤身見體也，故孩提不衣者謂之赤子。赭其山者，將樹伐盡而赤身也，注解"赤色"者非。夫以遇江風而伐山樹，正俗言所謂"桑樹着箭，柳樹出漿"也。人君遷怒之害，一至于此！七國反而殺晁錯，李陵降邊而腐刑司馬遷，大率類此。夫以孝景、孝武且如此，況其他乎？故明主愛一顰一笑。

○古今宰執權臣敗露之後，籍沒其家，家貲皆巨萬。若以斯人而愚也，然雕刻百工，爐錘萬物，舉動回山海，呼吸變霜露，類非愚者所能。若以斯人而不愚也，積錢數萬，終何用哉？如梁冀既誅，收錢貨斥賣三十餘萬萬，以充王府用，減天下田租之半，散其苑囿，以業窮民。籍元載家，鍾乳八百兩，胡椒八百石。今天下之積錢者，能如二人亦已足矣，然皆碎首殺身，不得此錢之用，則此錢不積亦可也。《老子》曰："身與貨孰多？"積錢以殺身，身貴乎，錢貴乎？此老子之名言，孔子所以稱其猶龍也。書此以爲見錢即垂涎者之戒。

○"無矜爾榮，天道惡盈。無恃爾貴，隆隆者墜。"故聖人於《泰卦》之終曰："城復于隍，其命亂也"；於《豫卦》曰："冥豫在上，何可長也"；於《豐卦》曰："闚其戶，闃其無人，三歲不覿"。噫！聖人之情見矣。

○世有難處之人，我若處之，使我獨爲君子，而使彼甘爲小人，亦非忠厚惻怛之心也。此中也須有委曲，君子之所爲，衆人固不識也，正在此。

○學者幹出大事業，惟在志向何如耳。莆田黃伯固公見武宗北狩，人心危疑。伯固時在制中，乃題其書室曰："茅屋石田，爲生太拙。鴟夷馬革，自許何愚。"蓋有志于殉國也。後補武選郎中，乃疏六事。此一疏與胡澹庵之疏，皆日月争光。疏内請誅江彬，彬果大怒，下詔獄，廷跪五日，杖百餘。幸得甦，以詩遺弟曰："不用汝謀方至此，須知我道固當然。"蓋萬死不悔也。嘗言曰："人生仕宦至公卿，大都不過三四十年，惟立身行道，爲千載不朽。世人往往以彼易此，何耶？"其素志如此，所以幹出此事。

○豪傑之士不偶於時者，每每于詩歌言其志，寄其興，某所以説詩最難解。今之解杜詩者，每每因其字句而解之，而言外之意則未之發，間有發者，易至于鑿。如陶靖節《述酒》一篇，獨湯公漢以爲恭帝哀辭。蓋劉裕既受禪，使張偉以毒酒酖帝，偉自飲而卒。又令兵人逾垣進藥，帝不肯飲，兵人以被掩殺之。故哀恭帝之詩，托名《述酒》，使無湯漢，此詩亦不知何説也。蓋湯漢鄱陽人，靖節乃陶侃之曾孫，亦鄱陽人，後乃徙家潯陽也。

○唐介陳宰執文彦博之過，貶英州別駕。介未至英州，彦博奏："出介至重，是陛下因臣而退敢言之士。願召用之。"尋復召用。此皆前輩好事。

○世無爲善之小人，而有改節之君子。爲惡之小人不足責，改節之君子深可羞。

○天地理一而氣异。何以理一？五性之理，具于人身，人人同然，是可見理之一也。至于人之形體，則長短大小，千人萬人皆别，此可見氣之异也。《史記》秦始皇二十八年，有大人長五丈，足六尺，十二人見于臨洮。晋元帝咸寧二年①、陳武帝永定三年，皆有長人見。由此氣异推之，則此亦不足爲异也，猶有怪异异于此者。

○"誰將西歸，懷之好音"，此可見天理之在人心，不容泯滅也。故曰："君臣之義，如之何其廢之？"

○王莽末，天下旱蝗，黄金一斤易粟一斛。至光武建武二年，野穀旅生，麻菽猶盛，野蠶成繭，被于山阜，人收其利。一治一亂，一剥一復，要之皆天

---

① 據查，"咸寧"乃晋武帝年號。然而魏晋之際有長人見世的記載爲魏元帝咸熙二年。據《晋書·武帝本紀》載："咸熙二年五月，立爲晋王太子。八月辛卯，文帝崩，太子嗣相國、晋王位……是月，長人見於襄武，長三丈，告縣人王始曰：'今當太平'"。

數也。未得天下時潭沱冰合，既得天下後野穀旅生，野蠶成繭，帝王自有真，于茲見矣。

○人情好尚不同。唐李洞慕賈島爲詩，銅鑄其像，事之如神。自今觀之，賈島之詩未爲高也，人情之僻如此。

○人心思慮妄想種種，只是擺脱不得人欲。蓋有一件事，必定有四般心。起意是個心，期必是一個心，留滯于此事是一個心，成于我是一個心，豈不千思萬想？且如唐太宗取天下，初起意之時，恐父不肯，就與裴寂商議，將晉陽宫人侍父；及期必此事之成，就卑禮于虜，與他借兵；及期必之心膠固，就與尉遲敬德謀殺其兄，及後方成其事，在中間何等勞攘，何等思想。若是聖人之事則不然，聽其天命人心之自然。行一不義，殺一不辜，而得天下不爲。故曰："無然畔援，無然歆羨。"故曰："上帝臨汝，無貳爾心。"故曰："予弗順天，厥罪惟鈞。"惟其無欲，所以無思無慮。

○輪回之説，某知無此理，伊川謂"不可以既返之氣復爲方伸之氣"，此言亦正當。陳北溪亦云："若果有輪回之説，則是天地間人物皆有定數，常只是許多氣翻來覆去，如此則大造都無功了。須是曉得天地生生之理，方看得他破。"此言亦正當，然世間人亦有輪回者，何也？此某所親見者，以此觀之，可見萬事屬心。輪回之人，多是讀書不得志之人，多是禪僧念頭偶妄動者，多是孩子之氣壯者。蓋心志之專，氣尚未散，所以輪回也。于此猶見萬事屬心。

○華歆初然與管寧爲友之時，皆欲爲君子也。後爲曹操鷹犬者，此一念之差耳。凡婦人淫亂，如《墙有茨》之詩、《株林》之詩，而至于醜不可言者，其初皆始于一念之差，及後良心已喪，亦不自知己之醜矣。

○凡事要渾涵，莫露圭角，處小人猶當渾涵，《易·夬·九三》是也。

○天下，勢而已。更始爲帝之時，則封光武爲蕭王，及光武爲帝之時，則封更始爲淮陽王。王莽與趙匡胤俱爲臣子，俱當國運孤兒寡母之時，匡胤成其事則爲宋之太祖，王莽不能成其事則爲逆賊。堯、舜之道，孝弟而已，疾行先長者且謂之不弟。唐太宗殺其兄，淫其嫂，而封子明，儒者稱其爲希世之賢君。故勢之所在，則天下以榮以辱，道非其所論也。道之所在，則天下以是以非，勢非其所論也。所以世間無公道，有公論，公道可以假借，公論則一毫不能假借也。使無此公論，亦不成世界矣。故培植禮義、扶持綱常者，此公論也。故生前則惟富貴，死後則惟文章。故宰我曰："以予觀于孔子，賢于堯、舜遠矣。"以其立教垂世也。

○《樂善錄》有云："昔有二士大夫，以前程祈夢於京師二相公廟。一人夢持簿者，以簿示之，云：'此乃公同行前程也。'視之，自小宦轉遷宰相，仍有以朱勾之者。問曰：'勾之者何也？'曰：'此人愛財不義，陽間取此一項，故此間勾此一項，若急改過，尚可至監司。'其人聞之，更不敢妄取，果至監司。"又云："昔太學二士人同年、月、日、時生，又同年發解過省，二人約受相近差遣，庶彼此得知災福。後一人受鄂州教授，一人受黃州教授。未幾，黃州教授者死，鄂州教授爲治後事，於柩前祝曰：'我與公生年、月、日、時同，出處又同，公先捨我去，使我今即死，已後公七日矣。若有靈，宜托夢以告。'其夜果夢，告云：'我生於富貴，已享用過當，故死。公生於寒微，未曾享用，故活。'後鄂州教授歷官至典郡。"某平生不信此陰間怪誕之事，但造化有此乘除之理，陽極則陰生，陰極則陽生。寒極則熱，熱極則寒。夏日長則夜短，冬日短則夜長。故與以翼者兩其足，與以角者去其齒。雖無陰間茫昧之事，而陽間實有此乘除之理也。書此以爲後生小輩不讀書而①專積財，不儉用而享用太過之戒。

○凡人君恃己之聰明者必昏，恃天下之安者必危。隋煬帝之時，天下有郡一百九十，縣一千一百五十五，東西九千三百里，南北一萬四千八百一十五里。唐玄宗之時，西京、東都米斛直錢不滿二百，絹匹亦如之，海内富安，行者雖萬里，不持寸兵。二君恃己之聰明，恃天下之富庶，乃任意聲色宮室，是以一則亡國，一則出奔也，而況庶人之家恃其富貴乎？宜乎早縮銀黃、夙昭民譽之子，冬月而着葛也。噫！豈獨一樂安哉？

○元自太祖至順帝，元運已將終矣。國運將終之時，教授鄭咺②猶建言："本俗不行三年之喪，又收繼叔嬸、嫂，恐貽笑後世。"觀斯言，則在君位者禽獸聚麀，五倫掃地，嬴豕躑躅，百罪滔天，不言可知矣。特史以其污濁太甚，

---

① 而：道光本誤作"不"。
② 鄭咺：萬曆本誤作"鄭喧"，據《元史·順帝紀》改。按：道光本避清諱，故無此段。

不之載耳。故西番胡僧得出入于掖庭椒房之地，安得成世界哉？我聖祖驅而蕩滌之，不惟有功于生靈，且有功于天地，有功于五帝三王，有功于周孔明倫立教者多矣，蓋非特漢高祖之止除暴秦也。①

○隋煬帝丙辰、丁巳之年，甘言以媚獨孤，謀廢兄而殺父。此念一起，惟煬帝知之，雖妻子亦不知也，豈知丁巳之年即生秦王②世民哉？謀天下之心方起，取天下之人即生，冥冥之中，赫赫可畏也。戊寅年，天下即歸之唐，僅十九年耳，何相報之速也！書此以爲世人念惡之戒。

○自漢以來，佛氏塞吾儒之路，人人通講空寂矣。假如"多識鳥獸草木之名"此一句話不是孔子所説，乃出於漢、唐、宋儒之口，今之儒者必定駁他，説學當求諸心，何以要識鳥獸草木之名？辨駁者紛紛矣。

○君子小人，公私之間而已。宋世岳飛、韓侂冑皆主恢復中原者，然岳飛爲國，侂冑爲己。岳飛，秦檜殺之；侂冑，史彌遠殺之。事雖同，殺雖同，而心則异矣。是以至今三五百年之後，尚爲岳飛不平，立廟祀之，而以侂冑死有餘辜。

○張乖厓鎮蜀，過華陰，寄陳圖南詩云："世人大抵重官榮，見我東歸夾道迎。應被華山高士笑，天真喪盡得浮名。"少時讀此詩，以爲何以天真喪盡而後得浮名？恐乃美圖南之言也。及今歷世既久，閱事已多，始知乖厓之言不虚，其間不喪天真者，千百中無一二也。

○白樂天以詩文風流一世，當時士人好尚争傳，鷄林賈售其國相，率篇易一金。與劉禹錫同游，時人謂之"劉白"，而不陷八司馬黨；與元稹同游，時人謂之"元白"，而不陷北司馬黨③；又與楊虞卿爲姻，而不陷牛李黨。其亦"和而不流"者乎？

○學者下功夫要勉强。如資質之弱者不能爲仁，必勉强爲仁；不能行義，必勉强行義。日用之間，静坐以養心，持敬以養德，讀書以該博。自此外，至於功名富貴，毁譽予奪，屬之於天者，則必聽其自然。如天到春生時自然生，

---

① 道光本無此段。
② "王"字萬曆本原脱，據道光本補。
③ 史有"北司黨"而無"北司馬黨"，"馬"字當删。

人不能強其生；到殺時自然殺，人不能強其殺。人能一切儻來，聽其自然，則即天之自然矣。故康節有云："天意無他，只自然，自然之外更無天。"此言是也。聽其自然，故百事簡，故心閑，故"天下何思何慮"。

○人能聞道則中心有主，心中有主則手有霸秉，手有霸秉，故富貴貧賤，夷狄患難，無入而不自得。故舜受堯之天下，不以爲泰，二女果若固有之。故羑里演《易》，陳、蔡弦歌，阨窮而不憫，在陋巷不改其樂，此方是大丈夫。孟東野《落第》詩云："曉月難爲光，愁人難爲腸。棄置復棄置，情如刀刃傷。"又云："一夕九起嗟，夢短不到家。兩度長安陌，空將淚見花。"又云："江籬伴我泣，海月投人驚。失意容貌改，畏途性命輕。"及登第後，《同年春燕》云："盛氣自①中積，英名日四馳。塞鴻絕儔匹，海月難等夷。鬱抑②忽已盡，親朋樂無涯"云云。其未第也，憂之無聊；其既第也，喜之不勝，則心中無主，手無霸秉可知矣。

○楊廣殺父，世民殺兄，吳起殺妻，忍心至此，只是爲利名。所以利名一關，人多打不破。

○世之享福者有二焉。有清淡之福，有諠鬧之福。世人見諠鬧者以爲享福，則尊之敬之，雖素不相識者，亦奔走結内；見清淡者以爲不享福也，則鄙之略之，雖五服之親，閭巷之友，亦不瞻顧。而不知《書》之所謂"五福"者，非諠鬧也。其曰富、壽③、康寧、攸好德、考終命，與世人以諠鬧爲福者異矣。因作口號于壁間，與有道者共品題焉。其辭云："世有二福，世人碌碌。不慕仁義，止慕金玉。我雙表之，諭彼鄙俗。蓄淵明琴，種東坡竹，讀伏羲書，歌梁甫曲。身賤心不賤，家貧道不貧，也無榮，也無辱，此之謂清淡之福。珥七葉貂，握五等玉，迎三千客，食萬錢肉。財富産亦富，父貴子亦貴，有時榮，有時辱，此之謂諠鬧之福。清淡之福存乎我，諠鬧之福存乎天。天乎天乎，我乎我乎，二福二福，孰可無求而自足。"

○人見富貴即敬之，我若富貴，人豈有不敬我者乎？然則敬我者，非敬我

---

① 自：萬曆本、道光本誤作"月"，據《孟東野集》改。
② 抑：萬曆本誤作"拆"，道光本誤作"折"，據《孟東野集》改。
③ 壽：道光本誤作"貴"。

也，敬富貴也，我何與焉？人見貧賤即慢之，我若貧賤，人豈有不慢我者乎？然則慢我者，非慢我也，慢貧賤也，我何與焉？富貴貧賤，倘來之物，與吾身原不相干。孔子曰："死生有命，富貴在天。"有命在天，非不相干而何？人不知與我不相干，見得富貴來，人即敬我，富貴去，人即慢我。捨死去求富貴，再不肯放手，在裏面用了無限的伎倆，到了收拾結果處，命當富貴的依然富貴，命當貧賤的依然貧賤。

○少時讀《孟子》，讀到"殘賊之人，謂之獨夫"①，似此言太過了。後見一官貪酷事發，百姓離散了，無人相隨，分明畫出一個獨夫氣象出來。蓋酷不仁即殘，貪不義即賊。殘賊即今貪酷二字。

○世傳虎負三子渡河之術，昨見許松皋載之詩集中云："猛虎哺三子，一彪特梟張。母或少防閑，二子輒被傷。下山欲渡河，一渡一可將。母心重躊躇，負彪過廣洋。空回渡一子，帶彪復回翔。以彪置彼岸，一子渡復忙。再回取彪去，七渡不相防。性靈物均有，以知制剛強。"若唐高祖之於子，太宗有征伐之功，固不足言。至宋太祖之於德昭，可謂不知渡河之術者矣。《文獻通考》載：沛縣一富人，家貲巨萬。生一女，招一婿，女甚剛惡。生一子，未周年，富人有疾，請族人手書："家產盡與婿，其所生之子，止遺一劍，俟兒十五付之。"其後果不與。兒詣郡自言求劍，時太守何武，得其辭，顧謂掾吏曰："女性强，婿貪鄙。畏殘害其兒，又計小兒得此，不能全護，故寄與婿耳。夫劍者，所以決斷；限年十五，度此兒智力可以自居。此凡庸智慮，何弘遠哉！"悉斷貲與兒，聞者嘆服。蓋人到行不得去處，必須通之以術。孟子曰"是乃仁術也"，言仁賴術以行也。若富人者，其蓋知渡河之術者乎？

○天下之事，早發泄者，十有九不克終焉。凡雨下之早，日出之早，人功名富貴之早，形體胖大之早，福澤享用之早，孩子言語知識之早，聲名洋溢之早，幾事發露之早，皆不克終。故人當流於既溢，發於持滿。故享大富大貴之人及立身行道之人，必少年貧寒，受盡萬般苦楚者。

○秦始皇葬驪山，六年之間，豈知爲項籍所發耶？豈知爲牧童所焚耶？誰

---

① 獨夫：《孟子》原文作"一夫"。

逆料至此？爲人身後事不可知，於此可見。"人生不滿百，常懷千歲憂"者，愚亦甚矣！然則何以酬世哉？孟子曰"修身以俟之"是也。

○履盛滿而不知止，非特宰相爲然也。有宰相之滿，有左右近侍之滿，有監司守令之滿，有庶官吏胥之滿，有百姓財産之滿，有商賈貿易之滿，有百工技藝之滿，有婢奴攢積之滿，皆當審我福澤之大小，量我受用之淺深，以求所以處滿者。不可只想前挣，忘了回頭。不知回頭，必有天災人禍。譬之於水，有江河之滿，有溪澗之滿，有池塘溝洫之滿，有蹄涔之滿，有缸甕之滿，有鍾盞之滿，均之滿則溢，滿則覆也。宰相特言其大者耳，蓋江河之滿，必定裂土石，漂田宅，決堤防，其害甚大，故履滿不止，特以宰相言之。噫！滿之禍慘哉。

○文王之胎教，孟母之三遷，是矣。然叔梁紇之與鯀及瞽瞍，何曾教其子哉？堯、舜又何嘗不教其子哉？故曰："其子之賢不肖，天也。"此言爲正，但不可以此言而廢教其子。

○凡人一子多不孝，富貴之子多傲。雖不盡然，十有三四。所以然者，姑息之久故也。故《易》戒"父子嘻嘻"①，聖賢言語，句句實歷。

○凡臨事莫急，須調停。調則酸醎適口，停則南北適中，急則敗事。

○天下有十三忌：大富爲人所忌，大貴爲人所忌，文學爲人所忌，政事爲人所忌，大功爲人所忌，大名爲人所忌，顔色爲人所忌，立身行道欲爲聖賢爲人所忌，躐等逾階而前進不在②循資③之例爲人所忌，君王寵信太過爲人所忌，少年高科爲人所忌，日久在位塞後人輪次之路爲人所忌，山林養重守不見諸侯之義爲人所忌。此特舉其大者而言耳，以至百工技藝，小事小術，莫不皆然。非老于道路、練達世故、屢遭顛蹶者，不足以知之。"謙退"二字，其醫忌之藥乎？

○或問：既不信閻羅，人死去每每見之，或限就死之期日，不差時刻，何也？予曰：人生死不過一氣而已，其死不過一夢而已。獨不見人有男女之欲，

---

① 《易·家人》原作"婦子嘻嘻"。
② 在：道光本誤作"文"。
③ 循資：萬曆本作"尋資"，據道光本改。

其夢必不清，蓋欲後精神耗散，所以不清；至病時亦不清，蓋病時榮衛不調，氣多不清，所以夢亦不清；至於多事擾攘之時，或遭患難，夢亦不清，蓋患難多事，心官失職，故亦不清。夫有欲與多事夢且不清，而況將死之期，氣欲升上，體欲歸下，魂魄俱不相附矣，又有夢之清者乎？且萬事屬心，閻羅之説淪民之肌，洽民之髓，於世上非一朝一夕矣，蓋熟景也。譬之人在他鄉，終日思家，夢裏夜夜在家鄉。至於老來所夢者，皆少年之事，皆少年之朋友，蓋少年血氣精壯，亦熟景也。然則人終日説閻羅，死豈有不見者乎？南人不夢駝，以原未見駝也，亦此意。

○寧爲剛儒，毋①爲諛儒；寧爲通儒，毋②爲腐儒。

○吳王厚葬闔閭，越人發之。秦王大作丘③壟，多其瘞藏，後盡發掘暴露，正所謂"但恐珠玉留君容，千載不朽遭樊宗"也。始皇墳陵在驪山下，以水銀爲百川江海，以人魚爲燭，從死者無數，工匠盡閉焉。墳高五十餘丈，周回五里餘。泉本北流，障使東西流。而孰知爲牧羊者焚也。隋煬帝初葬吳公臺下，唐平江南，復改葬雷塘。東坡詩云："人間俯仰成今古，吳公臺下雷塘路。當時一笑張麗華，不知門外韓擒虎。"陳亡於隋，隋亡於唐，讀此詩令人悁邑酸惻。獨漢文帝霸陵簡素，皆用瓦器，以張武爲復土將軍，復者，反還也，出土容棺，棺既下，又還舊土爲墳。今之"三朝復土"，還是漢時之意，信乎文帝爲真聖人，近來説者，謂其當在成王之上，於兹益見矣。

○古今人材，鍾天地山川風氣，出得少則精，出得多則渙散而不精。且如堯、舜時，風氣初開，天地氣何等完聚，人生得少，其氣總聚會於一人之身，所以生出五個人出來。是何等人？個個是聖人！迄今漢、唐、宋已來，光岳既分，風氣日漓，設科取士，人生漸繁，風氣渙散，一個一個各分些去了，所以不產聖賢。譬之結瓜、結葫蘆相似，結得少則大，結得多則不得大，而病之者亦多，橘柚亦然。又譬如漉酒相似，取得少則濃，取得多則淡，若再取得多，則無酒而全是水矣。所以若有一代君相之興，必定干戈擾攘，水旱相仍，四海

---

① 毋：道光本誤作"母"。
② 毋：道光本誤作"母"。
③ 丘：道光本作"邱"。

之内，東據西割，土崩瓦解，生民塗炭無聊，剥之極矣，而後聖君賢相挺生，從而復焉。

○人莫愁無富貴，只愁富貴來我收用不得。鼷鼠游於太倉，能看而不能吃也。

○財之爲物，誰人不愛？但有聚必有散，乃必然之理。其散時非天災則人禍也，天災如水火之類，人禍則盗賊、訟獄之類是也，皆所以散財也。古人如麥舟之濟，皆是散我之財，但周人之急，救人之難，名爲義舉，乃歡喜錢也。若水火與訟獄，不惟散之無名，亦且去之悽慘。散財雖同，其所以散之則异矣。故理當散財處，則當自反，曰："此吾財當散也。"莫似俗人"惡求千貫易，善化一文①難"。

○人家爲子者，於父母死後，多用浮屠作齋事，以求免罪苦。余每每於生前驗之：余壬午年病瘧，將近半載，親戚爲余禳解，余以親戚之情不能禁之。禳解之後，余之瘧猶夫初也。夫生前燒紙然燭，既不能消人之病疾，則死後燒紙然燭，又安能解人之罪苦乎？其不可信也明矣。

○求進富貴固難，而求退富貴尤②難。蓋求進富貴，不過奔波苦楚而已。求退富貴，不得其退，必有巨禍矣。故持虚常易，持滿常難。虚舟可以蕩漾於江湖之中，滿載逢波濤則覆。某親見世間求退富貴不能而取巨禍者數人，嗚呼慘哉！

○凡富貴之家，最忌爭秋奪伏日色。

○季氏使閔子騫爲費宰，閔子騫曰："善爲我辭焉。"曰善辭者，其詞婉而可以感動人也。後世若張籍在他鎮幕府中，李師古又以書幣辟之。籍却而不納，作《節婦吟》，其詞云："君知妾有夫，贈妾雙明珠。感君纏綿意，繫在紅羅襦。妾家高樓連苑起，良人執戟明光裏。知君用心如日月，事夫誓擬同生死。還君明珠雙淚垂，恨不相逢未嫁時。"此言婉可以動人，若絕交書，不免惹禍。

○催壽殺有九焉：背逆君親，傷乎人倫，一也；艷姬妖女，消乎人髓，二也；功名富貴，快乎人意，三也；衣服飲食，過乎人分，四也；積攢慳吝，滿

---

① 文：萬曆本作"紋"，據道光本改。
② 尤：萬曆本作"猶"，據道光本改。

乎人量，五也；營求算計，違乎人數，六也；怪巧機械，戕乎人醇，七也；暴妝驟扮，驚乎人目，八也；遺老棄舊，拂乎人情，九也。有此九者，必定損壽，故名爲"催壽殺"，非麻衣所能知之。間或不然，必定無子或有不肖。

〇方孝孺是何心，茹瑺是何心。

〇平生爲善必有報，其爲善之一事出焉，不可因其時有橫逆，而懈其爲善之志也；平生爲惡必有報，其爲惡之一事出焉，不可因其時得便益，而長其爲惡之①心也。斯言也，其即"餘慶""餘殃"之意乎？看聖人下個"餘"字最妙，此皆近日歷歷經驗之事。聖人之經，一句一字未有放空者。

〇凡富貴之家，其子孫不肖者十有四五。爲父祖者乃嚴刑刻意以束縛之，其不肖者愈不肖焉。其理何也？三伏暑熱，秋風必至，此一理也；水滿則溢，此一理也；金銀寶貝藏之已久，必定變怪，桑田渤海遷徙不常，千年田地換百主，此一理也；人家止有如此氣運，此一理也。故挽回不肖之輪，推轉不肖之樞，當必有其道矣。爲父祖者，如二疏之散其財可也。今乃千謀百計，廣置財產，以爲他日子孫牛馬之策，是築長城而欲一世傳萬世者也。惡熱而不以濯，又益之以火，豈不愚哉？又譬之秧苗，田太肥則必倒折，今又加之以糞，是益其死也。惟將糞土取去一層，則苗自中和矣。或者不得已，乃自解曰："堯、舜之子且不肖。"夫曰不肖，特不肖於堯、舜耳，若爲繼體之君，猶可與明帝、德宗比肩，豈今之不肖哉！

〇今人皆說梓潼神司桂籍，讀書者在在祀之，而求嗣者亦祀之，不知何所據也。嘗讀《文獻通考》云："英顯王廟在劍州，即梓潼神張亞子。仕晉戰没，人爲立廟。唐玄宗西狩，追命左丞。僖宗入蜀，封濟順王。咸平（宋真宗年號）中，王均爲亂，官軍進討，忽有人登梯衝，指賊大呼曰：'梓潼神遣我來，九月二十日城陷，你輩悉當夷滅。'倏不見，及期果克城。招安使雷有終以聞，詔改王號，修飾祠宇，仍令造衣冠祭器。"又《一統志》云："神姓張，諱亞子，其先越嶲②人，因報母仇，徙居是山。秦伐蜀以後，世顯靈應。宋建炎來，累封神文聖武孝德忠仁王。"則作《一統志》者，已未查《通考》矣。據《通考》，

---

① 之：萬曆本"之"字後衍一"之"字，據道光本刪。
② 嶲：萬曆本誤作"隽"，據《大明一統志》改。

則亞子晉人也。一曰"戰没，人爲立廟"，一曰"登城指賊"，則亞子乃武士也，與文士全不相干。古今文士稱韓、柳、歐、蘇，天欲主桂籍，胡不於四人中取一人，而乃取一武士哉？此不通也。據《一統志》，則亞子秦前人也，報母仇徙是山，則亞子乃孝子矣。既爲孝子，何以不載梓潼之志，以梓潼人物言之？如李業，漢末人，不仕王莽，公孫述徵之亦不起，使人遺以毒藥，遂飲毒死。光武表其閭，志明載其事業，墓至今尚存。苟亞子如李業，必載《人物志》矣，何以但曰"報仇徙是山"？此又不通也。又説者曰"張仲字亞子"，《詩》云"侯誰在矣，張仲孝友"，則亞子又周人也，此説蓋爲其仲字即亞字也。然吉甫江陽人，與七曲山相去亦遠，且《史記》載申伯吉甫與張仲同事宣王，則《詩》之所謂張仲者，即此人也，其非梓潼人明矣，此又不通也。三説不通，恐梓潼不過七曲山之山神耳，乃武當、酆都、泰山娘娘之類也。夫古人祭天地、山川、五祀、先祖，以氣脉有所屬也。今讀書求子者祀梓潼，氣脉果何所屬耶？且科目起於隋，自煬帝已前，蒼蒼者天，不知有桂籍乎無桂籍乎，有神司之否乎，又不知自梓潼以前無子者可求乎不可求乎。殊不知舉人、進士乃爭名奪利富貴之事也。孔子曰"富貴在天"，斯言盡之矣，子孫之多寡賢不肖，乃氣數也，孟子以"子之賢不肖，皆天"，斯言盡之矣。斯二者天也，非梓潼所可得而與也，媚奥媚竈，胡可得哉？大抵理學不明，人心陷溺，已非一日，可哀也！可哀也！其事《詩》《書》者，不知尊敬著書立言、萬世師法之孔、孟。春秋二祭，未聞一人有齋戒沐浴者；至於不知出處之梓潼爲其司桂籍，則竭誠以祀之。其不事《詩》《書》者，不敬所生之父母，視父母如路人，奉養之菲薄，言語之犯觸，無所不至，乃反遠敬夷狄不知來歷之佛，拜彌勒如父母，其可笑類如此。[1]

○梁武帝天監三年，與志公和尚講禪于重雲殿，志公忽然歌樂，復泣悲，因賦五言詩曰："樂哉三十餘，悲哉五十裏。但看八十三，子地妖災起。佞臣作欺妄，賊臣滅君子。若不信吾言，龍時侯賊起。且至馬中間，銜悲不見喜。"梁武帝天監至大同三十餘年，天下太平，是"樂哉三十餘"也；享國四十八年，是"悲哉五十裏"也；侯景八月十三至丹陽，是"但看八十三"也；武帝聽朱

---

[1] 道光本無此段。

异之言,是"佞臣作欺妄"也;侯景作亂在戊辰,是"龍時侯賊起"也;武帝己巳至庚午年餓死,是"馬中間銜悲"也。句句皆驗。唐太宗問李淳風曰:"《秘記》所云,信有之乎?"對曰:"臣仰稽天象,俯察歷數,其人已在陛下宫中為親屬,自今不過三十年,當王天下,殺唐子孫殆盡。"後則天之事,亦句句驗。是以天下之人不敬父母而敬佛氏,不重道義而重命數,大段有以倡之者。然則五帝三王豈無是事乎?蓋聖人在上,杲日當空,則陰邪自不見矣。

○韓退之云:"斷送一生惟有酒,尋思百計不如閒。莫憂世事兼身事,須看①人間比夢間。"邵康節云:"堪嘆五伯爭周燼,可笑三分拾漢餘。何似不才閒處坐,平時雲水繞衣裾。"康節覺超度迴出。

○宋光宗紹熙二年,都城市井有取程頤語錄語,雜以穢褻,盛行于市。朝廷知而禁之。後三年,僞學之禍乃作。可見朱、程、周、張之生于世,所關匪輕,而世道之治亂,其數不能逃也。

○陳希夷嘗有言:"落便宜處得便宜。"康節亦有詩云:"珍重至人嘗有語,落便宜處得便宜。"故曰蘇秦之相六國,家激之也。大率皆此意,然天實爲之,非人故意如此爲也。故孟子曰"天之將降大任于是人也,必先苦其心志"云云。

○凡人詩文,心志在此,福澤亦在此。孟東野詩云:"食薺腸亦苦,強歌聲無歡。出門如有礙,誰云天地寬。"所以東野一生貧困。邵康節亦貧儒也,則云:"心安身自安,身安室自寬。心與身俱安,何事能相干。誰謂一身小,其安若泰山。誰謂一室小,寬如天地間。"康節雖貧,其心事海闊天高,鳶飛魚躍,逍遙于雲漢之中,而高出于富貴塲埒之外,所以康節名高千古。聞道與不聞道,其差別至此。

○築長城非始于秦始皇也,周至昭王時已築長城矣,六國燕趙之近邊者皆有長城。噫!"王命南仲,城彼朔方",詩人以爲美談。至于始皇,皆以爲勞民傷財而歸罪之者,焚書坑儒,不施仁義,君子惡居下流故也。故"爲仁不富,爲富不仁",出于陽虎之口則爲剿說,出于孟子之口則爲格言。

○周之興也,婦人采葛,"爲絺爲綌,服之無斁",至今猶可以想其勤儉忠

---

① 看:韓愈詩《遊城南十六首·遣興》原作"著"。

厚之風。及其衰也，舉火戲諸侯，方買一笑。噫！豈[1]不亡國哉？

○陳後主將亡，有衆鳥鼓翼而鳴曰："奈何帝。"又有一足鳥集于殿，以嘴畫地成文曰："獨足上高臺，盛草變成灰。"劉豫，有群鳥鳴于內庭，曰："休也。"是歲金主廢劉豫。此豈有是理？蓋天地之氣揉雜不齊，故理外之事甚多。所以某以堯時十日并出爲必有之事者，以此。且如腐草化爲螢，田鼠化爲駕，雀入大水爲蛤，如不是年年有，豈不是怪異之事？

○一時快意，可略也；前輩影樣之多，後人是非之公，可畏也。一身極榮、極貴、極富，可略也；每日光陰之易去，過者不復可補，百年歲月之無多，來者未必可追，可畏也。此和順王公雲鳳之名言。

○大丈夫生而桑弧蓬矢，欲其有志四方，當以四海爲一家，千載爲一日。古之君子照耀古今者，若子夏之寓居西河，周子之居廬阜，朱子之居建寧，陸子之居象山，蘇子之居許，邵康節、司馬光、張齊賢之居洛陽，孫明復之居泰山，胡安國之居衡山，以至諸葛亮之南陽，王粲之荆州，李太白之徂徠，管寧之遼海，嵇康之山陽，其間豹隱龜潛於名山大川者，不可勝紀。夫所以寓居於外者，何哉？蓋居外則山川之歷涉，朋友之觀感，旅況之備嘗，未必不蕩胸醒心，探奇收春，爲我道德文章之一助。蓋友天下之士者，方可爲天下士也，若朝夕於妻妾兒女之恩愛，朋友親戚之往來，見俗人冷眼炎凉，遂沉溺於買田問宅，誇金門玉之間，縱奇人節士，其不爲井底蛙者鮮矣。故學者必登泰山，觀東海，以大眼孔。

○世傳种放聞陳希夷風，往見之。希夷曰："君當有顯宦，但名者古今美器，造物者所忌，子名當有物敗。"之後真宗召見，待以殊禮，卒爲王嗣宗所排。康節有《安樂窩吟》云："安樂窩中三月期，老年才會惜芳菲。酒防酩酊須生病，花恐離披遂便飛。飲酒莫教成酩酊，賞花慎勿至離披。離披酩酊惡滋味，不作歡欣只作悲。"所以康節屢詔不起。如种放者，蓋離披酩酊者也，不及康節遠矣。嗚呼！古今豈特种放哉？种放猶離披酩酊之小者也，甚者履滿不止，離披酩酊以至於殺身亡家者焉。康節又有《先幾吟》云："先幾能識是吾儕，

---

[1] 豈：道光本缺此字。

慎勿輕爲世俗哈。把似衆中呈醜拙，争如静裏且詼諧。奇花萬狀皆輸眼，明月一輪長入懷。似此光陰豈虛過，也知快活作人來。"又："爽口物多終作疾，快心事過即爲殃。與其病後能求藥，不若病前能自防。"又："美酒飲教微醉後，好花看到半開時。這般意思難名狀，只恐人間都不知。"皆是恐離披酕酊之意。又古人云："受恩深處宜先退，得意濃時便好休。莫待是非來入耳，從前恩愛反爲仇。"此皆恐離披酕酊者也。愚嘗觀古今宰執與夫左右信任之得寵者，其受恩之深而不知先退，得意之濃而不知早休，以至昔日之恩愛反爲仇恨，而離披酕酊者無限。然前車之覆，後車竟不知戒者，何哉？豈真如康節所謂"只恐人間都不知"哉？又洞庭老人詩云："八十滄浪一老翁，蘆花江上水連空。世間多少乘除事，良夜月明收釣筒。"恐世人知乘除者少，知乘除則不至於離披酕酊矣。《易》曰："知進而知退，知存而知亡，其惟聖人乎？"[①] 信乎知乘除者絕少，而良夜月明，決不肯收釣筒也。

○時至日熟，無可奈何花落去。余一友人中甲榜，年未及五十，遂爾物故，子幼妻嬌，欲挽留半刻不可得也。故爲人在世，須立身行道，與乾坤同其悠久。不然謝電光陰，亦猶草木之靡朽也，生於斯世，亦何益哉？

○世間入水必定溺死，入火必定燒死，上樹太高，其墜落必定粉骨碎首，此三件事不消問卜。噫，可寒也！可寒也！蹈仁而死，由正路而顛躓者，世豈多見也哉？

○或有一人居官極貪，還家之日，將金銀財帛與諸兄弟平分，士林極稱贊之。一人在側曰："濫取濫與，何不當時不貪乎？"愚曰："也難盡没其善，猶勝於貪而不分與兄弟者。"若俸金禄米之應得者分與兄弟，則合孔子教原憲之道矣。然此等聖人之事，安可易得？不得中行而思次之意也。

○古今宰執，恃寵弄權以至喪身亡家者不足言矣，其間患失而又畏禍者，乃植桃李於門墙，收參术於籬籓，自以爲縫補牢籠，莫之滲漏矣，是蓋畏影惡迹而疾走者也，與恃寵弄權者等爾。故富貴路上人，千機萬巧，千計萬較，不如知一個"退"字。

[①] 此句《易經》原文爲："知進而不知退，知存而不知亡，知得而不知喪，其唯聖人乎？知進退存亡而不失其正者，其唯聖人乎？"

○不修身而欲求令名於世者，猶貌本醜而欲妍影於鏡也，無是理也。修身而無令名於世者，猶糞多力勤爲上農，而有旱乾水溢之灾者也，有是數也。理有常主，數乃偶遭。故誠能動物，不誠未有能動者。

○王充作《論衡》，以堯、舜、桀、紂一切皆歸之時命，若如此論，則人皆不學好矣，豈論之衡乎？俗人毆人，乃曰命裏不遭枷鎖，毆人亦無害，正坐此亂說。殊不知服烏頭、附子方中其毒，豈有吃粳米麥麵亦中烏、附之毒者哉？

○數存乎天，理存乎我。到了理處就莫要言數，到了數處就莫要言理。自古爲聖爲賢，通是如此。且如爲子孝，爲臣忠，理也。我爲子必定孝，爲臣必定忠，盡其所當盡者，至於吾身所值生死貧賤富貴，一切通歸之於數。故到了理處，就莫要言數。富貴貧賤，夷狄患難，數也。我如偶遭貧賤夷狄患難，就不要說我平生無愧無怍，何以遭此，只去怨天尤人，就不是了。故到了數處，就不要言理。文中子見《辨命論》，嘆曰："人道廢矣！"言劉孝標知天道而不知人道也。此言得之。

○聖賢之言，各有所發，故各有輕重也。樊遲請學稼，子曰："吾不如老農。"若以此一章將聖人之言爲定論，則《豳風》之詩，凡場圃納稼之言，皆細民瑣屑之事，非王業之根本矣，不載之經可也。

○"中正"二字，乃世儒之所難當者。孔門以"中庸不可能"，則"中正"二字之難當可知矣。吾常以許衡、王通二人評之。衡謚文正，後世更無一人議黜之者。衡河內人，乃中國之地所生，非蒙古所生也。當宋失天下之時，三尺之童亦知哀悼，不知衡亦痛否？若曰痛矣，衡曾仕元，此邪心也。當元得天下之時，三尺之童亦知憎惡，不知衡亦喜否？若曰喜矣，以中國人而喜夷狄爲主，毀冠裂裳以事之，此邪心也。又不知當爲祭酒之時，假如元主問以取宋之策，衡將何以對乎？又不知衡死之後，與文天祥、陸秀夫、張世杰四人相見，何以議論乎？大抵衡以治生爲先，務欲治生以求富貴，故不暇擇其主，區區教人科條，干祿之餌爾，何足道哉？故臨死言慎勿請諡，正丘瓊山所謂"人之將死其言也善"。衡自知仕元之非，天理在人心，未嘗或泯也。予故常論衡曰："非文正也。譬之婦人之失節，縱有別善，不足言矣。"至於王通，門人諡以文中。通立言平正，較之莊、列則又醇矣。人乃譏其河汾獻策，不知何意。殊不知王通獻策於隋文帝之時，年方二十歲，煬帝之惡尚未露也。通知其不能用，遂作東征之歌以歸。及煬帝即位，通即徵之不至，後屢徵辟不至者，知煬帝之爲人也，則王通之志節較之事腥膻之主者遠矣。雖少年獻策，較之近日科舉之士披髮以見有司者，相去又天淵矣，而乃譏其獻策，何哉？雖其中説門人推尊太過，亦自古儒者師徒之常爾。夫王通不仕煬帝，許衡仕夷狄，其人品皎然可知矣。許衡謚正，人不譏之；王通謚中，人反譏之，豈未讀王通之書、考其行實乎？亦科目陷人，不知所以論人乎？①

○閨門乃萬化之原，聖人於閨門上便謹戒一番。如三"女"之卦，皆以"貞"戒之，至於三"男"之卦則不然者，可以觀聖人之意矣。漢、唐已來，王姬不執婦道，公主奴僕其夫，至於死而不惜者，蓋許其公主再適人也，江敩之《辭婚表》可見矣。夫公主之夫，可謂榮矣，人乃辭之不可，以見當時公主之風乎。中宗之安定公主，玄宗之齊國公主，肅宗之肅國公主，皆三適人，其餘再適者不可數計。王姬且如此，況百姓哉？故要教天下以節義也，要上頭人有風教。故《關雎》之化，行於南國。

○古人場屋不得志之士，多作异書，假名姓以訕宰執，《碧雲騢》之類是也。然即此書，涵養之淺薄可知矣，又何望用於世也。若涵養得定，用舍窮達，隨遇而安，立德立言，無施不可，何苦枉用此心。

◎九喜榻記

○一喜生中華。

○二喜丁太平。

○三喜爲儒聞道。

○四喜父母兄俱②壽考。

---

① 道光本刪去此节。
② 俱：道光本误作"弟"。

○五喜婚嫁早畢。

○六喜無妾。

○七喜壽已逾六十花甲之外。

○八喜賦性簡淡寬緩。

○九喜無惡疾。

君不見鷹隼乎，志在腥腐，頭目四顧，而其念未嘗一刻不遑遑也。若蟬則不然，不飲不食，無求于世，長鳴于木杪之間，其自得之意不可名狀。某數年以來，萬念已斷，惟注《易》一念耳。每一入枕，即酣寢自如。此心廓然寂然，明鏡止水。及爾覺寤，無意、必、固、我，無畔援歆羨，仍復酣寢。然其原有九喜焉，亦如蟬之無所求也，因名其榻而記之。

萬曆乙酉冬十月望日。

◎四箴

醉箴

人之齊聖，飲酒溫克。溫克何如，惟莊惟默。聖人不亂，君子不語。不亂不語，醉之箴矣。

刑于箴

萬化本原，五倫首行（去聲）。遠之則怨，近之不遜。嗃嗃則厲，嘻嘻則吝。不嘻不嗃，不遠不近。惟和而嚴，惟寬而敬。夫婦有別，此道斯盡。

言箴

天地成化，桃李成蹊。一鳴則驚，大[1]音則希。廟有金人，野無童歿。走者

---

[1]《日錄》常有"大""太"互用現象。

猩猩，飛者鸚鵡。駟馬難及，白圭易磨。守此括囊，畏彼懸河。同之爲蘭，甘之則醴。寡而吉人，訥而君子。

九德箴

堯舜之道，厥中允執。執中如何？九德爲質。惟此九德，不剛不柔。發乎情性，不沉不浮。止乎禮義，不滯不流。譬彼五味，以中爲主。不過于甜，不過于苦。譬彼五行，以中爲難。當火則熱，當冰①則寒。堯舜在上，五臣居下。都俞吁咈，發此大雅。孔子祖述，心印是把。鳳不鳴山，河不生馬。知德者鮮，成德者寡。無有乎爾，誰真誰假。舍此九德，吾道安歸。書之座右，是則是依。

古②人之寬裕、剛直、簡約、冲淡，而光明正大者，方成君子，此之謂德。若小人，則詭隨、幽暗、猛暴、忿戾，不勝其人欲之私矣，又何德之足言。但德之出于氣質者，恐其偏耳。故唐、虞之庭③，發此九德，每一德之下，以一字足之，欲其不偏也。孔子祖述堯舜，其門人稱孔子"温而厲，威而不猛，恭而安"，皆自九德中來。自漢、唐、宋以來，儒者不講九德也久矣，此成才之所以難也。某因表而出之，作《九德箴》。

◎論俗俚語

積善也是寶，積金也是寶。積金人偏多，積善人偏少。積金又積善，雙雙豈不好。但我命若窮，要金何處討。不如只積善，安命也罷了。專心去積金，有日化成草。

莫貪利，須要高明。

敬親也是敬，敬佛也是敬。敬親不敬佛，佛也不嗔恨。敬親又敬佛，佛也

---

① 冰：道光本作"水"。
② 古：萬曆本誤作"右"，據道光本改。
③ 庭：道光本作"廷"。

叫不應。他是西方人，與我不相認。若說求生死，生死已前定。不如只敬親，心盡理亦順。

莫信邪，須要正大。

做官也是人，做民也是人。天地生人時，都是一般身。若論做君子，官民通可能。民若能立志，堯舜與同群。官若不立志，盜跖與同行。流芳民即官，遺臭官亦民。

莫自委，須要發憤。

緊行也是路，緩行也是路。原來這前程，前程有定數。長笑心忙人，急走盡朝暮。今日某處行，明日某處住。豈知算不來，腳跋艱①行步。依舊緩行人，同日到去處。

莫欲速，須要從容。

死生有命吟

箋鏗視顏回，顏回誠夭矣。天地視箋鏗，箋鏗亦早死。五十笑百步，長短亦走耳。不患壽短長，惟患愧此理。一朝能聞道，生順死亦美。終身不聞道，枉過生亦鄙。世有長生術，吾將越千里。死生既有命，不須置之齒。而何不安命，修身成君子。

富貴在天吟

人皆爲富貴，朝夕紅塵走。豈知傀儡場，變態常不久。古稱陶朱富，至今還在否。笑爾原憲貧，廟血配魯叟。挺然爲丈夫，貧賤亦不朽。孜孜圖富貴，百歲成芻狗。富貴假能求，執鞭亦非醜。富貴既在天，非我所可有。而何不樂天，奔忙到白首。

---

① 艱：道光本作"難"。

◎革喪葬夷俗約①裂布、作樂、設宴三事

　　古人制禮，有吉凶焉。吉凶異道，不得相干者，取之陰陽，皆②稱情而立文也。送終乃禮之大，古之聖人制禮甚嚴，凡容體、聲音、言語、飲食、居處、衣服，皆有一定之制，昭昭垂之於經，所以厚風俗、益世教者不淺。漢去古未遠，居喪使婢在側丸藥，即終身黜落。至隋煬帝殺父自立③，可謂古今之元惡矣，居喪亦不敢公然食肉。至宋儒，有欲以酒飲人者，乃曰："既不能以禮自處，又不能以禮處人。"則宋世守先王之禮教者亦嚴。至元則夷狄矣，夷人父母死則歌舞娛尸。皇祖一掃腥羶④。洪武戊申年，御史高元侃言："京師猶習元俗，喪葬設宴作樂娛尸。流俗之弊，至此已甚。京師，天下之本，四方之所視傚，況送終，尤禮之大者，不可不謹。乞禁止以正風俗。"上是其言，即命禮官定制，今載之《大明律》中。"十惡"一曰"不孝"，內有居喪作樂之條，八議所不赦。梁山去京師乃爲遐方，二百年來，猶習元俗。某舊時居喪，雖盡革其習，但不才涼德，豈能化于鄉人。今之鄉人雖依某革其浮靡，然猶剪麻布，散吊客，名爲孝帛⑤。親方死即鳴金鼓，吊客來即設酒，喧嘩如賀客然，甚至強孝子飲酒者，乃揚言云："父母是老死，飲酒無害。"此風俗之至惡者也！殊不知斬衰、齊衰、大功、小功、緦麻之縷，各有精粗。今不論精粗，而亂加人之首。若以此布爲貴與，又何士大⑥夫家官長來吊，不敢以此布加官長之首，而止敢加於鄉人？則此布又賤矣。梁山麻布，一尺所值銀不過四氂，在主人以長短爲厚薄，在客以長短爲喜怒，其可笑至此。殊不知羔裘玄冠，禮不可吊，白馬素車，吊客當然，而主人反以素布加吊客之首，何哉？蓋尺布裹頭，夷人之俗，今猶

---

① 道光本題改作"革喪葬禮約"。
② 皆：萬曆本作"者"，據道光本改。
③ 道光本刪去"殺父自立"四字。
④ "至元……腥羶"此二十二字，道光本無。
⑤ 帛：道光本作"帕"。
⑥ 大：萬曆本無，據道光本補。

沿元人之尺布。① 此孝帕所當革者一也。

酒所以合歡。禮：父母死，三日不舉火，人子三日不食，齊衰二日不食，大功一日②不食，小功、緦麻再不食。斬衰之喪，既殯食粥；齊衰之喪，疏食水飲，不食菜果；大功之喪，不食醯醬；小功、緦麻，不食醴酒。來弔之客，非大功則小功，非小功則緦麻，菜果、醯醬、醴酒皆不敢食，又敢飲主人之酒乎？至於凡民無服之喪，有匍匐之義，亦不忍飲酒。在主人三日不舉火，不能設酒；在弔客不敢飲酒。若公然飲酒，正宋儒所謂"既不能以禮自處，又不能以禮處人"也。此飲酒食肉所當革者一也。

樂者，樂也，先王所以飾喜也。樂必發於聲音，以其喜也。禮：斬衰之喪，唯而不對；齊衰之喪，對而不言；大功之喪，言而不議；小功之喪，議而不及樂。故"鄰有喪，舂不相"者，謂其喧鬧而樂也。有小功之喪者，且議論而不及樂事，況父母之喪，可以喧鬧而用金鼓之樂乎？且聞樂不樂，聖人有明訓；居喪用樂，皇祖有大法。今不遵聖人之教，違祖宗之法，而甘爲十惡大罪之人，非真夷狄乎？③ 此鼓樂所當革者一也。

蓋蓼蟲不知其辛，鮑魚之肆，久而不知其臭，行夷④禮而自不知⑤其夷⑥，舊習然也。《傳》曰："挾泰山以超北海，曰'不能'，是誠不能也。"今不費己之財，不廢先王之教，乃折枝之類也。某願同鄉以折枝而行之。昔蘧伯玉恥獨爲君子，因書此約，與吾鄉之人共爲君子，以成美俗。

萬曆壬辰十月十日，來知德書于求溪草堂。

---

① "蓋尺布裹頭，夷人之俗，今猶沿元人之尺布"十七字，道光本改作"蓋猶沿元人尺布裹頭之舊"。
② "一日"二字，道光本改爲"三"。
③ 道光本刪去"非真夷狄"四字。
④ 夷：道光本改作"喪"字。
⑤ 自不知：道光本作"不自知"。
⑥ 夷：道光本改作"非"字。

卷六

理學辨疑

◎理學辨疑序

鄂渚周文

　　先生見人，常曰"聖人易學，公卿難到"，常誦孟子"予豈好辨哉，予不得已也"。《辨疑》中，如辨月本無光，借日以爲光，辨地下非水，辨日月每日一周天，辨日食。其切己功夫、入聖功夫，《字義》中辨"明德"二字、"格物"二字、"一貫"二字，以至《易經·序卦》"貞勝"二字、"錯綜"二字，并卦爻中數百疑。見道分明，孟子以下一人而已，有功聖門，恐非宋儒所可及也。蓋先生之學，不求人知，家居衣服朴素如樵人漁子，滿腹珠玉，一毫不露，見人則飲酒叙寒温，談笑自若，絶口不及心學。初見《薛敬軒録》，即以領絹大書"願學孔子"四字，繫之於臂。林下近三十年，義理沉潛反復，忘食忘憂，已非一日，正所謂"欲得虎子，必入虎穴"者也。注《易》求溪十四年而後成，志堅可知矣，所以諸儒不可及。

◎太極

　　或問："宋儒已前，皆不知太極爲理，至宋儒乃指爲理，又不明言其何理，此何理也？"曰：仁、義、禮、智、信之理也。仁、義、禮、智、信之理一也，自天命而言謂之性，自率性而言謂之道，自物則而言謂之理，自無偏倚、過不及而言謂之中，自有諸己而言謂之德，自極至而言謂之太極。譬如起屋相似，性字自根基上説，道字自道路上説，理字自尺寸不可易上説，中字自規矩上説，德字自蓄積上説，極字自關門一掃統括微妙上説。

　　○或問："何以知其爲仁、義、禮、智、信之理也？"曰：天地之道，陰陽盡之矣。陰陽變合而有金、木、水、火、土，是五行也，有形焉，有氣焉，有理焉。其形則天地萬物有形象者是也；其氣則五行之代謝往來、一呼一吸是也；其理則五行之神，仁、義、禮、智、信是也。故天地有許多萬形萬象，飛潛動植，然皆屬於五形；除了五者之形，則無物矣。如以形論，長而瘦者屬木，短而肥者屬水，尖而下大者屬火，圓而下大者屬金，平正者屬土。如以色論，青者屬木，紅者屬火，白者屬金，黑者屬水，黃者屬土。以物論，鱗者屬木，羽者屬火，毛屬金，介屬水，裸屬土是也。其中有許多氣，然不過一呼一吸，除了呼吸則無氣矣。形氣中有萬般理，然皆管于五性；除了五性，則無理矣。且以仁言之，仁者，愛之理。愛字管得寬，愛親也是愛，愛民也是愛，愛物也是愛。義、禮、知、信亦然。不特此也，天下有許多樂器，如鍾鼓管籥之類，然皆管於五聲；有許多字點畫形象，然皆管于五音；有許多禽獸草木之味，然皆管於五味；有許多綵色，然皆管於五色。則天下之理，又有出五性之外者乎？

　　○聖人當時在五形上看出五性來，雖是五性，總是一理，所以隨其大小、上下、縱橫通説得。如以五行單言，仁屬木，禮屬火，義屬金，知屬水，信屬土，此各有屬也。若又以木單言，木仁也；枝枝葉葉文理燦然，若鋪張陳設，仁中之禮也；大者爲幹，小者爲枝，截然判斷，仁中之義也；強幹弱枝，明明白白，不相悖害，仁中之智也；柏千年是柏，松千年是松，仁中之信也。又以火單論，火，禮也；民非水火不生活，能活人，禮中之仁也；見木則燃①，見水則死，截然判斷，禮中之義也；能照物，禮中之智也；性主于熱，千年不移，禮中之信也。若以五行天地萬物總論，天覆地載，煦育萬物，仁也；高崖深谷，截然斬斷，義也；天高地下，萬物散殊，禮也；不相悖害，皎然明白，知也；日往月來，寒往暑來，不爽毫釐，信也。若以天上日單論，垂下照萬物，仁也；冬寒夏熱，截然判斷，義也；春分以後行北道，秋分以後行南道，往來于天，無過不及，禮也；貞明，智也；朝升夕沉，信也。五性之理原無定在，亦無定體，宋儒要識仁體，就錯了。某常譬喻五性如一桶水有四孔，從東孔來者即惻隱之心也，從西孔來者即羞惡之心也，以五性原一理也。

○五性之無定體，以其本於五行也。然五行一陰陽也，陰陽原無定位。且以天地論之，天秉陽，地秉陰，此以清濁論陰陽也。以天獨論之，日爲陽，月爲陰，此以晝夜論陰陽也。星爲陽，辰爲陰，此以明暗論陰陽也。以地獨論之，火爲陽，水爲陰，木爲陽，金爲陰，土之剛者爲陽，柔者爲陰，此以形質論陰陽也。以五行分論之，甲木爲陽，乙木爲陰，丙火爲陽，丁火爲陰，戊、己、庚、辛、壬、癸皆然，此以受氣論陰陽也。以一歲論，暑爲陽，寒爲陰，此又以情性論陰陽也。以一日論之，晝之寒暑皆陽，夜之寒暑皆陰，此又以明暗論陰陽也。以人一身論之，頭爲陽，足爲陰，此以上下論陰陽也。以頭面獨論之，目屬陽，耳屬陰，鼻屬陽，口屬陰，此以尊卑論陰陽也。以口獨論之，以體言，則齒爲陽，舌爲陰，此以剛柔論陰陽也。以用言，則齒爲陰，舌爲陽，此以動靜論陰陽也。陰陽原無定位，既無定位，理亦無定在矣。譬如論中相似，人家兩座屋，以天井爲中；到上堂，以堂之中爲中；若入房，以房之中爲中是也。

○朱子云："不言無極，則太極同於一物，而不足爲萬化之根；不言太極，則無極淪於空寂，而不能爲萬物之根。"若如此論，是孔子之言未明備，必俟周子之言始明備矣。蓋孔子之言已明備無欠缺，包括無極在其中矣。周子恐人認錯了太極二字爲有形之物，故云無極正所以解太極也，朱子說平了。

○邵康節常時左來右去，將陰陽、剛柔、老少算去。如說暑者日之爲，寒

---

① 燃：道光本作"然"。

者月之爲，晝者星之爲，夜者辰之爲。又如暑變物之性，寒變物之情，晝變物之形，夜變物之體。又如雨化物之走，風化物之飛，露化物之草，雷化物之木。以至皇帝王伯，此等話左來右去都是四象上推算去。如聖人之言則"約而達"，如說"天地絪緼，萬物化醇"，"男女構精，萬物化生"，"鼓之以雷霆，潤之以風雨"，"日月運行，一往一來"，"乾道成男，坤道成女"，數句盡之矣。後學要把造化大頭腦理會得熟，去看《皇極經世》，即易易矣，不然，如說"晝者星之爲"，不知說甚麼。

○"易有太極，是生兩儀"，不可執泥"是生"二字，蓋無先後也。

◎天地

○或問天地之形，邵子依附之說是矣。朱子之說何如？朱子說："天地間只有陰陽二氣，這一個氣磨來運去，磨得急了，拶得許多滓查在裏面無出處，便結成地在中央。氣之清者便爲天，爲日月，爲星辰。"又說："天初生，想只是水火二者。水之滓脚便成地。今登高而望群山，皆爲波浪之狀，只不知因甚麼時凝了，初間極軟，後來方凝得硬。"又說："五峰所謂'一氣太息，震蕩無垠，海宇變動，山勃川湮，人物消盡，舊迹大滅，是謂鴻荒之世。'嘗見高山有螺蚌殼，或生石中，此石即舊日之生螺蚌，即水中之物。下者却變而爲高，柔者却變而爲剛。"此數條通說錯了。以朱子前說，恰似天地纔初生這一番。至於五峰螺蚌之說，猶①可笑也。鴻荒之世，至宋不知幾萬年矣，尚有螺蚌哉？此朱子篤信之過也。殊不知天地乃無始無終者也，止有一明一暗爾，明了又暗，暗了又明，所謂"萬古者，一日之氣象"是也。到了暗時，雖然昏黑，不曾墜敗，就似人夜間睡着一般，其氣尚流通。人睡着之時，人雖不知，然氣息一呼一吸，未有一息之停。是以知天地雖昏黑，其氣機呼吸未嘗停也。然何爲而昏

---

① 猶：疑是"尤"字之誤。

黑也？爲無陽也。蓋天地到了戌亥，純是一團陰氣，通是此陰氣烟霧塞了，日通無光了，所以昏黑。然雖昏黑，天地之形質未曾壞敗，春華秋實之草木，并凡有血氣者，皆不生了。至於陽生于子，天依舊開了，以天屬陽故也。天雖開，然陽尚微，至於寅之時，陽盛了，三陽開泰，天地交構，所以依然春華秋實，生起血氣之物來。

〇或問："朱子云'天外無水，地下是水載'，北溪陳氏亦云'地是水載'，不知是否？"曰：此正坐不理會造化大頭腦也。地既是水載矣，水之外又何物耶？水之外如又是地，則地之外又何物耶？將"振河海而不泄"此一句説不通了。蓋地雖如此厚載，周身全是氣，地即譬如飯甑中米，其橐籥之氣就譬如甑中氣。經曰"山澤通氣"，"窮於山川"是也。即今江淮河漢，日日流下海，海縱大，流至一年，普天下皆水矣。何以古今流而不絶，滿而不溢耶？蓋化而爲氣也。天下之水盡向東南流，東南者，消方也，故曰"化而爲氣"也。何以知其化而爲氣也？蓋五行各有象，生者木之象也，長者火之象也，收者金之象也，藏者水之象也，故曰"坎者，陷也"。冬月水旺之時，江淮河漢止有此水，此本象也。至春到東方水去生木，木上通是水了，水氣漸漸浮而散漫。又到南方，五六月大雨時行至此，水浮在上，水氣盡竭矣。氣者水之母，水者氣之子，氣凝則水小，氣散則水大，水小者水旺也，水大者水衰也。故東南乃水之消方，西北乃水之長方，水泛濫長者，乃水氣之消也。凡下雨，雲走東決無雨，雲走西雨必大，以其生方也。故曰："五行之動，迭相竭也。"木竭水之氣，火竭木之氣。試將一碗水潑在衣上，將木火燃起，一時化而爲氣，乾了。水向消方化而爲氣，于兹驗矣。説水載地者，不知水之義者也。程子説："海水潮因陽盛而涸，及陰盛而生，亦不是將已涸之水來生。水自然能生，往來屈伸，只是理也。"此言得之矣。

〇水火相見不得。《易》言"水火不相射"者，言相見而不相害也，言氣之交感也。汞見火即飛，所以到冬月水旺，火即絶了；到夏月火旺，水即絶了。陽水絶於巳，陰水絶於午。水泛濫者，水氣正在消散。所以堯、舜、禹正當巳午之時，六陽極了，所以十日并出，洪水泛濫於天下。此至妙至妙之理，自古聖賢不能窮者也。説水載地者，不知水隨氣以消長者也。故富貴之家，炙手可熱者，秋風將到矣。正水泛濫者，水氣正在消散之意也。

○天地有此許大形體，就載得此許大水。五行金、木、水、火、土皆在天地之中，不出天地之外。譬如人身，有此形體，即有此血脉，血脉只在身上流轉，不在身外。以人身論，腎屬水，即海也，所以海水鹹。説水在地，全然不曾理會五行之理。

○地在天之中，周身都是氣。地常長，特人不覺爾。何以知其地之長也？某游峨眉山，登八十四盤極險峻之地，見新崩痕迹，僧曰："此等去處，年年有雨即崩，或崩一丈者有之，或崩二丈者有之。"某即算只説一年崩一分，十年崩一寸，百年崩一尺，千年崩一丈，萬年崩十丈，十萬年崩百丈，百萬年崩千丈，千萬年崩萬丈，萬萬年崩十萬丈，則此山化而爲平地矣，何以萬古猶此山也？地常長而人不覺，于此可知矣。海之長亦然。

○程子云："地之下豈無天？今所謂地者，特天中一物耳。凡有氣莫非天，有形莫非地。"朱子云："天以氣而依地之形，地以形而附天之氣。天包乎地，地特天中之一物耳。"此二段極説得是。

○朱子説"自古無人窮得北海"，殊不知天地北邊高，何處有海？

○或問："山與海俱長，則海終日流塵於中，以一年長一分論之，則萬年即十丈高，宜長而爲山矣，何以萬古此海也？此亦自古聖賢不能窮者也。"曰：地道流盈而益謙，此地之常也。既有所長，必有所消。蓋天地之形體，就似人之形體相似，頭千年是頭，足千年是足。山北西千年是高，海東南千年是低，此一定之形體也。山既漸向東南而消，海亦漸向西北[①]而長，一消一長，盈者流之，謙者益之。消一分則長一分，長一分則消一分，此至妙至妙之理也。（水常對東南一邊行，土常對西北一邊退，行是消，退是長。）

○人在世間，長了一分富貴，就消了一分聰明；長了一分聰明，就消了一分富貴。非達陰陽造化之妙者，不足以識此。（富貴屬陰濁一邊，聰明屬陽明一邊。）

---

① 西北：萬曆本、道光本作"西北"，但聯繫前後文意，此處疑作"東南"。

◎日月星辰

○或問："日行有長短，何也？"曰：此因地也，日月者，地中陰陽之精也，故日行高低不離乎地之氣。冬至以後一陽生，此氣之長也，陽氣主於升，鼓萬物之出機，故漸伸而高，日隨氣而亦高，故晝長；夏至以後一陰生，此氣之消也，陰氣主于沉，鼓萬物之入機，故漸屈而低，日隨氣而亦低，故晝短。

○或問："日之行一日一周天，如此山河大地，縱飛亦不能周天。或者以日爲驥步，驥不過日行千里耳，安能周天？縱一時行一萬里，一日十二時，地之體豈止十二萬里哉？自古聖賢皆不能窮之，不知何以能周天也。"曰：此正論造化者當默識其大頭腦也。既理會得大頭腦，則其間左來右去，關竅自然通矣。蓋日月皆此地陰陽所發之精英也，既爲所發之精英，則不離乎地矣，安能不周天乎？試將一枝燭置於竹筒內，放在廳中間桌上，廳之燭照去，瓦上有一圓光，即譬之日也。將手把竹筒一斜側，少傾斜間，瞬息過了廳，此日周天之義也。何以驗日月爲地陰陽之精英？余游峨眉山，欲見佛光，連日陰雨，山中將住一月矣。僧曰："此光亦難遇，如將發光之時，前一夜必有大風吹，撼屋動，則次日有光矣。"果一夜風發屋動，次日天開霽晴明。僧曰："此當以日影驗之，日照屋影到某處，即有光矣。"果至其時，日射崖下之光石，即有霧如綿，平鋪二三十里，僧家謂之"銀色世界"。信乎銀色世界也，俄而空中兩道白毫挺出霧中，即有一光如蟢蛛，紅綠相間，圓如月，五七丈寬，地之精英于此可驗。此則一山之精英也，若日月，則九州萬國之精英矣。芯芻指爲佛光，世人安得不惑哉？朱子說："峨眉山看佛光，以五更看。"五更看者，非佛光也，僧家謂之"聖燈滿天飛"，蓋腐葉之類。

○或問："宋儒以月本無光，受日之光以爲光。程子、邵子、朱子、張子皆如是說，而今獨以爲非受日光，何也？"曰：此正未達造化大頭腦，而有此新巧之說也。蓋天地既有此陰陽，就有往來，有生死，有盛衰，有寒暑，有長短，有常變，此必然之理數也。況月乃陰精，既屬陰，則月之中有昏黑之狀者，此定理也，有盈有虧者，亦定理也。孔子曰："懸象著明莫大於日月。"日自爲日，月自爲月，豈有月受日光之理哉？至若望日酉時，日月固相對矣。至於半夜，日在地之中，月在天之中，有許大山河，天地相隔，月豈能受日之光乎？譬如置一鏡於桌上，置一鏡於桌下，乃以桌上之光受桌下之光，雖三尺之童亦不信也。朱子乃以"地在天中，不甚大，四邊空。有時月在天中央，日在地中央，則光照四傍上受於月"，則説得全不成話了，豈有是理也哉？① 蓋朱子篤信之，過信沈存中之言爾。既然地不甚大，月在天中央，日在地中央，光從四傍上可以受於月，宜乎月之光夜夜滿矣，何以十七、十八月即缺哉？賢人篤信之過亦至於此。且月本有圓缺，聖人已先説矣。如曰"天道虧盈而益謙"，此聖人之言也。"日中則昃，月盈則食"，此聖人之言也。"天秉陽，垂日星，地秉陰，竅於山川。和而後月生也。是以三五而盈，三五而缺"，此聖人之言也。"哉生明，既生魄，旁死魄"，此聖人之言也。聖人明説生説死，説盈説缺，乃不信經，而信沈存中之言，何哉？朱子又以經星、緯星亦受日光，如説以星亦受日光，則當每月三十、初一、初二月缺將盡之時，星亦當缺其光而不見矣，何以星常常如此明也？看來朱子説日食并月受日光，皆信曆家之言，未曾把造化大規模頭腦理會。

○星本無度，曆家自晝夜算之耳。蓋天地北高南低，所謂北極、南極者，極，至也。南北到了各極處，不知北邊高幾萬丈矣。星者，地之精也，浮於地者也。北極星浮在北邊丑艮上極高處，地之高再無高於此者矣；南極星浮在南邊未坤上極低處，地之低再無低于此者矣。其浮于上，去地之度數，南北也彼此相同。但因地勢高低不同，所以曆家謂南極入地三十六度，北極出地三十六度。出入者，地勢不同故也。諸星左旋到了南北兩頭極處，恰似在車軸兩頭旋，其實他也左旋，止因天遠，管窺恰似不動。北極高，所以常見；南極低，所以常隱。因北極在高處，諸星在下面，所以譬人君。

○東南西北每七星，共二十八宿，非二十八宿大於衆星也，亦非在正東正西正南正北也，止因日之所行，紀其經行之處耳。蓋天本無度，作曆者無以紀其數，以一年乃三百六十五日有餘，故以日周天之度亦三百六十五度有奇。然

---

① 道光本無"則説得全不成話了，豈有是理也哉"十四字。

天體渺茫冲漠，何處記認，於是以當度之星記之。譬如孟春日在某星幾度，仲春在某星幾度，不論度之廣狹，三十度者有之，一度、二度、三度者有之，《禮記·月令》所載及《詩·定之方中》是也。譬如荆州去北京，某日至荆門，某日至當陽，某日至襄陽之意。日周天有此二十八個當度星，所以推定二十八宿之名，其實此星與衆星同也。

〇北方七宿，如一牛而少一脚，有龜蛇盤結之象。今人以真武修仙龜蛇二將，可笑也。

〇星本無名，曆家因難記認，改其名以便記認，如耀魄寶之類是也。

〇古之聖賢，如天無月之盈虧，縱聰明也定不得春夏秋冬十二月，也置不得閏。

〇月詳說前直圖。

◎日食

日食者，數當食也。有當食而不食者，邵子曰"算法之誤"，此言得之矣。或者當夜食，曆家差其時。如宋寧宗六年，太史言"夜食不見"是也。蓋日食常在於朔，月食常在於望，間有差者，不過差一日耳。不離朔望者，定類①也；圓必有虧者，定理也。朱子言："朔而日月之合，東西同度，南北同道，則月掩日，而日爲之食。望而日月之對，同度同道，則月亢日，而日爲之食。"亢，當也，言日月相對太親切，遂遥奪其光。又云："正如一人執燭，一人執扇，相交而過。"看來通說錯了，日月在天，譬之兩毬，疾馳如飛，相交而過，彼此安能掩乎？況日一日一周天，其迅速一刻千里，月豈能掩乎？曆家見得日食皆在朔，月食皆在望，固生此議論也。此皆不將造化陰陽大頭腦理會，故吾儒亦信之。殊不知天地有此陰陽不齊，就生起許多不齊事來。

---

① 類：道光本作"數"。

故有吉必有凶，有盈必有虧，有消必有長，有長必有短，有好必有醜，有常必有變，此必然之理、必然之數也。今以天言之，蒼然者，天之常也，然或時而白，或時而紅而黑，或時空中偶生雷霆，偶生風雨，非變乎？方者，地之體也，然或高而萬丈，或卑而萬丈，亦有盈有虧，非其生成之變乎？鎮靜者，地之常也，或時而震，或時而裂，非其偶然之變乎？故明者日之常也，或時亦如血，或時昏暈，或時有黑氣如飛鵲，如飛燕，或時有黑子如棗如李，或時貫白虹，或時夾兩珥，此皆載之簡册，昭昭可考者，非明者之變乎？故《周禮·視祲》掌十輝之法，以觀妖祥，辨吉凶"。一曰祲，謂日旁有陰氣相侵也；二曰象，謂陰氣附日，凝結成象，燕雀之類是也；三曰鑴，謂黑氣刺日也；四曰監，謂氣抱日也；五曰暗，謂方晝而晦也；六曰瞢，謂日瞢瞢然無光也；七曰彌，白虹彌天也；八曰叙，謂雲有片段次序，如山在日旁也；九曰隮，蟎蝀升氣於日也；十曰想，雜氣成形想也。故圓者日之常也，或時有缺焉，或缺十分之五，或缺十分之盡，則圓而缺者，雖變也，亦常也。若以爲月所掩，且如桓公三年"秋七月壬辰，日有食之，既"。既者，盡也。又如襄公二十四年，安王一十年，高后二年，平帝元始元年，普通三年，日皆食之盡。赧王十四年，日食，晝晦。夫月掩日，安能至此甚乎？此皆已前載之史册，不可勝紀矣。至若本朝正德某年，日食盡，白日偶黑，滿天星斗，此先輩所親見者也。月在何處，安能掩日至此乎？且古人不言日缺而言日食者，其缺處如有物齒之狀，此食字之義也。故解"蝕"字云："如蟲食草木之葉也。"每每救日，見其缺處參差不齊，月掩日安得有是象乎？蓋月之圓有時而虧，正猶日之白有時而雜氣，如《周禮》之所謂"十輝"也，何必穿鑿以黃道論哉？又說亦有交而不食者，同道而相避也，謂王者修德行政，則陽足以勝陰，雖當食，而月常避日，亦不食。此說尤不通也。蓋日月無心情之物也，若月知避日，是有心情矣。且如五帝三王已上，不可得而知矣，至若漢文帝、宋仁宗，豈不修德哉？然亦日食如常，何哉？嘗考宋《中興志》云："張衡云：'對日之衝①，其大如日，日②光不照，謂之暗虛。'月望行黃道則値，暗虛有表裏淺深，故食有南北多少。本朝朱

---

① 衝：萬曆本、道光本誤作"衡"，據《隋書·天文志》及《通志》《文獻通考》等書所引校改。
② 日：萬曆本、道光本誤作"月"，據《隋書·天文志》及《通志》《文獻通考》等書所引校改。

熹頗主是説，由是言之，日之食與否，當觀月之行黄道表裏；月之食與否，當觀所值暗虚表裏，大約於黄道驗之也。"此《中興志》之説也，又沈氏《筆談》亦論東西南北。觀《中興志》，謂"本朝朱熹頗主是説"，則自漢唐以來言日食者，紛紛皆未定也。朱子見得曆家通是如此説，遂信之，解《詩經·十月之交》之注爾。又《中興志》云："日之食又有當食而不食者，出於曆法之外者也。如唐開元盛際及本朝中興以來，紹興十三年、十八年、十九年、二十四年、二十五年、二十八年，皆當虧而不虧。"及考唐史開元三年七月、七年五月、九年九月、十二年閏十二月，共日食十二次。開元盛際，何嘗不日食乎？又考宋紹興五年正月、七年二月、十三年十二月、十五年六月、十七年十月等，共食十三次，止有三次入雲不見，群臣稱賀者，奸邪蒙蔽也。當是時也，正秦檜弄柄之時，王倫詔諭之日，屈膝稱臣於醜虜，復殺良將以悦其心，君何君也，臣何臣也，何嘗修德哉？而以爲中興以來，紹興某年某年不食，恐亦諛君之言也，則《中興志》不足信矣。朱子修德不食之説，蓋主曆家此説也。蓋日者衆陽之宗，君象也，天道變於上，人事應於下，人君於日食必當側身修德，以回天變，非修德則不食也。嘉祐六年，日食入雲不見，時議稱賀，獨司馬光上言："臣愚以爲日之所照，周遍華夷，雖京師不見，四方必有見者，此天戒至深，不可不察也。臣聞漢成帝永始元年九月，日有食之，四方不見京師見，谷永以爲禍在内也。二年三月，日有食之，四方見京師不見，谷永以爲禍在外也。臣愚以爲永之言似未協天之意，夫四方不見京師見者，禍尚淺也，四方見京師不見，禍浸深也。天意以爲人君爲陰邪所蔽，天下皆知而朝廷獨不知也。人主猶宜側身戒懼，乃相率稱賀，豈得不謂之上下相蒙、誣罔天譴哉！"①若司馬光者，可謂委曲善導其君以回天變者矣。《禮》曰："日食則天子素服，而修六官之職，以蕩天下之陽事。"此皆垂訓之言，欲人君反身修德也。蓋言反身修德以回天變則可，若曰修德則日不食，非矣！何也？日猶水也，日猶旱②也。堯之時浩浩襄陵，湯之時焦金流石，堯與湯豈不修德哉？故堯惟反身修德，曰"洚水警予"，

---

① "豈得不謂之上下相蒙、誣罔天譴哉！"：萬曆本、道光本誤作"不上下蒙誣哉"，極不通，據司馬光《傳家集》校改。

② 旱：萬曆本作"早"，據道光本改。

湯惟反身修德，以六事自責。自古聖人惟反身修德而已。且如孔子之聖，豈不及文王，文王之時，鳳鳴岐山，孔子之時，鳳鳥不至，豈孔子修德不如文王哉？所遭之氣運不同耳。如曰人君修德即日不食，是孔子修德即鳳鳥至也。

○夏仲康五年日食，《書》云："乃季秋月①朔，辰弗集於房。"弗集者，不安也，言日辰不安於房宿也，即言日食也，亦非日月掩蝕也。蔡仲默以"集"與"輯"通，爲日月不和，誣矣。

○《小雅》："十月之交，朔日辛卯。日有食之，亦孔之醜。彼月而微，此日而微。今此下民，亦孔之哀。日月告②凶，不用其行。四國無政，不用其良。彼月而食，則維其常。此月而食，于何不臧。"朔日辛卯在幽王六年，嘗考幽王三年，幽王見褒姒而悅之，是年三川震，五年廢申后及太子宜臼，必定幽王四年、五年、六年之間有月食矣，但古人月食不載之史也。"十月之交"，交者，方交十月也，即朔日也。"辛卯"者，紀其日所值之干支也。"微"者，食之甚也，與"式微"之"微"同。"彼"者，猶前也，"彼月而微"者，言前已月食之甚矣，"此日而微"者，言今又日食之甚矣。"日月告凶"，月則維其常矣，日則大變，有何善哉？不特天變，地亦有變。又云："百川沸騰，山冢崒③崩。高岸爲谷，深谷爲陵。"此指三年三川震也。至十二年，犬戎殺幽王於驪山下，而宗周宗廟宮室盡爲丘墟，遂有《黍離》之詩焉。則作此詩者，乃當時賢人君子，見得日月告凶，雷電不寧，失天道也，山川崩沸，岸谷變遷，失地道也，內有褒姒之邪艷，外有皇父之貪痗，以至群口噂沓，四國暴亂，三農汙萊，失人道也。三才絕矣，國欲不亡，得乎？作詩者逆知周之必亡，乃作此詩。朱子解注，依曆家之說，不惟解之錯，且失詩人憂時所刺之意矣。

○"彼月"二句，依蘇氏注亦通，某所辨者，止辨其非日月掩蝕也。

或問："堯時十日并出，果有否？"曰：此其必有者也。蓋堯時六陽已極，陽精之發極盛故也。觀天地六陰已極之時，即昏黑，可知矣。斷史者以儒者莫先於窮理，無十日并出之理，殊不知此造化之妙也，俗儒安得知之哉？且天地

---

① 月：萬曆本、道光本誤作"日"，據《書·胤征》改。
② 告：萬曆本作"吉"，據道光本改。
③ 崒：萬曆本作"萃"，據道光本改。

陰陽有此不齊之氣，即有此不齊之事。如日明于晝，乃其常也，亦有夜出者焉，如漢武帝建元二年是也。天無二日，乃其常也，亦有二日并出者焉，如永聖元年、乾符六年是也。月亦然，或時兩月并出，或時三月并出，或時西南方兩月重出，或時朔月猶見東方，或時生齒，其間怪變，不可勝紀。又極而言之，天雨水，常也，或時雨血，或時雨沙，或時雨土，或時雨草，或時雨金，或時雨肉，或時雨水銀。故草木殊質，櫻桃有時而生茄；陰陽异位，男子或時而變女。如履武吞卵，鳥覆羊腓，皆無理之事，聖人載之于經，豈聖人亦信怪哉？賈誼曰："天地爲爐兮，造化爲工；陰陽爲炭兮，萬物爲銅。千變萬化兮，未始有極。"斯言得之矣。

○天下理外事極多，且如孔子古今至聖，虛墓中生出白兔來，此事都不可曉。所以説賈誼"天地爲爐"數句説得好。燒窑有窑變，即千變萬化之意也。

◎雷霆雨露霜雪

或問："程子云：'人之作惡，與天地之怒氣相擊搏，遂震死。霹靂者，天地之怒氣也。'此言是否？"曰：非也。但看伏羲畫卦，取陽一畫到陰一邊來，謂之《震》，《震》爲雷，乃長男也；取陰一畫到陽一邊來，謂之《巽》，《巽》爲風，乃長女也。所以説雷風相搏，因陽氣極了要出來，陰纏綿包裹住他，不得出來，所以一出有聲，爆竹放銃是也，安得爲怒氣哉？又觀《易》曰："雷出地奮，豫。先王①以作樂崇德，殷薦之上帝，以配祖考。"蓋言陽始潜閉地中，及其動，則出地奮震通暢，和豫之至矣，即以薦上帝而配祖考也。使非和之事，安能配享哉？所以知其非怒氣也。張子説："陽在外者不得入，周旋不舍而爲風也。"説得不是。蓋風者，橐籥往來之氣也，但看手握扇往來生風，又看扇鐵風厢，一往一來生風，可知矣。

---

① 王：萬曆本作"生"，據道光本及《易經》本文改。

○雷擊人物者，偶遇也。雷從地中出，出之時不論人，不論物，但所出之處即擊矣。説人之作惡值天怒氣，就不是了。如雷擊孔子文廟柱，擊人家樹，此皆所親見者，柱與樹有何罪哉？真西山説"雷雖威，初非爲殺物設也"，斯言得之矣。

○雷之有形者，氣盛生之也，然有形而無質，響過就散了。但看地中生菌，占得天地不大氣，一夜生起，次早去采菌，腳中已有蛆矣。況雷鼓天地許大之氣，豈不成形哉？所以將動雷之前一日，必熱之極。

○雷純一團陽，所以有火有電光。古人説"雷出則萬物出，雷入則萬物入"，斯言得之矣。

右前數條，皆因宋儒説之可疑者辨之，如説之既明者，不重載于此録。

◎心學晦明解

心學之一明一晦，天實囿之也。心學長明于天下，則世多聖人、麒麟、鳳凰，不能出走獸飛鳥之類矣。即今書者，吾儒所治之業也。天下無不讀書之聖人，賢者識其大，不賢者識其小，此古今聖人之常大。舜邇言且察，況書乎？

且不言心學，姑以世間書之一明一晦言之。三代以下書，惟周之柱下史聃爲多，其餘散在列國者亦少。韓宣子適魯，然後見《易象》與《魯春秋》。季札聘於上國，然後得聞《詩》之《風》《雅》《頌》。楚獨有左史倚相能讀《三墳》《五典》《八索》《九邱》。當此之時，世上無紙，或書于木，或書于帛，傳播極難。故家無异書，人無异教，賢人君子偶得一字有益於身心者，即寶如金玉，所以三代多道德之士。及有紙後，人以寫録爲難，故人以藏書爲貴。至唐時，蜀中有人雕板印紙，五代之時，馮道即奏請官鏤板刊行，書即傳於天下多矣。至有書肆，人以書貿易，書愈多矣。

然天不令其完全，孔子刪《詩》《書》，定《禮》《樂》，贊《周易》，修《春秋》，乃削《八索》《九邱》《墳》《典》，斷自唐虞以下，斯道之散布于六經者，如日中天。天生李斯焚之，萬世之下，皆罪李斯，然天生焚書之人，不獨一李斯也。漢自除挾書之後，《易》自淄川田生，《書》自濟南伏生，《詩》自申培、轅固、韓嬰，《禮》自高堂生，《春秋》自董仲舒。至成帝，使謁者陳農求遺書於天下。未央宮有麒麟、天祿閣，詔劉向校經傳。會向卒，哀帝復命向子歆卒父業，於是總括群書而奏其《七略》，其一曰《六藝略》者，即六經也。及舂陵舉兵，漸臺剺首，承明、宣室皆火矣。是焚書者，王莽也。光武投戈講藝，息馬論道，即位之後，篤好文雅，海內鴻儒攜帙而來者甚衆，充牣石室、蘭臺。明帝幸學，圜橋門而觀聽者億萬，可謂盛矣。然迎西域之書於中國，至今高明之士往往宗其空寂，而文以六經之言，譬之一派清江，乃流一濁源于其中。此則不火之火，是焚六經之心傳者，明帝也。章帝考詳異同於白虎觀，靈帝詔諸儒正定六經，藏之禁中者，皆謂之中秘書，亦猶前漢之中書也。及董卓移都，兵民劻勷，凡石室、蘭臺之所蓄聚者，擷其縑帛，劚其圖書，大則連爲帷蓋，小則製爲縢囊，俄爾之間，冰消瓦解。是焚書者，董卓也。魏、晉相繼，前秘書監鄭默，後秘書監荀勗，總括群書，分爲四部，合一萬九千有餘。及京華覆蕩，石渠拼發而書皆亡矣。是焚書者，劉曜、石勒也。永嘉之後，中朝之書漸流江左，武帝入關，收其圖籍。五經、子史，鏊鉶復剨，赤軸青紙，鮮鹼璘堶。前秘監謝靈運，後秘書丞王儉，及梁秘書監任昉，并處士阮孝緒，爲《七錄》，共三萬餘卷。梁武雖崇信志公，而亦頗悅詩書。侯景爲亂，文德之書猶存，蕭繹遣將破平侯景，將書盡載江陵，周師入楚，灰於一炬。是焚書者，侯景也。後魏初都燕代，南略中原，周覺割據關右，高洋號令山東，蓬絮剪屠，了無寧日，不暇謀及文字矣。至于開皇，分遣人搜討異本，每書一卷，賞絹一疋。煬帝即位，猶好讀書，納于東都修文殿者三萬七千卷，上品紅琉璃軸，中品紺琉璃軸，下品漆軸。每室三間，開方户，垂錦幔，上有二飛仙。户外地中施機發，帝幸書室，宮人踐機，則飛仙收幔而上，户扉皆開，帝出，復閉如故。收書之盛，無愈於此矣。及幸江都，聚書至三十七萬卷，盡焚於廣陵。至武德平隋，將書送至京師，砥柱覆舟，又歸沿漵。是焚書者，水火也。太宗好文，即位之初即封孔子弟子，以魏徵、虞世南、顏師古相繼爲秘書監，購天下書。玄宗兩都各聚書四部，以甲乙丙丁爲次序，正本、副本籤軸皆異色以別之。俄而鼓動漁陽，馬嵬駐驛，覆餗形渥，片紙不存。是焚書者，安禄山也。靈武還都，方瘳瘡痏，至文宗始完前書，又經黄巢之亂，至朱温代昭宣，則其書蕩然無遺矣，又非特禄山焚之也。宋承五季亂離之後，書籍至少。乾德初，圖書實於三館，詔史館，凡吏民有以書來獻者，當視其篇目，館中所無者收之，獻書人送至學士院試，堪任職者具以名聞。太宗以三館之陋，又別新輪奐，目爲崇文館，自建隆至祥符，目録三萬有餘。熙寧中，成都進士郭友直獻書。宣和中，張頤、李東、王闡、張宿等獻書，皆貯史館，謂之《崇文總目》。宋之書至宣和盛矣，及爾狐升御榻，舉族北轅，中原之主，且殞殔於五國城，況其書乎？是焚書者，金虜也。南渡以後，乃降詔曰：“國家用武開基，右文致治，藏書之盛，視古爲多。艱難以來，網羅散失，今監司郡守，各諭所部，悉上送官，多者優賞。”至於嘉定，著書立言之士益衆，往往多充秘府。雖紹定辛卯，偶灾紅衣之尼，然煨燼之餘，十猶得五。及勝國以來，皆散而之腥膻侏□矣。是焚書者，北虜也。① 至于民間之書，如宋宣憲、李邯鄲，亳②州之祁，饒州之吴，荆州之田，南都之戚，歷陽之沈，廬山之李，九江之陳，鄱陽之吴，皆收書之至多者。然或散于國家之板蕩，或廢于子孫之零替，于今安在哉？蓋天忌尤物，聖人之經，不使人見其全經；聖人之傳，不使人見其全傳。縱醫家之靈方，卜術之奇數，藏之秘府者，亦不肯久留于人間，書可知矣。夫書與天地本無忌礙，且有興有廢，而況于生人乎？觀天不以全書與人，則知天不以全聰明與人矣。

故心學不常明，聖人不常生，皆天有以囿之。孔子之聰明，千古一人而已，信乎子貢以爲天縱也。孔子之後，門弟之多者莫如鄭康成，長相隨千餘人，名其鄉爲鄭公鄉，榜其門爲通德門，一時天下之相信，以爲孔子復生矣。自宋有程、朱，而鄭公之業遂廢，可見天惜聰明，不肯盡歸于一人也。程、朱在宋爲名儒，今日之設科，皆依其注疏，然《大學》首章頭腦功夫，未免差誤，他可知矣。③ 王陽明以《大學》未曾錯簡，又可見天惜聰明不肯盡歸于一人也。王

---

① "散而之腥膻侏□矣。是焚書者，北虜也"十五字，道光本作"散失，是猶之乎焚書也"。
② 亳：道光本作"毫"，疑爲版刻錯誤。
③ "未免差誤，他可知矣"八字，道光本作"未免有差"。

陽明之説是矣，然又以"格物"之"物"認爲"事"字，教人先于良知，而"明德"二字亦依朱子，又不免少差，又可見天惜聰明不肯盡歸于一人也。故天下有治有亂，心學有晦有明，皆天以聰明囿之，人力不得而與也。

　　某本愚劣，少壯之時，妄意聖賢，山林中近三十年，所注有《易經集注》《大學古本》《入聖功夫字義》《理學辨疑》諸篇，與程、朱、陽明頗有異同。以世莫我知，欲請高秀才寫"藏書冢"三字，藏之石室，不料海内又有知之者。昨友人致書，以"天下義理程、朱説盡，王陽明不必議之，將程、朱之注取其科第，而復議之，非儒者之用心也"。此言蓋爲某而發，非爲陽明也。殊不知理者，天下之公理，人人皆能言之，不反覆辨論，豈得爲儒？且議者議其理也，非議其人品也，若論程、朱、陽明之人品，俱千載豪杰，泰山北斗，皆某之師範也，豈敢議之？陽明在今日之儒，乃聰明之極者，但立論傷于太快，略欠商量。陽明亦未嘗議朱子之人品也，亦議其理而已。使前人言之，而後人再不敢言之，則《墳》《典》者，乃伏羲、神農、黄帝、顓頊、高辛之書，孔子不敢删矣。《春秋》乃列國侯王之史，孔子不必修矣。傳注有左邱明、鄭康成、王輔嗣、孔安國諸公，程、朱不可出一言矣。言之者，不得已也，爲世道計也，伊尹之"非予覺之而誰"，孔子之"文不在兹"，孟子之"舍我其誰"，皆不得已也。世莫我知，不得不自任也。蓋天囿世人之聰明，入聖之功夫少認不真，則其用功之先後，不免以緩爲急，以急爲緩。古人有言："黄河之源，不揚黑水之波；桃李之根，不結松柏之實"。名儒言之，門徒千人從而和之，後生晚進差毫厘而謬千里，有駸入于异端而自不覺者，所以不得已而辨論也。且如墨子，乃戰國之大儒，爲宋大夫，著書七十一篇，有《貴儉》《兼愛》《尊賢》《右鬼》《非命》《上同》諸篇，當時之人比肩孔子，故古文有"仲尼、墨翟之賢"之句。唐之韓昌黎猶予之，韓子曰："儒、墨同是堯、舜，同非桀紂，同修身正心以治天下國家，奚不相悦如是哉。"孔子必用墨子，墨子必用孔子，不相用不足爲儒墨。墨子乃大儒，何嘗不敬其父哉？而孟子乃闢之，何也？蓋老莊之徒棄仁義，陋堯、舜，排周、孔，如黑之與白，冰之與炭，明白顯易，知天下後世必不見信，獨墨子似是而非。觀其稱堯曰"采椽不斫，茅茨不剪"，稱周曰"嚴父配天，宗祀文王"，其立論《兼愛》一篇，孟子恐傳之後世，其流必至於無父。非墨子真無父也,故辨論者不得已也。昔程子與吳師禮談介甫之學錯處,謂師禮曰:"此天下公理,無彼我,果能明辨,不有益于介甫,必有益於我。"此言説得好,某亦此意也。覽某稿者見此解,諒其不得已之心焉。若所見之是否,則望正于後之君子。